混合动力汽车结构与检修

刘春晖　张炜炜　主编

化学工业出版社
·北京·

本书从实际角度出发，系统、全面地介绍混合动力系统的组成、混合动力汽车的结构原理及典型车型混合动力系统的维修。全书共分五章，内容主要包括混合动力汽车结构原理以及丰田普锐斯、别克君越、奥迪 Q5 和宝马 X6 四种典型车型的混合动力系统结构与检修。

本书内容全面，翔实具体，实用性强，浅显易懂，适合汽车维修电工、汽车机电维修人员、汽车维修一线管理人员使用，也可供大专院校汽车运用与维修、汽车检测与维修技术、汽车电子技术、汽车维修专业的师生学习、参考。

图书在版编目（CIP）数据

混合动力汽车结构与检修/刘春晖，张炜炜主编．—北京：化学工业出版社，2017.3
ISBN 978-7-122-28783-0

Ⅰ.①混… Ⅱ.①刘…②张… Ⅲ.①混合动力汽车-结构②混合动力汽车-车辆修理 Ⅳ.①U469.7

中国版本图书馆 CIP 数据核字（2016）第 321565 号

责任编辑：韩亚南　曾　越　　　　　文字编辑：陈　喆
责任校对：王素芹　　　　　　　　　　装帧设计：王晓宇

出版发行：化学工业出版社（北京市东城区青年湖南街 13 号　邮政编码 100011）
印　　装：涿州市般润文化传播有限公司
710mm×1000mm　1/16　印张 15　字数 316 千字　2017 年 4 月北京第 1 版第 1 次印刷

购书咨询：010-64518888　　　　　　　售后服务：010-64518899
网　　址：http://www.cip.com.cn
凡购买本书，如有缺损质量问题，本社销售中心负责调换。

定　　价：56.00 元　　　　　　　　　　　　　　　　版权所有　违者必究

前言
FOREWORD

随着世界各国环境保护的措施越来越严格，混合动力车辆由于其节能、低排放等特点成为汽车研究与开发的一个重点，并已经开始商业化。所谓混合动力汽车是指同时装备两种动力来源——热动力源（传统的汽油机或柴油机）与电动力源（电池与电动机）的汽车。通过在混合动力汽车上使用电动机，使得动力系统可以按照整车的实际运行工况要求灵活调控，保证发动机在综合性能最佳的区域内工作，从而降低油耗与排放，达到环保的功效。

目前国内的汽车维修类图书品种非常丰富，基本能够满足广大一线汽车维修人员的需求，但关于混合动力汽车维修方面的图书却少之又少，仅有的一些多数还是关于混合动力理论研究的，这类书籍多适用于各级各类高等院校作为教材，对于维修人员来说存在内容抽象、理论深厚、难以读懂的特点，使他们难以在相关车型混合动力系统的维修方面得到提高。

为使广大汽车维修人员掌握混合动力汽车维修的新技术，编者联合几位4S店的一线维修人员结合相关的基础理论知识编写本书，以期对广大的一线汽车维修人员有所帮助。

本书从实际角度出发，系统、全面地介绍混合动力系统的组成、混合动力汽车的结构原理及典型车型混合动力系统的维修。全书共分五章，内容主要包括混合动力汽车结构原理、丰田普锐斯混合动力系统结构与检修、别克君越混合动力系统结构与检修、奥迪Q5混合动力系统结构与检修和宝马X6混合动力系统结构与检修。

本书由刘春晖、张炜炜主编，参加本书编写工作的还有杜祥、张文、孙清明、王学军、刘光晓、孙长勇、徐长钊。

本书在编写过程中参考了国内外的汽车技术资料、维修资料和相关书籍，在此一并表示感谢！由于水平所限，书中难免有不足之处，恳请广大读者批评指正。

编者

目录
CONTENTS

第一章 混合动力汽车结构原理 … 1
第一节 混合动力汽车概述 … 1
一、混合动力汽车的发展 … 1
二、混合动力汽车简介 … 2
三、混合动力汽车的类型 … 3
四、混合动力电动汽车的类型 … 4
第二节 混合动力电动汽车构造 … 6
一、串联式混合动力汽车 … 6
二、并联式混合动力汽车 … 7
三、混联式混合动力汽车 … 11
第三节 混合动力汽车的电能储存装置 … 15
一、混合动力汽车电能储存装置的种类 … 15
二、混合动力汽车蓄电池的作用和要求 … 15
三、蓄电池主要性能指标 … 16
四、铅酸蓄电池 … 18
五、镍-镉（Ni-Cd）电池 … 19
六、镍-氢（Ni-MH）电池 … 20
七、锂离子电池 … 21
八、超级电容 … 23
九、飞轮电池 … 24
十、蓄电池管理系统 … 25
第四节 混合动力汽车的电动机 … 28
一、混合动力汽车的电动机特点、类型及要求 … 28
二、直流电动机 … 30
三、交流电动机 … 31
四、永磁电动机 … 32
五、开关磁阻电动机 … 35
第五节 可外接充电式混合动力汽车 … 36
一、PHEV 的优势 … 36
二、PHEV 的电池组工作模式 … 36
三、PHEV 的工作原理 … 37
四、PHEV 的应用 … 38

第二章 丰田普锐斯混合动力系统结构与检修 … 41
第一节 普锐斯混合动力汽车的技术特点 … 41
第二节 丰田混合动力系统的组成原理 … 45

  一、丰田混合动力系统的组成 …………………………………………………… 45
  二、丰田混合动力系统工作状态与原理 ………………………………………… 53
 第三节 丰田混合动力控制系统 …………………………………………………… 64
  一、混合动力汽车控制系统的组成 ……………………………………………… 64
  二、混合动力汽车控制系统主要功能 …………………………………………… 67
 第四节 普锐斯混合动力系统主要部件 …………………………………………… 76
  一、普锐斯混合动力汽车的蓄电池 ……………………………………………… 76
  二、普锐斯混合动力汽车电动机/发电机 ……………………………………… 79
  三、普锐斯混合动力汽车的底盘 ………………………………………………… 80
 第五节 普锐斯混合动力系统的发动机 …………………………………………… 82
  一、概述 …………………………………………………………………………… 82
  二、冷却系统 ……………………………………………………………………… 83
  三、进气和排气系统 ……………………………………………………………… 84
  四、燃油系统 ……………………………………………………………………… 84
  五、发动机控制系统 ……………………………………………………………… 86
 第六节 普锐斯混合动力系统维修 ………………………………………………… 92
  一、混合动力控制系统维修 ……………………………………………………… 92
  二、混合动力电池系统维修 ……………………………………………………… 101

第三章 别克君越混合动力系统结构与检修 …………………… 105

 第一节 BAS 混合动力系统概述 …………………………………………………… 105
  一、BAS 混合动力系统 …………………………………………………………… 105
  二、通用混合动力系统的分类 …………………………………………………… 105
  三、BAS 混合动力系统操作 ……………………………………………………… 106
  四、BAS 混合动力系统的组成 …………………………………………………… 106
 第二节 BAS 混合动力控制系统 …………………………………………………… 107
  一、电动机/发电机总成（MGU）……………………………………………… 107
  二、驱动皮带 ……………………………………………………………………… 109
  三、起动机/发电机控制模块 …………………………………………………… 111
  四、混合动力镍-氢电池组（Ni-MH）………………………………………… 114
 第三节 混合动力辅助系统 ………………………………………………………… 118
  一、变速器控制系统 ……………………………………………………………… 118
  二、12V 蓄电池 …………………………………………………………………… 121
  三、仪表盘 ………………………………………………………………………… 122
  四、制动控制系统 ………………………………………………………………… 123
  五、空调控制系统 ………………………………………………………………… 126
  六、电子液压式动力转向系统 …………………………………………………… 127
 第四节 BAS 混合动力系统工作模式 ……………………………………………… 129
  一、自动停止模式（Auto Stop Mode）……………………………………… 129
  二、自动停止模式下的重新启动/加速模式 …………………………………… 130
  三、智能充电模式 ………………………………………………………………… 131

四、减速-停止模式 ……………………………………………………… 131
　第五节　BAS 混合动力系统的维修 ……………………………………… 131
　　一、安全注意事项 ……………………………………………………… 131
　　二、混合动力电池组断开程序 ………………………………………… 132
　　三、电动机/发电机的检修 …………………………………………… 132
　　四、电池组维修注意事项 ……………………………………………… 135

第四章　奥迪 Q5 混合动力系统结构与检修 …………………… 138
　第一节　混合动力系统概述 ……………………………………………… 138
　第二节　奥迪 Q5 混合动力技术原理 …………………………………… 139
　　一、奥迪 Q5 混合动力车的识别标记和警示符号 …………………… 139
　　二、混合动力技术的基本原理 ………………………………………… 140
　第三节　混合动力系统的发动机 ………………………………………… 145
　　一、概述 ………………………………………………………………… 145
　　二、冷却液循环和温度管理 …………………………………………… 146
　　三、发动机控制单元 …………………………………………………… 148
　第四节　混合动力系统的底盘 …………………………………………… 148
　　一、带有混合动力模块的 8 挡自动变速器 …………………………… 148
　　二、电动机械式转向系统 ……………………………………………… 149
　　三、ESP 系统 …………………………………………………………… 150
　第五节　混合动力电气系统 ……………………………………………… 151
　　一、混合动力电气系统部件 …………………………………………… 151
　　二、安全理念 …………………………………………………………… 154
　　三、蓄电池冷却 ………………………………………………………… 156
　　四、电驱动装置的功率和控制电子系统 JX1 ………………………… 157
　　五、混合动力系统电机 ………………………………………………… 158
　　六、混合动力空调装置 ………………………………………………… 160
　　七、高压系统 …………………………………………………………… 161
　　八、12V 车载供电网 …………………………………………………… 164
　第六节　奥迪 Q5 混合动力车系统管理 ………………………………… 166
　　一、奥迪 Q5 混合动力车的系统功能和状态识别 …………………… 166
　　二、混合动力模式时的显示和操纵单元 ……………………………… 169
　第七节　混合动力系统的维修 …………………………………………… 174
　　一、专用工具 …………………………………………………………… 174
　　二、车间设备 …………………………………………………………… 174
　　三、混合动力检测适配接头 VAS 6558/1A …………………………… 175

第五章　宝马 X6 混合动力系统结构与检修 …………………… 177
　第一节　宝马 X6 混合动力系统概述 …………………………………… 177
　　一、概述 ………………………………………………………………… 177
　　二、双模式主动变速器 ………………………………………………… 177
　　三、镍-氢蓄电池 ……………………………………………………… 179

四、行驶情况 ········· 179
第二节 发动机和主动变速器 ········· 181
　一、改进型 N63 发动机 ········· 181
　二、主动变速器 ········· 183
第三节 混合动力制动系统 ········· 193
　一、概述 ········· 193
　二、混合动力制动系统的主要组成 ········· 194
　三、混合动力制动系统功能 ········· 195
第四节 供电 ········· 202
　一、车载网络的组成 ········· 202
　二、12V 蓄电池 ········· 203
　三、电路断路器 ········· 204
　四、附加熔丝支架 ········· 205
　五、极性接错保护 ········· 205
　六、能量管理系统（14V 车载网络） ········· 206
第五节 高电压蓄电池单元 ········· 207
　一、概述 ········· 207
　二、功能 ········· 212
　三、维修及其注意事项 ········· 217
第六节 供电电子装置 ········· 221
　一、概述 ········· 221
　二、APM ········· 222
　三、供电电控箱 PEB ········· 225
　四、供电配电盒 PDB ········· 228
　五、高电压导线 ········· 228

参考文献 ········· 231

第一章

混合动力汽车结构原理

第一节 混合动力汽车概述

一、混合动力汽车的发展

提到"混合动力汽车",往往被认为是汽车领域的革新,是汽车技术的重大突破,是为汽车的发展注入了新的活力的"新事物"。但事实上,虽然混合动力汽车是"现代工程的奇迹",但其基本概念可追溯到100多年前汽车发明之初。19世纪末期,道路上的大部分汽车为纯电动的,通过电池供电,由电动机驱动车辆行驶。当时的电动汽车的模型如图1-1所示。但人们希望能够驾驶汽车行驶更远的距离。

在纯电动汽车成为"道路之王"的同时,一种新的汽车,即由内燃机驱动的汽车逐渐崭露头角,其实物如图1-2所示。这些新的内燃机驱动的汽车虽然能比电动汽车行驶更远的距离,但在当时却不如电动汽车应用广泛,因为1900年时汽油比电更难以获取。

图1-1 早期的美国电动汽车模型

图1-2 带汽油内燃机(ICE)的杜耶汽车

1905年一位美国工程师(H. Piper)第一个在美国提交了混合动力电动汽车设计专利申请。他的设想是通过将强大的电动机和小型的汽油机驱动相结合,同时获得汽油机驱动可提供的驾驶距离以及电动机的优越性能。但是几年后他的专利获批时，内燃机的性能已经大幅提升，且汽油供应量加大，导致他的混合动力设计一时无用武之地。这之后纯电动汽车和混合动力电动汽车继续同步发展，直到20世纪20年代中期，日益强大和实用的内燃机汽车数量已超过纯电动和混合动力电动汽车数百倍。

1920年至今，内燃机驱动汽车一直主导着整个运输业，但内燃机驱动的车辆的污染与高油价一直困扰着车辆的进一步发展（见图1-3）。在20世纪80年代，出现了高动力/高速发动机控制器。这些高效的开关晶体管（称为IGBT）使得混合动力与电动汽车的现代化发展成为可能。

图1-3　污染问题和高油价困扰着内燃机驱动汽车的发展

通用公司是首个研发纯电动汽车的公司之一，1996年通用公司（GM）将纯电动汽车EVI以及电动S-10皮卡推向了市场。虽然被众多人士认为是迄今为止发明的最先进的纯电动汽车，EVI和S-10仍未能克服所有纯电动汽车具有的局限性，包括受限于车载电池容量，行驶距离有限，每行驶几个小时必须再次充电（见图1-4），仅能作为城市内行驶的小型车。

通用公司在推出纯电动汽车EVI和雪佛兰电动S-10皮卡的同时，还在研发混合动力电动系统。虽然这些现代混合动力电动设计与Piper当初的设想不尽相同，但其基本概念是很相似的，即在获得纯电动汽车优势的同时保留现代内燃机汽车的行驶距离和性能。EVI电池组如图1-5所示，包括26块高科技电池；电池组质量为544kg；最大行驶距离约70mile；充电间隔时间为5～6h。

图1-4　电动汽车花费时间充电

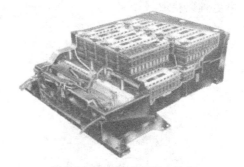

图1-5　混合动力汽车电池组

二、混合动力汽车简介

混合动力汽车是指由两种或两种以上不同类型的动力源联合驱动的车辆，车辆的行驶动力依据车辆行驶状态由单个动力源单独或多个动力源共同提供。混合动力电动汽车（Hybrid Electrical Vehicle，HEV）是指由两种或两种以上不同类型的动力源作驱动能源，其中至少有一种能提供电能的汽车。

通常所说的混合动力汽车一般指的是油电混合动力电动汽车，即燃油（汽油、柴油）和电能的混合，是由电机作为发动机的辅助动力驱动的汽车。油电混合动力系统中的能量转换器为发动机和电机，能量储存系统为油箱和动力电池。

混合动力汽车的特点是能够提高燃油经济性和降低排放，主要原因如下。

① 混合动力汽车只需采用能够满足汽车巡航需要的较小发动机，由电能提供汽车加速、爬坡时所需的附加动力，因此提高了发动机的负荷率。

② 可以控制发动机在高效率、低污染的区域内运行，发动机的功率不能满足车辆驱动需求时，由电池来补充；发动机的功率过剩时，剩余功率给电池充电。

③ 因为有了电机、电源系统，可以方便地回收汽车制动、下坡时的能量。

④ 在车辆频繁启停的繁华市区，可以关闭发动机，由电池单独驱动，从而消除发动机的怠速能耗，并实现零排放。

三、混合动力汽车的类型

混合动力汽车可分为两大类，即液压蓄能式混合动力汽车（Hydraulic Hybrid Vehicle）和混合动力电动汽车（Hybrid Electric Vehicle）。

1. 液压蓄能式混合动力汽车（HHV）

HHV 最初由 Volvo Flygmotor 在 20 世纪 80 年代开发，其主要应用于巴士、货车等重型车辆。HHV 使用的动力是液压马达及传统的燃油（气）发动机。液压系统主要由液压泵（马达）、液压蓄能器和储液罐等组成。

HHV 的特点是可单独使用液压泵（马达），或同时和传统内燃机一起使用驱动汽车行驶。该类汽车带有液压式能量回收系统，可回收汽车制动、减速时的能量。在汽车制动、减速时，用液压泵将汽车的动能转换为液压能，储存在装有氮气的蓄能器中，在汽车前进或加速时，使储存在蓄能器中的液压能通过液压马达释放出来，辅助发动机运转或单独驱动汽车行驶。

2. 混合动力电动汽车（HEV）

混合动力电动汽车（HEV）的特点是将燃油（气）发动机动力与电动机动力两种动力组合在一起。通常把燃油（气）发动机与电动机两种动力组合而成的混合动力电动汽车简称为油（气）-电混合动力电动汽车，把汽（柴）油发动机与电动机两种动力组合而成的混合动力电动汽车简称为汽（柴）油-电力混合动力电动汽车等。

混合动力电动汽车（HEV）的突出优点是：发动机可工作在经济工况区，排放低，燃油消耗少；发动机不在全负荷和加速工况工作，噪声小；可以回收制动时的能量和利用已有的燃油设施等。当然，混合动力电动汽车推广中也存在一些问题，如与传统汽车相比，动力系统复杂，成本较高，还有动力系统的质量增加，占用空间增大，故障率高于传统汽车等。

混合动力电动汽车（HEV）与传统汽车的区别主要是驱动系统。HEV 通常至少由两种动力源组成，一种是由发动机提供的，与传统汽车类似的动力系统，从理论上讲，所有可以用于传统汽车的发动机（包括各种内燃机和外燃机）都可用于 HEV；另一种是传统汽车上所没有的电驱动系统。电驱动系统通常由电能储存器（蓄电池、超级电容器、飞轮电池等）、电源变换器（逆变器、变压器等）和电动机（直流电动机、三相异步感应电动机、永磁电动机、开关磁阻电动机）等组成，为了能够利用发动机发电或回收汽车的制动能量，电驱动系统的电动机一般都可作为发电机使用，也有电动机和发电机分别设置的。HEV 的组成可以说是上述两种驱动系统的组合，由于组合方式和选用的装置种类的不同，就形成了各具特色的 HEV。

四、混合动力电动汽车的类型

汽车行业标准 QC/T 837—2010《混合动力电动汽车类型》对于混合动力电动汽车的类型进行了严格划分。

1. 按照动力系统结构形式划分

（1）串联式混合动力电动汽车（Series Hybrid Electric Vehicle，SHEV） 车辆行驶系统的驱动力只来源于电机的混合动力电动汽车。

典型的结构特点是发动机带动发电机发电，电能通过电机控制器输送给电机，由电机驱动车辆行驶。另外，动力蓄电池可以单独向电机提供电能驱动车辆行驶。

（2）并联式混合动力电动汽车（Parallel Hybrid Electric Vehicle，PHEV） 车辆行驶系统的驱动力由电机及发动机同时或单独供给的混合动力电动汽车。

典型的结构特点是并联式驱动系统可以单独使用发动机或电机作为动力源，也可以同时使用电机和发动机作为动力源驱动车辆行驶。

（3）混联式混合动力电动汽车（Combined Hybrid Electric Vehicle，CHEV） 具备串联式和并联式两种混合动力系统结构的混合动力电动汽车。

典型的结构特点是可以在串联混合模式下工作，也可以在并联混合模式下工作，同时兼顾了串联式和并联式混合动力电动汽车的特点。

2. 按照混合度划分

在混合动力系统中，根据电动机的输出功率在整个系统输出功率中所占比重，可以分为以下三类：微混合动力、轻度混合动力、重度混合动力（也称全混合动力、强混合动力）。混合度不同，功能要求也有差别，具体见表 1-1。

表 1-1 不同混合度类型及功能列表

类型	功能要求
微混合动力	发动机自动启停
轻度混合动力	发动机自动启停＋回馈制动
重度混合动力	发动机自动启停＋回馈制动＋电动辅助＋纯电驱动

（1）微混合（弱混）动力系统 这种混合动力系统对传统发动机的起动机进行了改造，形成由带传动的发电启动一体式电机（BSG）。该电机用来控制发动机快

速启停，因此可以取消发动机的怠速过程，降低了油耗和排放。微混合动力系统搭载的电机功率比较小，仅靠电机无法使车辆起步，起步过程仍需要发动机介入，是一种初级的混合动力系统。在微混合动力系统里，电机的电压通常有两种：12V和42V，其中42V主要用于柴油混合动力系统。在城市循环工况下节油率一般为5%～10%。

（2）轻度混合（轻混）动力系统　该混合动力系统采用了集成启动电机（ISG）。与微混合动力系统相比，轻混动力系统除了能够实现用电机控制发动机的启停外，还能够在车辆制动和下坡工况下，实现对部分能量进行回收；在行驶过程中，发动机的动力可以在车轮的驱动需求和发电机发电需求之间进行调节。轻混合动力系统的混合度一般在20%以下，代表车型是通用汽车公司的混合动力皮卡车。

（3）重度混合（重混）动力系统　重度混合动力系统采用了272～650V的高压电机，混合度可以达到50%以上，在城市循环工况下节油率可以达到30%～50%。其特点是动力系统以发动机为基础动力，动力电池为辅助动力。采用的电机功率更为强大，完全可以满足车辆在起步和低速时的动力要求。因此重度混合车型无论是在起步还是低速行驶状态下都不需要启动发动机，依靠电机可以完全胜任，在低速时就像一款纯电动车。在急加速和爬坡运行工况下车辆需要较大的驱动力时，电机和发动机同时对车辆提供动力。随着电机、电池技术的进步，重度混合动力系统逐渐成为混合动力技术的主要发展方向。丰田普锐斯混合动力汽车采用的就是重度混合动力系统。

3. 按照外接充电能力划分

（1）外接充电型混合动力电动汽车　一种被设计成在正常使用情况下可从非车载装置中获取电能量的混合动力电动汽车。仅当制造厂在其提供的使用说明书中或者以其他明确的方式推荐或要求进行车外充电时，混合动力电动汽车方可认为是"外接充电型"的。仅用作不定期的储能装置电量调节或维护目的而非用作常规的车外能量补充，即使有车外充电能力，也不认为是"外接充电型"的车辆。

插电式（Plug-in）混合动力电动汽车属于此类型。插电式混合动力汽车（Plug-in Hybrid Electric Vehicle，PHEV）是可以利用电网对动力电池充电的混合动力汽车，可以使用纯电模式驱动车辆行驶，且纯电动行驶里程较长；电能不足时，车辆仍然可以重度混合模式行驶。一般插电式混合动力轿车都有车载充电机，可以使用家用电源为电池充电，而插电式混合动力公交车由于行驶路线固定，通常利用外接充电机充电。插电式混合动力系统的电机功率比纯电动汽车的稍小，动力电池的容量介于重混系统和纯电动车辆之间。由于具有利用夜间用电低谷对动力电池充电、降低排放等优势，插电式混合动力汽车已成为主流发展方向之一。

（2）非外接充电型混合动力电动汽车　一种被设计成在正常使用情况下从车载燃料中获取全部能量的混合动力电动汽车。

4. 按照行驶模式的选择方式划分

（1）有手动选择功能的混合动力电动汽车　具备行驶模式手动选择功能的混合动力电动汽车。车辆可选择的行驶模式包括发动机模式、纯电动模式和混合动力模式三种。

(2) 无手动选择功能的混合动力电动汽车　不具备行驶模式手动选择功能的混合动力电动汽车。车辆的行驶模式根据不同工况自动切换。

第二节　混合动力电动汽车构造

一、串联式混合动力汽车

1. 基本结构

串联式混合动力系统的结构形式及驱动方式如图1-6所示。串联式混合动力系统利用发动机动力发电，从而带动电动机驱动车轮。其基本结构是由电动机、发动机、发电机、动力蓄电池、变压器等组成。由发动机进行准稳恒性运转来带动发电机，直接向电动机供应电力，或一边给动力蓄电池充电一边行驶。由于发动机的动力是以串联的方式供应到电动机，所以称为"串联式混合动力系统"。

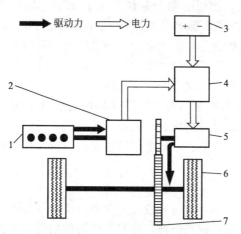

图1-6　串联式混合动力系统结构形式及驱动方式
1—发动机；2—发电机；3—动力蓄电池；4—变压器；
5—电动机；6—驱动轮；7—减速器

发动机和发电机构成辅助动力单元，发动机输出的驱动力（能）首先通过发电机转化为电能，转化后的电能一部分用来给动力蓄电池充电，另一部分经由电动机和传动装置驱动车轮。在这种结构形式中，发动机的唯一功能就是用来发电，而驱动车轮的转矩全部来自电动机。动力蓄电池实际上起平衡发电机输出功率和电动机输入功率的作用。

当发电机的发电功率大于电动机所需的功率时（例如汽车减速滑行、低速行驶或短时停车等工况），控制器控制发电机向动力蓄电池充电；当发电机发出的功率低于电动机所需的功率时（例如汽车起步、加速、高速行驶、爬坡等工况），动力蓄电池则向电动机提供额外的电能。串联式结构可使发动机不受汽车行驶工况的影响，始终在其最佳的工作区稳定运行，因此可降低汽车的油耗和排放。串联式混合动力系统的结构简单，控制容易，但是由于发动机的输出需全部转化为电能再变为驱动汽车的机械能，而机电能量转换和蓄电池的充放电的效率较低，因此使得串联式结构的能量利用效率较低。

2. 串联式混合动力驱动系统的三种基本控制模式

(1) 主要利用电池来驱动车辆，仅当SOC（State of Charge，荷电状态）降低到最小限值时，发动机才启动，发动机在最高效率区以输出恒定功率的方式工作，当

SOC回升到最大限值时发动机关机。这种控制模式的主要缺点是发动机的启动和关停会贯穿于车辆行车的整个过程，由于发动机每次关机期间，发动机和催化转换装置的温度会降低，从而导致它们的效率降低。这种控制模式也称为"恒温器式控制"。

(2) "负荷跟随"控制模式，保持电池的SOC在规定的范围之内，发动机带动发电机工作并尽可能地供应车辆行驶所需的电能，电池只起负荷调节装置的作用。这种模式电池的充放电量较小，能量损失最小，缺点是发动机不能工作在最佳转速和负荷下，因此其排放可能变差，效率降低。

(3) 上述两种控制模式的一个折中方案。在电池的SOC较高时，主要用纯电动模式。而当电池的SOC降低到设定的范围内时，发动机带动发电机工作，考虑到发动机的排放和效率，将其输出功率严格限定在一定的变化范围内。如果能预测到车辆行程内的总能量需求，则一旦电池中储存了足够的能量，在剩余的行驶过程中车辆就可转换为纯电动模式，到了行程终点正好耗尽电池所允许放出的电能。这种控制模式也称为最佳串联混合动力模式。

3. 串联式混合动力驱动系统的特点

(1) 串联式混合动力驱动系统的优点

① 由于发动机与驱动轮没有直接机械连接，因此发动机工作状态不受车辆行驶工况的影响，能运行在其转矩-转速特性图上的任何工作点，而且能始终在最佳的工作区域内稳定运行，因此，发动机具有良好的经济性和低排放性能。此外，发动机从驱动轮上的机械解耦，使高速发动机能够得到应用。

② 发动机与电动机之间无机械连接，整车的结构布置自由度较大，各种驱动系统元件可以放在最适合的位置。

③ 由于电动机的功率大，制动能量回收的潜力大，可以提高能量利用效率。

(2) 串联式混合动力驱动系统的缺点

① 发电机将发动机的机械能转变为电能，电动机又将电能转变为机械能，另外电池在充电和放电过程中也会发生能量损失，因此发动机输出的能量利用率比较低。串联混合动力系统的发动机能保持在最佳工作区域内稳定运行，这一特点的优越性主要表现在低速、加速等工况，而在汽车中、高速行驶时，由于其电传动效率较低，抵消了发动机效率高的优点。

② 电动机是唯一驱动汽车行驶的动力装置，因此电动机的功率要足够大。

③ 电池一方面要满足汽车行驶中峰值功率的需要，以补充发电机输出功率的不足；另一方面，要满足吸收制动能量的要求，这就需要较大的电池容量。因此，电动机和动力蓄电池的体积和重量都较大，使得整车重量较大。

根据以上的特点分析，串联式混合动力电动汽车更适用于经常在市内低速运行的工况，而不适合高速公路行驶工况。

二、并联式混合动力汽车

1. 基本结构

并联式混合动力系统使用电动机和发动机两种不同装置来驱动车轮，动力的流

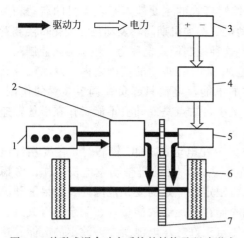

图1-7 并联式混合动力系统的结构及驱动形式
1—发动机；2—变速器；3—动力蓄电池；4—变压器；
5—电动机/发电机；6—驱动轮；7—减速器

向为并联，所以称为"并联式混合动力系统"。它可以采用发动机单独驱动、电动机单独驱动、发动机和电动机混合驱动三种工作模式。典型的并联式混合动力系统的结构形式及能量流动路线如图1-7所示，其基本结构是由电动机/发电机、发动机、动力蓄电池、变压器和变速器等组成。

并联式混合动力系统中利用动力蓄电池的电力来驱动电动机，因电动机在汽车制动时进行制动能量回收，此时电动机用作发电机使用。

2. 并联式混合动力驱动系统典型工作模式的功率流

（1）车辆启动、低速及轻载行驶时，发动机关闭，车辆由电机驱动，为纯电动工况，如图1-8所示。

（2）车辆正常行驶、加速及爬坡工况时，发动机和电机同时工作驱动车辆行驶，如图1-9所示。

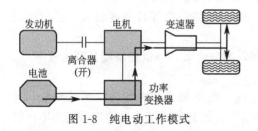

图1-8 纯电动工作模式

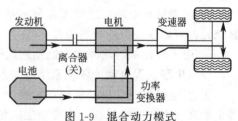

图1-9 混合动力模式

（3）在车辆行驶过程中，当车载电池组电量过低时，发动机在驱动车辆行驶的同时向电池补充充电，如图1-10所示。

（4）车辆减速及制动时，电机以发电机模式工作，回收车辆制动能量向电池充电，如图1-11所示。

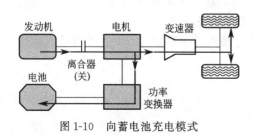

图1-10 向蓄电池充电模式

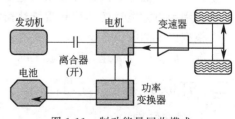

图1-11 制动能量回收模式

3. 并联式混合动力驱动系统两种基本控制模式

（1）发动机辅助混合动力模式　这种模式主要利用电池-电机系统来驱动车辆，仅当以较高的巡航速度行驶、爬坡和急加速时才使发动机启动。这种控制模式的优点是大多数情况下车辆都是用电池的电能来工作，车辆的排放和燃油消耗较少，同时可以取消发动机的起动机而利用车辆运动的惯性启动发动机。这种控制模式的缺点是，由于发动机每次关机期间，发动机和催化转化装置的温度降低而导致它们的效率降低，尾气排放增加。

（2）电机辅助混合动力模式　这种模式主要利用发动机来驱动车辆，电机只在两种状态下使用：一是用于瞬间加速和爬坡需要峰值功率时，可使发动机工作在最高效率区间，以降低排放和减少燃油消耗；二是在车辆减速制动时电机被用来回收车辆的制动动能对电池进行充电。这种模式的主要缺点是车辆不具备纯电动模式，在行驶过程中若经常加速，电池的电能消耗到最低限度，则会失去电机辅助能力，驾驶员会感到车辆动力性能有所降低。

4. 并联式混合动力驱动系统的特点

（1）发动机通过机械传动机构直接驱动汽车，无机械能-电能的转换损失，因此发动机输出能量的利用率相对较高。如果汽车行驶工况能保证发动机在其最佳的工作范围内运行时，并联式混合动力驱动系统的燃油经济性要比串联式混合动力驱动系统的高。

（2）当电机仅起功率调节作用时，电机、发动机的功率可适当减小，电池的容量也可减小。

（3）在繁华的市区低速行驶时，并联式混合动力系统可通过关停发动机，以纯电动方式运行实现零排放，但这就需要有功率足够大的电机，所需电池的容量相应也要大。

（4）发动机与电机并联驱动时，还需要动力复合装置，因此，并联驱动系统的传动机构较为复杂。

（5）并联式混合动力驱动系统与车轮之间直接机械连接，发动机的运行工况会受车辆行驶工况的影响，所以车辆在行驶工况频繁变化的情况下运行时，发动机有可能不在其最佳工作区域内运行，其油耗和排放指标可能不如串联式混合动力系统。并联式混合动力系统最适合于汽车在中、高速工况下稳定行驶。

5. 并联式混合动力汽车实例

日产风雅混合动力汽车采用并联式混合动力驱动系统。

（1）混合动力系统结构　日产风雅混合动力汽车的混合动力系统称为单电机双离合器式混合动力系统，如图1-12所示。其混合动力系统以电

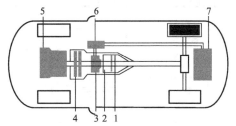

图1-12　日产风雅混合动力系统的结构
1—离合器Ⅱ；2—电子控制式7挡自动变速器；3—电机；
4—离合器Ⅰ；5—发动机；6—逆变器；7—锂离子蓄电池

机、逆变器、驱动用蓄电池、发动机等构成，这些部件各自的功能与其他混合动力车一样。蓄电池采用的是具有特殊结构的锂离子蓄电池。兼备发电机功能的电机前后配有两个离合器；电机和两个离合器作为电控7挡自动变速器（AT）的一部分集成在一起。

电机前部的离合器Ⅰ的结构和使用手动变速器的汽车常用的干式单片离合器基本相同，这个离合器控制着自动变速器和发动机的连接与断开。离合器自动进行连接与断开，其功能只是单纯地连接或断开。同样地电机的后端（自动变速器输出端）的离合器Ⅱ也不是专用于混合动力车的新设计，是一般构成自动变速器的主要部件中的一种，为湿式多片式离合器。

（2）工作过程　其工作过程如下：

① 系统启动。车辆在启动前，发动机冷态下的蓄电池剩余电量低时，离合器Ⅰ接合。电机启动，发动机开始工作，如图1-13所示。发动机暖机后或蓄电池剩余电量足够的情况下，发动机停止工作。

② 一般行驶时。等待红灯、低速、中高速时（蓄电池电量足够时），仅利用电机行驶。离合器Ⅱ为接合状态，离合器Ⅰ断开，发动机停止工作，如图1-14所示。

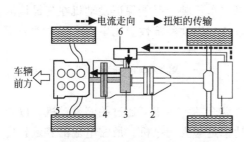

图1-13　系统启动时混合动力系统的工作过程
1—锂离子蓄电池；2—离合器Ⅱ；3—驱动电机；
4—离合器Ⅰ；5—发动机；6—逆变器

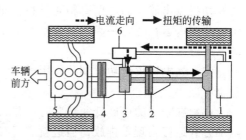

图1-14　一般行驶时混合动力系统的工作过程
1—锂离子蓄电池；2—离合器Ⅱ；3—驱动电机；
4—离合器Ⅰ；5—发动机；6—逆变器

蓄电池电量少，离合器Ⅰ接合，发动机开始工作，然后电机转换为发电机，一边给蓄电池充电，一边利用发动机使车辆行驶，如图1-15所示。在这种情况下为了使行驶中的发动机更高效，控制电机发电量的同时要灵活地使用自动变速器。

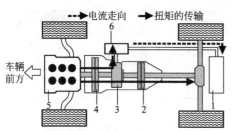

图1-15　电量少时混合动力系统工作过程
1—锂离子蓄电池；2—离合器Ⅱ；3—驱动电机；
4—离合器Ⅰ；5—发动机；6—逆变器

③ 减速或制动。车辆减速或制动时，离合器2接合，离合器Ⅰ断开，发动机停止工作，电机转换为发电机，进行再生发电，如图1-16所示。再生发电的电力向蓄电池充电。制动时，与电动制动装置协调控制，再生发电量变得更高。

④ 加速或爬坡。当加速踏板完全踩

下的高负荷运转时，离合器Ⅱ接合，离合器Ⅰ接合，发动机和电机共同输出动力，产生大的驱动力，如图1-17所示。

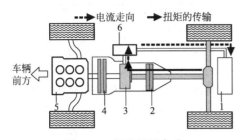

图1-16　制动时混合动力系统的工作过程

1—锂离子蓄电池；2—离合器Ⅱ；3—驱动电机；4—离合器Ⅰ；5—发动机；6—逆变器

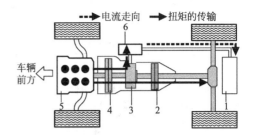

图1-17　完全加速或爬坡时混合动力系统工作过程

1—锂离子蓄电池；2—离合器Ⅱ；3—驱动电机；4—离合器Ⅰ；5—发动机；6—逆变器

⑤ 离合器控制。电机、离合器Ⅰ、离合器Ⅱ和自动变速器的构造和一般的行星齿轮式自动变速器构造基本相同。但新的结构不是使用液力变矩器，而是使用了电机，使用手动变速器用离合器代替锁止离合器这样的设计。

离合器Ⅰ与一般手动变速器离合器结构相同，是干式离合器。它接合、断开的操作是由液压缸自动控制的，车辆行驶时，输入端和输出端的转速差大约为50r/min，能够实现更为平稳的行驶。当发动机开始工作时，为了使驱动转矩不发生变化，输入端和输出端的转速差控制在约100r/min，控制打滑的同时，离合器Ⅰ接合。这时电机发挥启动作用。

低速时，离合器Ⅰ和离合器Ⅱ完全接合，发动机和电机的转速相同。这样车速为10km/h时，转速约为1000r/min；车速为5km/h时，转速会变为约500r/min，发动机会停止工作。为了防止这样的情况，离合器Ⅱ会使车辆滑行，进入半离合状态，这时发动机的转速会保持在约1000r/min。

在坡道上停止的状态下，驾驶员踩下加速踏板，离合器Ⅱ断开，电动制动装置控制车辆停止，目的是保护离合器Ⅱ。

三、混联式混合动力汽车

1. 基本结构

混联式混合动力系统的结构和形式如图1-18所示，在结构上综合了串联式和并联式的特点。混联式混合动力系统利用电动机和发动机这两个动力来驱动车轮，同时电动机在行驶当中还可以发电。根据行驶条件不同，可以仅靠电动机驱动力来行驶，或者利用发动机和电动机驱动行驶。另外系统还安装有发电机，可以一边行驶一边给动力蓄电池充电。混联式混合动力系统基本结构由电动机、发动机、动力蓄电池、发电机、动力分离装置、电子控制单元（变压器、转换器）等组成。利用动力分离装置将发动机的动力分成两部分，一部分用来直接驱动车轮，另一部分用

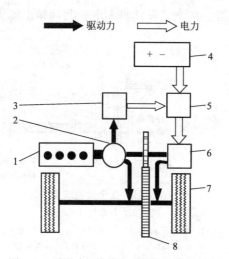

图 1-18 混联式混合动力系统的结构和形式
1—发动机；2—动力分离装置；3—发电机；4—动力蓄电池；5—变压器；6—电动机；7—驱动轮；8—减速器

来发电，给电动机供应电力和为动力蓄电池充电。

2. 丰田混联式混合动力系统

丰田混联式混合动力系统（图1-18）将发动机输出的动力通过动力分离装置分解为发电机的驱动力和车轮的驱动力，发电机产生的电力一部分供给驱动车轮用的电动机，另一部分通过变压器把交流变为直流给动力蓄电池充电。动力蓄电池又通过变压器把直流变成交流给驱动电动机供电来驱动车轮，此部分为串联混合动力部分；另外，尽管发动机可以通过减速器来驱动车轮，但是还可以通过增加电动机来共同驱动，此部分构成并联式混合动力部分。丰田混联式混合动力系统的核心是用行星齿轮组组成的动力分离装置来协调发动机和电动机的运行和动力传递。

丰田混联式混合动力系统具有低油耗和低排放的效果。根据行驶工况的不同，它在不同的模式工作，最大限度地适应车辆的行驶工况，使系统达到最高的燃油经济性和最低的排放。

（1）启动时　启动时充分利用电动机启动时的低速转矩。当汽车启动时，丰田混联式混合动力系统仅使用由动力蓄电池提供能量的电动机的动力启动，这时发动机并不运转，如图1-19所示。发动机不能在低速区间输出大转矩，而电动机可以灵敏、顺畅、高效地进行启动。

> **注意：**
> 点火启动时，发动机将运转，直至充分预热。

（2）低速-中速行驶时　由高效利用能量的电动机驱动行驶。对于发动机而言，在低速-中速区间的效率并不理想，而电动机在低速-中速区间性能优越。因此，在低速-中速行驶时，混联式混合动力系统使用动力蓄电池的电力，驱动电动机行驶，如图1-20所示。

> **注意：**
> 动力蓄电池的电量少时，利用发动机来带动发电机发电，为电动机提供动力。

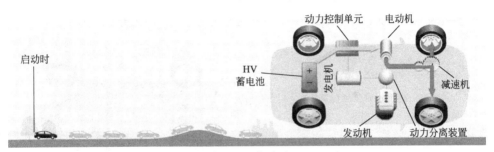

图 1-19　启动时

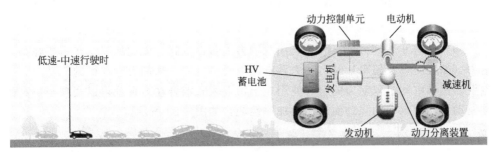

图 1-20　低速-中速行驶时

（3）一般行驶时　低油耗的驾驶，使用发动机作为主要动力源。丰田混联式混合动力系统采用发动机，使它在能产生最高效功率的速度区间驱动。由发动机产生的动力直接驱动车轮，依照驾驶状况部分动力被分配给发电机。由发电机产生的动力用来驱动电动机和辅助发动机。利用发动机和电动机这一双重动力系统，发动机产生的动力以最小消耗被传向驱动轮，如图 1-21 所示。

注意：
　　动力蓄电池的电量少时，发动机输出功率会被提高以加大发电量，来给动力蓄电池充电。

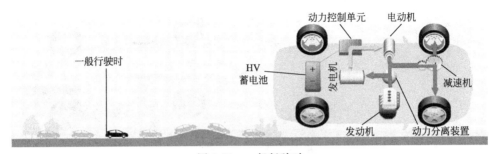

图 1-21　一般行驶时

（4）一般行驶时/剩余能量充电　将剩余能量用于动力蓄电池充电。因为丰田混联式混合动力系统在高速运转时是采用发动机来驱动，而发动机有时会产生多余的能量。

这时多余的能量由发电机转换成电力，储存在动力蓄电池中，如图1-22所示。

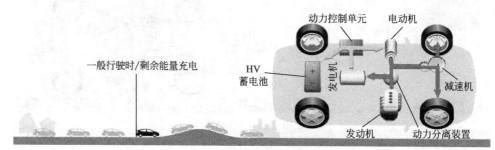

图1-22　一般行驶时/剩余能量充电

（5）全速开进（行驶）时　利用双动力来获得更高一级的加速。在需要强劲加速力（如爬陡坡及超车）时，动力蓄电池也提供电力，来加大电动机的驱动力。通过发动机和电动机双动力的组合使用，丰田混联式混合动力系统得以实现与更高性能发动机同等水平的强劲而流畅的加速性能，如图1-23所示。

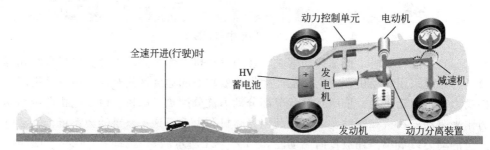

图1-23　全速开进（行驶）时

（6）减速/能量再生时　将减速时的能量回收到动力蓄电池中用于再利用。在踩制动器和松加速踏板时，丰田混联式混合动力系统使车轮的旋转力带动电动机运转，将其作为发电机使用。减速时通常作为摩擦热散失掉的能量，在此被转换成电能，回收到动力蓄电池中进行再利用，如图1-24所示。

图1-24　减速/能量再生时

（7）停车时　停车时动力系统全部停止。在停车时，发动机、电动机、发电机全部自动停止运转。不会因急速而浪费能量，如图1-25所示。

> **注意：**
> 当动力蓄电池的充电量较低时，发动机将继续运转，以给动力蓄电池充电。另外有时因与空调开关联动，发动机仍会保持运转。

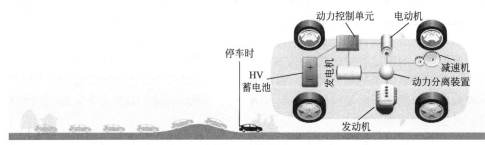

图 1-25　停车时

第三节　混合动力汽车的电能储存装置

一、混合动力汽车电能储存装置的种类

混合动力汽车的电能储存装置可以分为二次电池、超级电容和飞轮电池三类。

1. 二次电池

二次电池也称为可充电电池。现代混合动力汽车上的最常见的二次电池有铅酸蓄电池、镍-氢电池、锂离子电池、镍-金属氢电池四类。

2. 超级电容

超级电容又称为电化学电容器，是一种新型的双层面电容器，与常见的物理电容器不同。其特点是电容量大，比物理电容器的极限容量高 3~4 个数量级，达到 10^3 F 以上。

3. 飞轮电池

飞轮电池又称为飞轮储能器、高速或超高速飞轮储能器等，是利用飞轮高速旋转储能和释放电能的一种装置。这种电能储存装置目前应用较少。

二、混合动力汽车蓄电池的作用和要求

在内燃机汽车上，常常采用蓄电池来作为发动机启动和点火系统、照明和信号系统、刮水器和喷淋器以及车载娱乐和通信设备等装置的电源。它们所需要的电能较小，工作时间较短，蓄电池与发动机、发电机组共同组成内燃机汽车的动力系统。

各种电池一般是供给直流电，然后经过变频器或逆变器转换成频率和电压幅值可调的交流电，供给驱动电动机来驱动车辆行驶。一般纯电动汽车所采用的动力电池组，要

求有较大的比能量,而混合动力汽车所采用的动力电池组,则要求有较大的比功率,两种电池在性能方面各有侧重。混合动力汽车对蓄电池的基本要求如下。

(1) 比能量　比能量是保证混合动力汽车能够达到基本合理的行驶里程的重要性能,连续 2h 放电率的比能量至少不低于 44W·h/kg。

(2) 充电时间短　蓄电池对充电技术没有特殊要求,能够实现感应充电。蓄电池的正常充电时间应小于 6h,蓄电池能够适应快速充电的要求,蓄电池快速充电达到额定容量的 50% 时的时间为 20min 左右。

(3) 连续放电率高,自放电率低　蓄电池能够适应快速放电的要求,连续 1h 放电率可以达到额定容量的 70% 左右。自放电率要低,蓄电池能够长期存放。

(4) 不需要复杂的运行环境　蓄电池能够在常温条件下正常稳定地工作,不受环境温度的影响,不需要特殊加热。具有保温热管理系统,能够适应混合动力汽车行驶时振动的要求。

(5) 安全可靠　蓄电池应干燥、洁净,电解质不会渗漏腐蚀接线柱和外壳。不会引起自燃或燃烧,在发生碰撞等事故时,不会对乘员造成伤害。废蓄电池能够进行回收处理和再生处理,蓄电池中有害重金属能够进行集中回收处理。电池组可以采用机械装置进行整体快速更换,线路连接方便。

(6) 寿命长,免维修,制造成本低　蓄电池的循环寿命不低于 1000 次,在使用寿命限定期间内,不需要进行维护和修理。

三、蓄电池主要性能指标

在混合动力汽车上,动力电池组必须是具有强大能量的动力电源,除了作为驱动动力能源外,还要向空调系统、动力转向系统等提供电力能源。另一方面还要为点火系统、照明和信号系统、刮水器和喷淋器以及车载娱乐和通信设备等装备提供低压电源。

在混合动力汽车上蓄电池是辅助电力能源,用于作为发动机的辅助动力源,提高整车的动力性能或作为电动机驱动车辆时的电力能源。

1. 电压 (V)

(1) 电动势　电池正极和负极之间的电位差 E。

(2) 开路电压　电池在开路时的端电压,一般开路电压与电池的电动势近似相等。

(3) 额定电压　电池在标准规定条件下工作时应达到的电压。

(4) 工作电压(负载电压、放电电压)　在电池两端接上负载 R 后,在放电过程中显示出的电压。

(5) 终止电压　电池在标准所规定的放电条件下放电时,电池的电压将逐渐降低,当电池不宜再继续放电时,电池的最低工作电压称为终止电压。

2. 电池容量 (A·h)

(1) 理论容量　根据蓄电池活性物质的特性,按法拉第定律计算出的最高理论值,一般用质量比容量 (A·h/kg) 或体积比容量 (A·h/L) 来表示。

(2) 实际容量　在一定条件下所能输出的电量,等于放电电流与放电时间的乘积。

(3) 标称容量(公称容量)　用来鉴别电池是否适用的近似容量值,由于没有指定放电条件，因此，只标明电池的容量范围而没有确切值。

(4) 额定容量（保证容量） 按标准所规定的放电条件，电池应该放出的最低限度的容量。

(5) 荷电状态（SOC） 荷电状态是指参加反应的电池容量的变化。SOC=1即表示电池为充满状态。随着蓄电池放电，蓄电池的电荷逐渐减少，此时，可以用SOC的百分数形式来表示蓄电池中电荷的变化状态。一般蓄电池放电高效率区为50%～80% SOC。对SOC精确的实时辨识，是电池管理系统的一个关键技术。

3. 能量（W·h、kW·h）

电池的能量决定电动汽车的行驶距离。

(1) 标称能量 按标准所规定的放电条件下，电池所输出的能量，电池的标称能量是电池的额定容量与额定电压的乘积。

(2) 实际能量 在一定条件下电池所能输出的能量，电池的实际能量是电池的实际容量与平均工作电压的乘积。

(3) 比能量（W·h/kg） 指动力蓄电池组单位质量所能输出的能量。电池的质量是电池本身结构件质量和电解质质量的总和。表1-2所示为各种电池的比能量。一般纯电动汽车所采用的动力蓄电池，要求有较大的比能量。比能量是保证混合动力汽车能够达到基本合理的行驶里程的重要性能，连续2h放电率的比能量至少不低于44W·h/kg。

表1-2 各种电池的比能量

电池种类	工作电压/V	理论比能量/(W·h/kg)	实际比能量/(W·h/kg)	能量密度/(W·h/L)
铅酸蓄电池	2.0	175.5	35	80
镍-镉蓄电池	1.2	214.3	35	80
镍-氢蓄电池	1.2		275	

(4) 能量密度（W·h/L） 动力蓄电池组的能量密度是指动力蓄电池组单位体积所能输出的能量。

4. 功率（W、kW）

功率是在一定的放电制度下，电池在单位时间内所输出的能量，电池的功率决定混合动力汽车的加速性能。

(1) 比功率（W/kg） 电池的比功率是电池单位质量所具有的电能的功率。

(2) 功率密度（W/L） 电池的功率密度是电池单位体积所具有的电能的功率。

5. 电池的内阻

电流通过电池内部时受到的阻力，使电池的电压降低，此阻力称为电池的内阻。由于电池的内阻作用，使得电池在放电时端电压低于电动势和开路电压，在充电时的端电压高于电动势和开路电压。

6. 循环次数（次）

蓄电池的工作是一个不断充电—放电—充电—放电的循环过程，按标准的规定放电，当电池的容量降到某个规定值前，就要停止继续放电，然后就需要充电才能继续使用。在每一个循环中，电池中的化学活性物质要发生一次可逆性的化学反应。

随着充电和放电次数的增加，电池中的化学活性物质会发生老化变质，逐渐削弱其化学功能，使得电池的充电和放电的效率逐渐降低，最后电池损失全部功能而报废。蓄电池充电和放电的循环次数与电池的充电和放电的形式、电池的温度和放电深度有关，放电深度"浅"时，有利于延长电池的寿命。特别是电池在电动汽车上的使用环境，包括电池组中各个电池的均衡性、安装、固定方式、所受的振动和线路的安装等，都会影响电池的工作循环次数。蓄电池的循环寿命要求不低于 1000 次。

7. 使用年限（年）

电池除了以循环次数表示使用时间外，通常还要用电池的使用年限来表示电池的寿命。

8. 放电速率（放电率）

一般用电池在放电时的时间或放电电流与额定容量的比率来表示。

（1）时率　电池以某种电流强度放电直到电池的电压降低到终止电压时，所经过的放电时间。

（2）倍率　电池以某种电流强度放电时电流的数值与额定容量数值的比率。

9. 自放电率

自放电率指电池在存放时间内，在没有负荷的条件下自身放电，使得电池容量损失的速度，自放电率用单位时间（月、年）内电池容量下降的百分数来表示。

10. 成本

电池的成本与电池的技术含量、材料、制作方法和生产规模有关，目前新开发的高比能量的电池成本较高，使得电动汽车的造价也较高，开发和研制高效、低成本的电池是电动汽车发展的关键。

除上述主要性能指标外，还要求蓄电池无毒性，对周围环境不会造成污染或腐蚀，使用安全，有良好的充电性能，充电操作方便，充电时间短，耐振动，无记忆性，对环境温度变化不敏感，使用寿命长，制造成本低，易于调整和维护等。

四、铅酸蓄电池

以酸性水溶液为电解质的蓄电池称为酸蓄电池。由于电池电极是以铅及其氧化物为材料，故又称为铅酸蓄电池。铅酸蓄电池广泛用于燃油汽车的启动。混合动力汽车的牵引用动力铅酸蓄电池（简称动力铅酸蓄电池）性能与启动用铅酸蓄电池的要求是不同的。动力铅酸蓄电池要求有高的比能量和比功率，高的循环次数和使用寿命，以及快速充电性能等。目前，已经有很多专业公司研制和开发了多种新型铅酸蓄电池，使得铅酸蓄电池的性能有了较大的提高。

铅酸蓄电池按其工作环境又可分为移动式和固定式两大类。固定式铅酸蓄电池按电池槽结构分为半密封式与密封式，半密封式又有防酸式与消氢式。依据排气方式，密封式铅酸蓄电池可分为排气式和非排气式两种。

铅酸蓄电池的特点是开路电压高，放电电压平稳，充电效率高，能够在常温下正常工作，生产技术成熟，价格便宜，规格齐全。因此，近 10 年来，国内外开发的称为第一代的电动汽车也广泛使用了铅酸蓄电池。

五、镍-镉（Ni-Cd）电池

镍-镉电池是一种碱性电池，它采用全封闭外壳，低温性能较好，能够长时间存放；极板强度高，工作电压平稳，能够带电充电，并可以快速充电，可以在真空环境中正常工作。镍-镉电池过充电和过放电性能好，有高倍率的放电特性，瞬时脉冲放电率很大，深度放电性能也好，循环使用寿命长，可达到 2000 次或 7 年以上，是铅酸蓄电池的 2 倍。

1. 镍-镉电池的工作原理

镍-镉电池是以氢氧化镍为正极，金属镉为负极，水溶性氧化钾溶液为电解质，在镍-镉电池充电和放电的化学反应过程中，电解液基本上不会被消耗。为了提高寿命和改善高温性能，通常在电解液中加入氧化锂。镍-镉电池的化学反应式如下：

$$\underset{\text{正极}}{2Ni(OH)_3} + \underset{\text{负极}}{2KOH} + Cd \underset{\text{充电}}{\overset{\text{放电}}{\rightleftharpoons}} \underset{\text{正极}}{2Ni(OH)_2} + \underset{\text{负极}}{2KOH} + Cd(OH)_2$$

2. 镍-镉电池的构造

图 1-26 为镍-镉电池的构造，镍-镉电池的每个单体电池都是由正极板、负极板和装在正极板和负极板之间的隔板组成。将单体电池按不同的组合装置在不同塑料外壳中，可得到所需要的不同电压和不同容量的镍-镉电池总成，市场上有多种不同型号规格的镍-镉电池总成可供选择。在灌装电解液并经过充电后，就可以从电池的接线柱上引出电流。

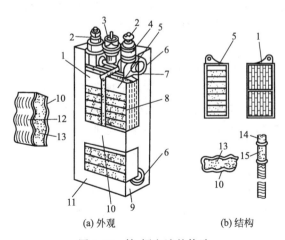

图 1-26　镍-镉电池的构造

1—正极板；2—接线柱；3—加液口盖；4—绝缘导管；5—负极板；6—吊架；7—单格电池连接条；8—极板骨架；9—绝缘层；10—镀镍薄钢板；11—外壳；12—通孔；13—活性物质；14—正极板导管；15—氢氧化镉

3. 镍-镉电池的特点

镍-镉电池的工作电压较低，单体电池的标称电压为12V，比能量为55W·h/kg，比功率可以超过225W/kg，循环使用寿命达到2000次以上；可以进行快速充电，充电15min可恢复50％的容量，充电1h可恢复100％的容量，但一般情况下完全充电需要6h；深放电达100％，自放电率每天低于0.5％，可以在－40～80℃的环境温度条件下正常工作。

镍-镉电池有记忆效应，其采用的镉（Cd）是一种有害的重金属，在电池报废后必须进行有效回收。镍-镉电池的成本约为铅酸电池的4～5倍，初始购置费用较高，其比能量和循环使用寿命都大大地高于铅酸电池，因此，在电动汽车实际使用时，总的费用不会超过铅酸电池的费用。由于镍-镉电池使用性能比铅酸电池好，在混合动力汽车上得到广泛使用。克莱斯勒公司的TE面包车、标致106型混合动力汽车、雪铁龙AX-EV以及日本本田汽车公司、日产汽车公司等生产的混合动力汽车上都采用了镍-镉电池。

六、镍-氢（Ni-MH）电池

镍-氢电池是20世纪90年代发展起来的一种新型绿色电池，它也是一种碱性电池。它有高倍率的放电特性，短时间可以以3C（C为按额定电流放电时的实际放电容量）放电。

1. 镍-氢（Ni-MH）电池的工作原理

镍-氢电池的正极，是球状氢氧化镍粉末与添加剂钴等金属、塑料和黏合剂等制成的涂膏，用自动涂膏机涂在正极板上，然后经过干燥处理做成发泡的氢氧化镍正极板。在正极材料$Ni(OH)_2$中添加Ca、Co、Zn或稀土元素，对稳定电极的性能有明显的改进。采用高分子材料作为黏合剂或用挤压和轧制成的泡沫镍电极，并采用镍粉、石墨等作为导电剂，可以提高大电流时的放电性能。

镍-氢电池的负极的关键技术是储氢合金，要求储氢合金能够稳定地经受反复的储气和放气的循环。

电解质是水溶性氢氧化钾和氢氧化锂的混合物。在电池充电过程中，水在电解质溶液中分解为氢离子和氢氧根离子，氢离子被负极吸收，负极由金属转化为金属氢化物。在放电过程中，氢离子离开了负极，氢氧根离子离开了正极，氢离子和氢氧根离子在电解质氢氧化钾中结合成水并释放电能。

正极：$Ni(OH)_2 \Longleftrightarrow NiOOH + H^+ + e^-$

负极：$M + H_2O + e^- \Longleftrightarrow MH + OH^-$

电池总反应：$Ni(OH)_2 + M \Longleftrightarrow NiOOH + MH$

图1-27为镍氢电池在碱性电解液中进行反应的模型。

2. 镍-氢电池的结构

镍-氢电池由氢氧化镍［$Ni(OH)_2$］正极、储氢合金负极、隔膜纸、氢氧化钾电解质、外壳、顶盖、密封圈等组成。在正负极之间有隔膜，共同组成镍-氢单体电池。在金属铂的催化作用下，完成充电和放电的可逆反应。圆柱形和方形镍-氢电池的结构如图 1-28 所示。

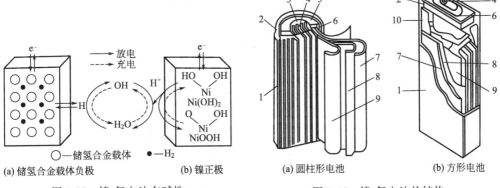

图 1-27　镍-氢电池在碱性电解液中进行反应的模型

图 1-28　镍-氢电池的结构
1—盒子（一）；2—绝缘衬垫；3—盖帽（+）；4—安全排气口；5—封盘；6—绝缘圈；7—负极；8—隔膜；9—正极；10—绝缘体

3. 镍-氢电池的特点

镍-氢电池的单体电池的电压为 1.2V，3h 放电率的比能量为 75～80W·h/kg，能量密度达到 200W·h/L，比功率为 160～230W/kg，功率密度为 400～600W/L，充电 18min 可恢复 40%～80% 的容量；应急补充充电性能好，一次充电后行驶里程长，而且启动加速性能较好；可以在环境温度为 −28～80℃ 的条件下正常工作；循环寿命可达到 6000 次或 7 年；低温性能较好，能够长时间存放，但在高温条件下使用时电荷量急剧下降，自放电损耗较大，价格较贵；镍-氢电池中没有 Pb 和 Cd 等重金属元素，不会对环境造成污染；镍-氢电池可以随充随放，不会出现镍-镉在没有放完电后即充电而产生的"记忆效应"。

七、锂离子电池

锂离子电池出现在 20 世纪 90 年代初期，在短短十几年的时间里，得到了空前的发展，被认为是未来极具发展潜力的动力蓄电池。与其他蓄电池比较，锂离子电池具有电压高、比能量高、充放电寿命长、无记忆效应、无污染、快速充电、自放电率低、工作温度范围宽和安全可靠等优点。相比于镍-氢电池，混合动力汽车采用锂离子电池，可使电池组的质量下降 40%～50%，体积减小 20%～30%，能源效率也有一定程度的提高。

1. 锂离子电池的分类

按照锂离子电池的外形可分为方形锂离子电池和圆柱形锂离子电池。锂离子电池的发展呈现出多方向并举的局面。发展方向的不同主要在于所采用的正极材料的不同，因为正极材料的性能将很大程度地影响电池的性能，同时正极材料也直接决定电池成本的高低。锂离子电池的正极材料的发展引领了锂离子电池的发展。目前已批量应用于锂电池的正极材料主要有钴酸锂、镍酸锂、锰酸锂以及磷酸铁锂。但由于钴金属储量少，价格昂贵，因此成本高，而且以钴酸锂作为动力蓄电池正极材料其安全也存在问题，目前应用最为广泛的是锰酸锂电池和磷酸铁锂电池。

2. 锂离子电池的结构

锂离子电池由正极、负极、隔膜、电解液和安全阀等组成。锂离子电池结构如图 1-29 所示。

(a) 方形锂离子电池　　(b) 圆柱形锂离子电池

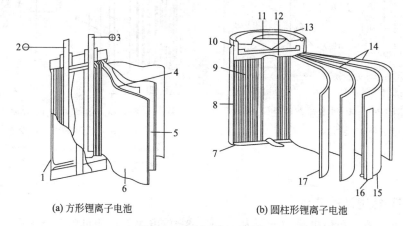

图 1-29　锂离子电池结构

1—外壳；2—负极端子；3—正极端子；4—隔膜；5,16—负极板；6—正极板；7,9—绝缘体；8—负极柱；10—密封圈；11—顶盖；12,17—正极；13—安全排气阀；14—隔膜；15—负极

3. 锂离子电池的工作原理

锂离子电池使用锂碳化合物（Li_xC）作负极，锂化过渡金属氧化物（$Li_{1-x}M_yO_z$）作正极，液体有机溶液或固体聚合物作电解液。在充放电过程中，锂离子在电池正极和负极间往返流动。电化学反应式为：

$$Li_xC+Li_{1-x}M_yO_z \rightleftharpoons C+LiM_yO_z$$

放电时，负极上释放锂离子，通过电解液流向正电极并被吸收；充电时，反应过程相反。如图 1-30 所示。

图 1-30　锂离子电池工作原理

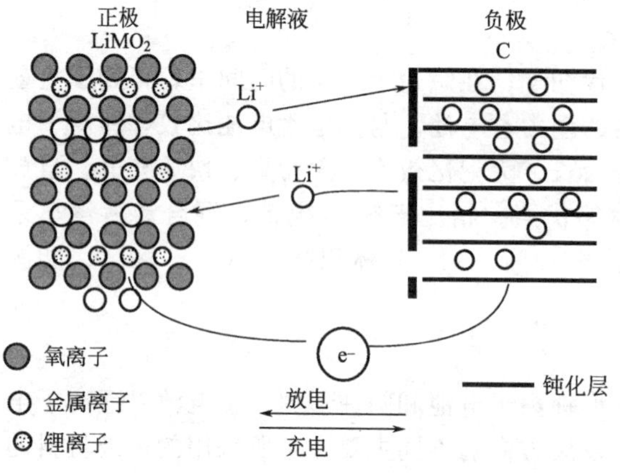

由于锂离子电池只涉及锂离子而不涉及金属锂的充放电过程，从根本上解决了由于锂枝晶的产生而带来的电池循环性和安全性的问题。

4. 锂离子电池的特点

（1）锂离子电池的优点　锂离子电池有许多显著特点，它的优点主要表现在以下几个方面。

① 工作电压高。锂离子电池工作电压为 3.6V，是镍-氢和镍-镉电池工作电压的 3 倍。

② 比能量高。锂离子电池比能量已达到 150W·h/kg，是镍-镉电池的 3 倍，镍-氢电池的 1.5 倍。

③ 循环寿命长。目前锂离子电池循环寿命已达到 1000 次以上，在低放电深度下可达几万次。

④ 自放电率低。锂离子电池月自放电率仅为 6%～8%，远低于镍-镉电池（25%～30%）和镍-氢电池（15%～20%）。

⑤ 无记忆性。可以根据要求随时充电，而不会降低电池性能。

⑥ 对环境无污染。锂离子电池中不存在有害物质，是名副其实的"绿色"电池。

⑦ 能够制造成任意形状。

（2）锂离子电池的缺点　锂离子电池也有一些不足，主要表现在以下几个方面。

① 成本高。主要是正极材料 $LiCoO_2$ 的价格高，按单位能量（W·h）的价格来计算，已经低于镍-氢电池，与镍-镉电池持平，但高于铅酸蓄电池。

② 必须有特殊的保护电路，以防止过充。

八、超级电容

超级电容器又叫黄金电容、法拉电容，它通过极化电解质来储能，按储能机理可分为双电层电容和法拉第准电容两种。由于其储能的过程并不发生化学反应，因此这种储能过程是可逆的，正因为此超级电容器可以反复充放电数十万次。超级电容一般使用活性炭作电极材料，具有吸附面积大、静电储存多的特点，在新能源汽车中有广泛的应用。

1. 传统电容储能方法

传统电容中储存的电能来源于电荷在两块极板上的分离，两块极板之间为真空（相对介电常数为 1）或被一层介电物质所隔离。若想获得较大的电容量，储存更多的能量，必须增大面积或减小介质厚度，但这个伸缩空间有限，导致它的储电量和储能量较小。传统电容器的面积就是导体的平板面积，因此为了获得较大的容量，导体材料卷制得很长，有时用特殊的组织结构来增加它的表面积。传统电容器若是用绝缘材料分离它的两极板，一般采用塑料薄膜、纸等尽可能薄的材料。

2. 超级电容工作原理

多孔化电极采用活性炭粉、活性炭和活性炭纤维，电解液采用有机电解质。多孔性的活性炭有极大的表面积，在电解液中吸附着电荷，因而将具有极大的电容量，并可以存储很大的静电能量。双电层超级电容器的充放电过程始终是物理过程，没有化学反应。因此性能是稳定的，与利用化学反应的蓄电池是不同的。

目前，主要的双电层结构超级电容主要有炭电极双电层电容器、金属氧化物电极双电层电容器和有机聚合物电极双电层电容器。在电动汽车上广泛使用的主要是炭电极超级电容。炭电极超级电容器的面积是基于多孔炭材料，该材料的多孔结构允许其面积达到 $2000m^2/g$，通过一些措施还可以实现更大的表面积。炭电极超级电容器电荷分离开的距离是由被吸引到带电电极的电解质离子尺寸决定的，该距离比传统电容器薄膜材料所能实现的距离更小。这种庞大的表面积再加上非常小的电荷分离距离使得超级电容器较传统电容器而言有巨大的静电容量。超级电容器中，多孔化电极采用的是活性炭粉或活性炭或活性炭纤维，电解液采用有机电解质，如碳酸丙烯酯或高氯酸四乙基铵等。

工作时，在可极化电极和电解质溶液之间界面上形成的双电层中聚集电容量，其多孔化电极在电解液中吸附电荷，因而可以存储很大的静电能量，超级电容器的这一储电特性介于传统的电容器与电池之间。尽管这能量密度比电池低，但是这能量的储存方式，有快充快放的特点，可以应用在传统电池难以解决的短时高峰值电流应用之中。如图 1-31 所示为 Maxwell 公司超级电容。

图 1-31 Maxwell 公司超级电容

九、飞轮电池

飞轮电池实际上是一种机电能量转换和储存装置。飞轮可以储存能量，根据飞轮能够储存和释放能量的特性研制的一种机械式蓄电池就是飞轮蓄电池。在飞轮的内部镶有永久性磁铁，外壳上装有感应线圈，这样飞轮就具有电动机和发电机的双重功能。充电时飞轮中的电机以电动机的形式运行，在外接电源的驱动下带动飞轮旋转，达到极高的转速，从而完成电能—机械能转换的储能过程；放电时，飞轮中的电机以发电机的状态运行，在飞轮的带动下对外输出电能，完成机械能—电能转换的释放过程。

如图 1-32 所示，飞轮电池将外界输送过来的电能通过电动机转化为飞轮转动的动能储存起来，当外界需要电能的时候，又通过发电机将飞轮的动能转化为电能，输出到外部负载。而空闲运转的时候要求损耗非常小，事实上，为了减少空闲运转时的损耗，提高飞轮的转速和飞轮储能装置的效率，飞轮储能装置轴承的设计一般都使用非接触式的磁悬浮轴承技术，而且将电机和飞轮都密封在一个真空容器内以减少风阻。

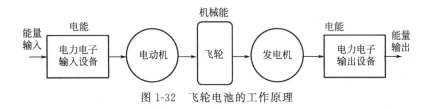

图 1-32　飞轮电池的工作原理

飞轮电池中的发电机和电动机通常通过轴承和飞轮连接在一起，这样，在实际常用的飞轮储能装置中，主要包括以下部件：飞轮、轴、轴承、电动机、真空容器和电力电子装置。飞轮电池结构的示意图如图 1-33 所示。

目前，飞轮储能方法一直未能得到广泛的应用，主要有三点原因：飞轮本身的能耗主要来自轴承摩擦和空气阻力；常规的飞轮是由钢（或铸铁）制成，储能有限，要完成电能机械能的转换，还需要一套复杂的电力电子装置。飞轮储能

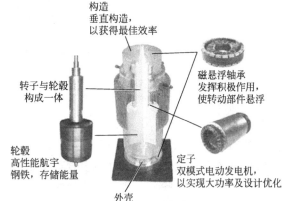

图 1-33　飞轮电池的结构

技术取得突破性进展是基于下述三项技术的飞速发展：一是高能永磁及高温超导技术的出现；二是高强纤维复合材料的问世；三是电力电子技术的飞速发展。

十、蓄电池管理系统

1. 混合动力汽车的电池组管理系统简介

混合动力汽车除动力蓄电池组提供主要电能外，还有发动机、发电机组通过转换器向动力蓄电池组不断地补充电能。

根据电动车辆所采用的电池的类型和动力蓄电池组的组合方法，电池组管理系统主要包括热（温度）管理子系统、电池组管理子系统和线路管理子系统等，如图 1-34 所示。

（1）热管理子系统　混合动力汽车上使用的动力蓄电池组在工作时都会有发热现象，不同的蓄电池的发热程度各不相同。有的蓄电池采用自然通风即可满足电池组的散热要求，但有的蓄电池则必须采取强制通风来进行冷却，才能保证电池组正常工作并延长蓄电池的寿命。另外，在混合动力汽车上由于动力蓄电池组的各个蓄电池或各个分电池组布置在车架不同的位置上，各处的散热条件和周围环境都不同，这些差别也会对蓄电池充、放电性能和蓄电池的使用寿命造成影响。为了保证每个蓄电池都能有良好的散热条件和环境，将混合动力汽车的动力蓄电池组装在一

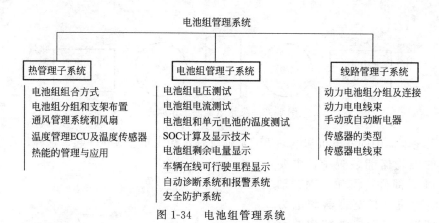

图 1-34 电池组管理系统

个强制冷却系统中，使各个蓄电池的温度保持一致或相接近，以及使各个蓄电池的周边环境条件相似。

在某些蓄电池工作时，会产生较高的温度，可以充分利用其产生的热量取暖和给挡风玻璃除霜等，使热量得到管理与应用。

（2）电池组管理子系统　电池组管理子系统的作用是对电池的组合、安装、充电、放电，电池组中各个电池的不均衡性，电池的热管理和电池的维护等进行监控和管理，使电池组能够提高工作效率，保证正常运转，避免发生电池的过充电和过放电，有效延长电池的寿命，以及实现动力蓄电池组的安全管理和保洁等。

（3）线路管理子系统　线路管理子系统管理电池与电池、电池组与电池组之间的线路。当动力蓄电池组的总电压较高时，导线的截面积比较小，有利于电线束的连接和固定，但高电压要求有更可靠的防护。当动力蓄电池组的总电压较低时，则电流比较大，导线的截面积则比较大，安装较不方便。在各个电池组之间还需要安装连接导线将各个电池组串联起来，一般在电池组与电池组之间，装有手动或自动断电器，以便在安装、拆卸和检修时切断电流。另外，在电池组管理系统中还有各种传感器线路等，因此在混合动力汽车上有尺寸很长的各种各样的电线束，要求电线之间有可靠的绝缘，并能快速连接。

2. 动力蓄电池组管理系统功能与组成

动力蓄电池组管理系统要承担动力蓄电池组的全面管理，一方面保证动力蓄电池组的正常运作，显示动力蓄电池组的动态响应并及时报警，使驾驶员随时都能掌握动力蓄电池组的情况；另一方面要对人身和车辆进行安全保护，避免因电池引起的各种事故。

（1）动力蓄电池组管理系统的基本功能　动力蓄电池组管理系统一般采用先进的微处理器进行控制，通过标准通信接口和控制模块对动力蓄电池组进行管理，一般有以下几方面。

① 动力蓄电池组管理。监视动力蓄电池组的双向总电压和电流、动力蓄电池组的温升，并通过液晶显示或其他显示装置，动态显示总电压、电流、温升的变化，避免动力蓄电池组过充电或过放电，使动力蓄电池组不会受到人为的损坏。

② 单节电池管理。对动力蓄电池组中的单节电池的管理，可以监测单节电池的电状态，对单节电池动态电压和温度的变化进行实时测量，以便及时发现单节电池存在的问题，并采取有效的预防措施。

③ 荷电状态的估计和故障诊断。动力蓄电池组管理系统应具有对荷电状态的估计和故障诊断的功能，能够有效地反映和显示荷电状态。目前对荷电状态的估计误差一般在10%左右。配备故障诊断专家系统，可以早期预报动力蓄电池组的故障和隐患。

（2）动力蓄电池组管理系统的组成　综合动力蓄电池组管理系统的各种功能，动力蓄电池组管理系统的基本组成如图1-35所示。

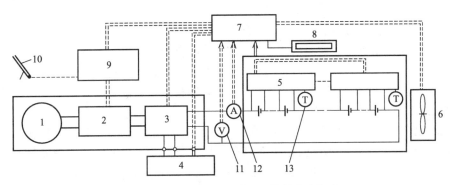

图1-35　动力蓄电池组管理系统的基本组成
1—电动机；2—逆变器；3—继电器箱；4—充电器；5—动力蓄电池组（由多个分电池组组成）；6—冷却风扇；7—动力蓄电池组管理系统；8—荷电状态（SOC）显示器；9—车辆中央控制器；10—驾驶员控制信号输入；11—电压伏特计；12—电流安培计；13—温度测量装置

带有温度测量装置的动力蓄电池组管理系统的基本组成如图1-36所示。带有温度测量装置的动力蓄电池组管理系统，是利用损坏的电池在充电过程中电池的温

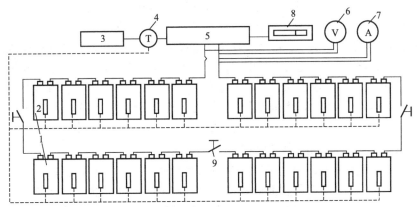

图1-36　带有温度测量装置的动力蓄电池组管理系统
1—电池组；2—温度传感器；3—故障诊断器；4—温度表；5—动力蓄电池组管理系统；6—电压表；7—电流表；8—荷电状态（SOC）显示；9—断电器

度高于正常电池温度的原理,用温度传感器来测定和监控每一个电池在充电过程中的温度是否在允许的范围内。如果发现某个电池的温度处于不正常状态,荷电状态(SOC)显示也不正常时,即刻向动力蓄电池组管理系统反馈该电池在线的响应信息,并由故障诊断系统预报动力蓄电池组的故障。

第四节 混合动力汽车的电动机

一、混合动力汽车的电动机特点、类型及要求

1. 混合动力汽车的电动机系统特点

混合动力汽车利用电动机驱动作为辅助动力,来降低燃料的消耗和实现"低污染",或在纯电动驱动模式时实现"零污染"。混合动力汽车上电动机系统的工作条件以及其工作模式与传统工业电动机相比有着很大的区别,这些区别使得传统工业电动机不适合在汽车上使用。与传统工业电动机相比较,混合动力汽车上所使用的电动机系统有以下特点。

① 混合动力汽车上所使用的电动机往往要求频繁启停、频繁加减速以及频繁切换工作模式(作为电动机使用驱动汽车,以及作为发电机使用,实现能量回收及发电的功能),这对电动机的响应性能提出了更高的要求。

② 由于汽车内部空间紧张,往往要求电动机系统具有体积小、重量轻以及具有较高的功率密度和工作效率等性能要求。

③ 相对于传统工业电动机而言,混合动力汽车上所使用的电动机系统的工作环境更为恶劣,干扰更大,从而要求它具有更高的可靠性、抗振性和抗干扰性。

④ 传统电动机一般工作在额定工作点附近,而混合动力汽车电动机的工作范围相对较宽,且由于混合动力电动机工作模式的特殊性(电动机的工况经常处于动态变化中),额定功率这个参数对于混合动力所使用的电动机而言,没有特别大的意义,所以对其额定功率的要求并不严格。而在高效工作区间,这个参数则更为实际和重要。

⑤ 在供电方式上,传统工业电动机由常规标准电源供电,而混合动力电动机所使用的电能来源于蓄电池,且由功率转换器直接供给。另外电动机的使用电压及形式并不确定,从减少功率损耗及降低电动机逆变器成本的角度而言,一般倾向于使用较高的电压。由此可知,混合动力汽车对它使用的电动机系统有着一些特殊要求,如频繁切换性能好,比功率大,体积较小,抗振性、抗干扰性好,高效工作范围宽,容错能力强,噪声小,以及对电压波动的适应能力强和可以接受的成本低等。

2. 混合动力汽车驱动电动机种类

电动机的种类很多,用途广泛,功率的覆盖面非常大。而混合动力汽车所采用的电动机种类较少,功率覆盖面也较窄,只采用了一些符合混合动力汽车要求的电动机来作为驱动电动机。混合动力汽车在不同的历史时期采用了不同的电动机,最早是采用了控制性能好和成本较低的直流电动机。随着电子技术、机械制造技术和自动控制技术的发展,交流电动机、永磁电动机和开关磁阻电动机显示出比直流电

动机更加优越的性能,这些电动机正在逐步取代直流电动机。图 1-37 所示为现代混合动力汽车所采用的各种电动机,表 1-3 为现代混合动力汽车所采用的各种电动机的基本性能比较。

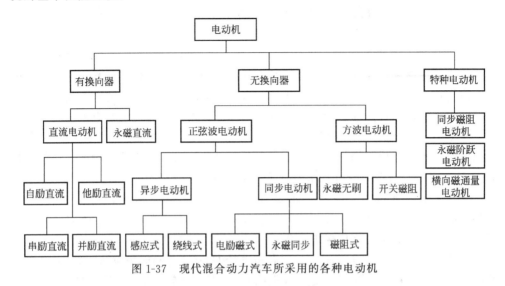

图 1-37　现代混合动力汽车所采用的各种电动机

表 1-3　现代混合动力汽车所采用的各种电动机的基本性能比较

项目	直流电动机	感应式电动机	永磁式电动机	开关磁阻式电动机
功率密度	低	中	高	较高
过载能力/%	200	300～500	300	300～500
峰值效率/%	85～89	94～95	95～97	90
负荷效率/%	80～87	90～92	97～85	78～86
功率因数/%	—	82～85	90～93	60～65
恒功率区	—	1:5	1:2.25	1:3
转速范围/(r/min)	4000～6000	12000～20000	4000～10000	>15000
可靠性	一般	好	优良	好
结构的坚固性	差	好	一般	优良
电动机外形尺寸	大	中	小	小
电动机重量	重	中	轻	轻
控制操作性能	最好	好	好	好
控制器成本	低	高	高	一般

3. 混合动力汽车对电动机性能的基本要求

混合动力汽车的驱动电动机的主要参数为:电动机类型、额定电压、机械特性、效率、尺寸参数、质量参数、可靠性和成本等。另外,为电动机所配置的电子控制系统和驱动系统,也会影响驱动电动机的性能。

① 在允许的范围内,尽可能采用高电压,可以减小电动机的尺寸和导线等装

备的尺寸,特别是可以降低逆变器的成本。

② 高转速。电动汽车所采用的感应电动机的转速可以达到 8000~12000r/min,高转速电动机的体积较小,质量较小,有利于降低混合动力汽车的整车的装备质量。

③ 质量小。电动机采用铝合金外壳,以降低电动机的质量,各种控制装置的质量和冷却系统的质量等也要求尽可能小。

④ 电动机应具有较大的启动转矩和较大范围的调速性能,使混合动力汽车有良好的启动性能和加速性能,以获得所需要的启动、加速、行驶、减速、制动等的功率与转矩。电动机具有自动调速功能,因此,可以减轻驾驶员的操纵强度,提高驾驶的舒适性,并且能够达到与内燃机汽车加速踏板同样的控制响应。

⑤ 混合动力汽车应有最优化的能量利用,电动机应高效率、低损耗,并在车辆减速时,实现再生制动将制动能量回收,再生制动回收的能量一般可达到总能量的 10%~15%,这在内燃机汽车上是不能实现的。

⑥ 各种动力电池组和电动机的工作电压可以达到 300V 以上,其电气系统安全性和控制系统的安全性,都必须符合国家(或国际)有关车辆电气控制安全性能的标准和规定,应装备有高压保护设备。

另外,电动机还要求可靠性好,耐温和耐潮性能强,运行时噪声低,能够在较恶劣的环境下长期工作,结构简单,适合大批量生产,使用维修方便,价格便宜等。

二、直流电动机

直流电动机的优点是具有优良的电磁转矩控制特性,调速比较方便,控制装置简单、价廉。缺点是效率较低、重量大、体积大、价格贵。

1. 直流电动机的种类和基本性能

最常采用的有他励直流电动机和串励直流电动机。

(1) 他励直流电动机　他励直流电动机能够分别控制励磁电流和电枢电流,来实现对他励直流电动机的控制,他励直流电动机具有线性特性和稳定输出特性,可以扩大其调速范围,能够实现在减速和制动时的再生制动,回收一部分能量。

(2) 串励直流电动机　串励直流电动机的励磁电流和电枢电流相等,能获得每单位电流的最高转矩,启动转矩大,有较好的启动特性以及较宽的恒功率调速范围,有利于提高混合动力汽车的动力性能。

2. 直流电动机的控制系统

直流电动机在电源电路上,可以采用较少的控制元件,最常采用的有 IGBT 电子功率开关的斩波器。IGBT 斩波器是在直流电源与直流电动机之间的一个周期性的通断开关装置,斩波器根据直流电动机输出转矩的需要,脉冲输出和变换直流电动机所需电压,与直流电动机输出的功率相匹配,来驱动和控制直流电动机运转。IGBT 斩波器已经商品化,可供用户选用。

3. 直流电动机的特点

直流电动机的磁场和电枢可以分别控制,因此控制起来比较容易,而且控制性能较好。直流电动机的容量范围很广,可以根据所需的转矩和最高转速来选用所需要的容量,市场上有各种不同结构的直流电动机供选用,直流电动机的制造技术和控制技术都较成熟,驱动系统价格较便宜。

因为直流电动机上有电刷、换向器等接触零件,它们容易磨损。在高速旋转时电刷与换向器之间会产生火花,严重时形成"环火",限制了直流电动机转速的提高。直流电动机相对于其他电动机,结构较复杂,体积较庞大,也较笨重,对使用环境要求高,可靠性较差,价格高,要经常维护和修理。

三、交流电动机

1. 三相异步感应电动机的结构

三相异步感应电动机有笼型异步感应电动机(简称感应电动机)和绕线式异步感应电动机两种。笼型感应电动机是应用最广泛的电动机。

三相异步感应电动机的定子和转子由层叠、压紧的硅钢片组成,两端采用铝盖封装,在转子和定子之间没有相互接触的部件,结构简单,运行可靠,经久耐用,价格低廉。

2. 三相异步感应电动机的基本性能

三相异步笼型感应电动机的功率容量覆盖面很宽广,最高转速可以达到10000～12000r/min,采用空气冷却或液体冷却方式,冷却自由度高,对环境的适应性好,并且能够实现再生制动。与同样功率的直流电动机相比较,效率较高,质量约小50%。三相异步感应电动机已经能够大批量地生产,有各种不同的型号规格的系列产品供用户选用。其价格便宜,维修简单方便,得到了普遍的应用。

3. 三相异步感应电动机的控制系统

在混合动力汽车上,一般采用发电机或动力电池组作为电源,三相异步感应电动机不能直接使用直流电源,另外,三相异步感应电动机具有非线性输出特性,因此,在采用三相异步感应电动机时,需要应用逆变器中的功率半导体交换器件,将直流电变换为频率和幅值都可以调节的交流电,来实现对三相异步感应电动机的控制。

在混合动力汽车上,通常功率电路有:交-直-交逆变器系统;交-交变频器系统;直-交逆变器系统。在有些装有交流发电机的混合动力汽车上,根据动力系统的结构模型的要求,可采用前两种变频器或逆变器系统。图1-38为三种功率电路

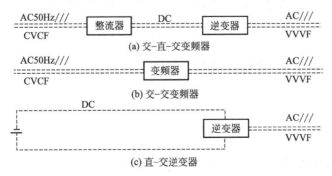

图1-38 交流电动机调速系统功率电路的基本形式

基本形式。

四、永磁电动机

1. 永磁电动机的种类

永磁电动机有两种类型,两种永磁电动机同步特性的区别,表现在它们的电波曲线形状上。

(1) 矩形脉冲波电流　永磁无刷直流电动机（PMBDC）具有矩形脉冲波电流。

(2) 正弦波电流　永磁同步电动机（PSM）具有正弦波电流。

永磁电动机的电波曲线形状是由电动机的类型及其控制系统来确定的,但由于它们是从不同类型的电动机发展而来的,因此具有不同的名称。这两种永磁电动机在结构上和工作原理上大致相同,转子都是永久磁铁,定子通过对称交流电来产生转矩,定子电枢多采用整距集中绕组。

永磁电动机的同步特性比较见图1-39。

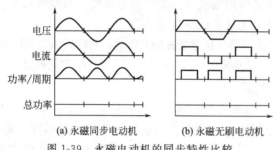

图1-39　永磁电动机的同步特性比较

2. 永磁电动机的结构

按在永磁电动机上布置的不同,永久磁铁可分为内部永磁型IPM、表面永磁型SPM和镶嵌式（混合式）永磁型ISPM几种结构形式。将永磁磁极按N极和S极顺序排列组成永磁电动机的磁性转子。

(1) 磁性转子的结构

① 内部永磁型磁性转子。内部永磁型磁性转子的磁路结构可分为：径向型磁路结构、切向型磁路结构和混合型磁路结构。各种结构分别如图1-41所示。

② 表面永磁型磁性转子。图1-40中10～12为表面永磁型转子结构,表面永磁型转子的应用正在逐渐增多。图1-41为表面永磁型转子永磁电动机的横截面图。

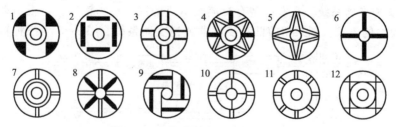

图1-40　永久磁铁的磁路结构形式

1～5—径向型内部永磁转子结构；6～8—切向型内部永磁转子结构；
9—混合型内部永磁转子结构；10～12—表面永磁型

③ 混合式永磁型磁性转子。图1-42为一种混合式永磁型磁性转子,这种混合式永磁型磁性转子可以用嵌入永久磁铁中的励磁绕组来对磁通量进行控制,从而改

变永磁电动机的机械特性。

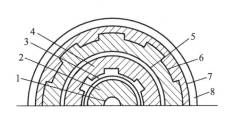
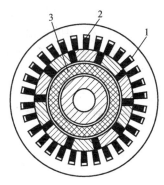

图1-41 表面永磁型转子永磁电动机的横截面示意
1—电动机轴；2—转子；3—转子磁体固定环；4—钕-铁-硼永磁体；5—钛-铁-硼永磁体卡环；6—定子绕组；7—定子铁芯；8—电动机冷却水套

图1-42 混合式永磁型磁性转子
1—定子绕组；2—励磁绕组；3—永久磁体

（2）磁极的数量 一般感应电动机的磁极数量增多以后，电动机在同样的转速下，工作频率随之增加，定子的铜耗和铁耗也相应增加，将导致功率因数急剧下降。磁阻电动机的磁极数量增多以后，会使电动机输出的最大转矩与最小转矩值彼此差距很大，对磁阻电动机的性能影响较大。独立励磁电动机的磁极数量增多以后，将无法达到额定的转矩。而永磁电动机的磁极增加一定数量以后，不仅对电动机的性能没有明显的影响，还可以有效地减小永磁电动机的尺寸和质量。

永磁电动机的气隙直径和有效长度，取决于电动机的额定转矩、气隙磁通密度、定子绕组的线电流密度等参数。气隙磁通密度主要受磁性材料磁性的限制，因此需要采用磁能密度高的磁性材料。另外，在气隙磁通密度相同的条件下，增加磁极的数量，就可以减小电动机磁极的横截面面积，从而使得电动机转子铁芯的直径减小。图1-43为一个四极永磁转子铁芯与一个十六极永磁转子铁芯的尺寸比较，后者的横截面面积要小于前者，因此可以减小电动机的质量。增加磁通密度、改进磁路结构、减弱电枢反应和提高电动机的转速，是提高永磁电动机性能和效率的主要途径。

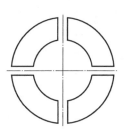 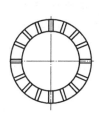

(a) 四极永磁转子铁芯　　(b) 十六极永磁转子铁芯
图1-43 四极永磁转子铁芯与十六极永磁转子铁芯的尺寸比较

（3）永磁材料 永磁电动机的永磁材料种类很多，如KS磁钢、铁氧体、锰铝碳、铝镍钴和稀土合金等。铁氧体价格低廉，而且去磁特性接近一条直线，但铁氧体的磁能很低，使得永磁电动机的体积增大，结构很笨重。现在主要采用稀土钐-钴（Sm-Co）的合金永磁材料来制造永磁电动机的磁极，它的能量密度远远超过其他永磁材料制成的磁极，它的剩磁和矫顽力相当高。钕-铁-硼（Nd-Fe-B）稀土合金的磁能积最高，有最高的剩磁和矫顽力，加工性能好，资源广泛，应用发展最快，是目前最理想的永磁材料，而且相对价格也比较低。磁极的磁性材料不同，电动机的磁通密度也不同，磁通密度大时，永磁电动机的体积和质量都将减小。

由于钕-铁-硼（Nd-Fe-B）稀土合金永磁材料在高温时磁性会发生不可逆的急速衰退，以致完全失去磁性，因此，用钕-铁-硼（Nd-Fe-B）稀土合金永磁材料制成的永磁电动机的工作温度必须控制在150℃以下，一般在电动机上要采取强制冷却。钕-铁-硼（Nd-Fe-B）稀土合金永磁材料要比钐-钴（Sm-Co）稀土合金具有更好的力学性能，价格也比较便宜。稀土合金永磁材料在制造中都必须进行适当加固，否则不能承受高速运转时的作用力。

3. 永磁无刷直流电动机

（1）永磁无刷直流电动机的结构　在直流电动机的转子上装置永久磁铁，转子采用径向永久磁铁制成的磁极，将磁铁插入转子内部，或将瓦形磁铁固定在转子表面上，转子上不再用电刷和换向器为转子输入励磁电流，所以电动机的转子磁路是各向均匀的，转子上不再用励磁绕组、集电环和电刷等来为转子输入励磁电流，因此，称为永磁无刷直流电动机。

（2）永磁无刷直流电动机的性能　永磁无刷直流电动机在工作时，直接将方波（矩形脉冲波）电流输入永磁无刷直流电动机的定子中，控制永磁无刷直流电动机运转。矩形脉冲波电流可以使电动机获得较大的转矩，永磁无刷直流电动机的优点为效率高（比交流电动机高6%）、出力大、高速操作性能好、无电刷、结构简单牢固、免维护或少维护、尺寸小、质量小。其输出转矩与转动惯量比值大于相类似的三相感应电动机。永磁电动机在材料的电磁性能、磁极数量、磁场衰退等多方面的性能都优于其他种类的电动机。如果输出的波形不好，会发生较大的脉动转矩和冲击力，影响电动机的低速性能，电流损耗大，工作噪声大。

（3）永磁无刷直流电动机的控制系统　永磁无刷直流电动机具有很高的功率密度和较宽的调速范围。永磁无刷直流电动机的控制系统较为复杂，有多种控制策略，采用方波电流（实际上方波为顶宽不小于120°的矩形波）的永磁无刷直流电动机的控制则比较容易，驱动效率也最高。方波电动机可以比正弦波电动机产生大15%左右的电功率，由于磁饱和等因素的影响，三相合成产生的恒定电磁转矩是一种脉动电磁转矩。永磁无刷直流电动机实际上是一种隐极式同步电动机，在正常运行时电枢电流磁动势与永磁磁极的磁动势在空间位置相差90°电角度。在高速运行时通过"弱磁调速"的技术来升速。

4. 永磁磁阻同步电动机

（1）永磁磁阻同步电动机的结构　永磁磁阻同步电动机是用永久磁铁取代他励同步电动机的转子励磁绕组，电动机的定子与普通同步电动机——两层六极永磁磁阻同步电动机的定子和转子一样，如图1-44所

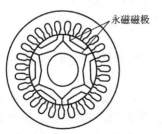

图1-44　两层六极永磁磁阻同步电动机的定子和转子

示。转子采用径向永久磁铁制成的多层永磁磁极,形成可同步旋转的磁极,这种电动机称为永磁磁阻同步电动机。永磁磁阻同步电动机具有高效率(达97%)和高比功率(远远超过1kW/kg)的优点,输出转矩与转动惯量比都大于相类似的三相感应电动机,在高速转动时有良好的可靠性,平稳工作时电流损耗小。永磁磁阻电动机在材料的电磁性能、磁极数量、磁场衰退等多方面的性能都优于其他种类的电动机,工作噪声也低。

在同步电动机的轴上装置转子位置传感器和速度传感器,它们产生的信号是驱动控制器的输入信号。永磁磁阻同步电动机具有功率密度高、调速范围宽、效率高、性能更加可靠、结构更加简单、体积小的优点。与相同功率的其他类型的电动机相比较,更加适合作为EV(电动汽车)、FCEV(燃料电池电动汽车)和混合动力汽车的驱动电动机。

(2)永磁磁阻同步电动机的控制系统 永磁磁阻同步电动机采用带有矢量变换电路的逆变器系统来控制。永磁磁阻同步电动机的控制系统由直流电源、电容器、绝缘栅双极晶体管(IGBT)、永磁同步电动机(PSM)、电动机转轴位置检测器(PS)、速度传感器、电流检测器、驱动电路和其他一些电器等共同组成。

(3)永磁磁阻同步电动机的机械特性 由于永磁磁阻同步电动机在牵引控制中采用矢量控制方法,在额定转速以下恒转矩运转时,就使定子电流相位领先一个β角,一方面可以增加电动机的转矩,另一方面由于β角领先产生的弱磁作用,使电动机额定转速点增高,增大了电动机在恒转矩运转时的调速范围。如β角继续增加,电动机将运行在恒功率状态。永磁磁阻同步电动机能够实现反馈制动。图1-45为永磁磁阻同步电动机的机械特性曲线。

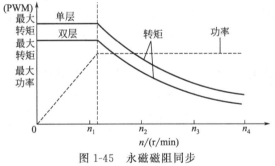

图1-45 永磁磁阻同步电动机机械特性曲线

5. 永磁电动机的特点

由于永磁电动机的转子上无绕组,无铜耗,磁通量小,在低负荷时铁损很小,因此,永磁电动机具有较高的功率/质量比,比其他类型的电动机有更高的工作频率、更大的输出转矩。转子电磁时间常数较小,电动机的动态特性好,极限转速和制动性能等都优于其他类型的电动机。永磁电动机定子绕组是主要的发热源,其冷却系统比较简单。

五、开关磁阻电动机

开关磁阻电动机(SRM)是一种新型电动机,它的结构比其他任何一种电动机都要简单,在电动机的转子上,没有滑环、绕组等转子导体和永久磁铁等。开关磁阻电动机的定子和转子都是凸极结构,只在电动机的定子上安装有简单的集中励磁绕组,励磁绕组的端部较短,没有相间跨接线,磁通量集中于磁极区,通过定子电流来励磁。各组磁路的磁阻随转子位置不同而变化。转子的运转是依靠磁引力来运行,转速可以达到 1500r/min。在较宽的转速范围和较宽的转矩范围内效率可以达到 85%~93%,比三相感应电动机要高。其转矩-转速特性好,在较宽的转速范围内,转矩、转速可灵活控制,调速控制较简单,并可实现四象限运行。开关磁阻电动机有较高的启动转矩和较低的启动功率,功率密度高,结构简单坚固,可靠性好,但转矩脉动大,控制系统较复杂,工作噪声大,体积比同样功率的感应式电动机要大一些。

第五节　可外接充电式混合动力汽车

可外接充电式混合动力汽车的英文是 Plug-in Hybrid Electric Vehicle (PHEV),也称插电式混合动力电动汽车。这种混合动力汽车单独依靠电池就能行驶较长距离,但需要时仍然可以像通常的全混合动力汽车一样工作。

一、PHEV 的优势

PHEV 的基本特点是具有从电网电源充电的功能(普通 HEV 无此功能)。各种 HEV 都具备有车载发电机充电的功能,因而极易改装成为可充电式混合动力汽车。该种类型车辆兼备 EV 和 HEV 的优点,在解决能源供给和降低温室气体 CO_2 的排放方面具有明显优势。它既可使用电网电源的电能,又可以使用由随车的发电机提供的电能。PHEV 的主要优点如下:

① 具有纯电动汽车的全部优点,可利用晚间低谷电对电池充电,改善电厂发电机组效率,节省能源;降低对石化燃料的依赖,减少石油进口,增加国家能源安全;减少温室气体和各种有害物排放。

② 如果在一周工作时间内上下班距离较短,可用纯电动模式驾车上下班,不需使用汽油,周末则可以利用内燃机为主的混合动力模式作长途旅游。

③ 可利用外部公用电网对车载电池组进行充电,减少去加油站加油的次数,用电比汽油便宜,可降低车辆使用成本。

二、PHEV 的电池组工作模式

PHEV 的电池组工作模式如图 1-46 所示。

1. 电量消耗模式

在电池组充满电(SOC=100%)后的初期行驶阶段和车辆预定要完成行驶任务即将返回阶段,车辆可以纯电动或从电池组消耗能量的模式行驶,此时电池组的 SOC 可能有些波动,但其平均水平不断减少,即电量在不断消耗,直至达到某一规定的值。

2. 电量保持模式

在电池组的能量消耗到一定程度(例如 SOC=50%)时,为了保证车辆性能

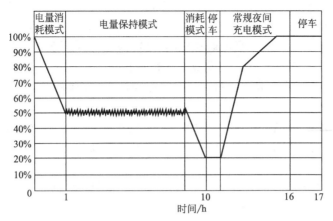

图 1-46　PHEV 的电池组工作模式

和电池组的安全性，车辆进入混合动力模式，发动机和电动机、发电机共同工作，电池组 SOC 可以有波动，但其平均值保持在某一水平上，即切换到电量保持模式，如图 1-47 所示。

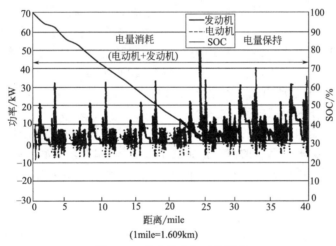

图 1-47　发动机参与工作策略

三、PHEV 的工作原理

PHEV 通过接入家用电源（110V/220V）或专用电源（380V/500V）为系统中配备的动力电池充电，充电后可仅利用电池驱动电动机带动电动汽车以纯电动模式行驶。在充电电池的剩余电量用完后，该车可以启动内燃机采取并联或串联混合动力模式继续行驶。PHEV 实现了真正意义上的油电混合，既可"加油"，亦可"充电"，可以实现较长里程的零排放行驶，比常规混合动力更为清洁。

PHEV 兼顾了纯电动汽车和常规 HEV 的优点，是现阶段可行的一种清洁节能、使用方便的车辆,是从 HEV 到 BEV 的一种过渡技术方案。可外接充电式混合动力汽车的出发点是要使用纯电动模式行驶,例如,美国通用公司的 Volt 等电动汽车,纯电动工况续驶里程可达 60km,基本满足日常出行的需要。

目前,PHEV 在技术和商业发展方面有如下特点:

① PHEV 是向最终清洁能源汽车(纯电动汽车和燃料电池电动汽车)过渡的最优解决方案之一。

② 参数匹配、整车控制策略、动力电池和充电基础设施是实现 PHEV 的关键技术。

③ PHEV 的商业化需要企业界、电力公司和各级政府的共同努力以及社会各界的鼎力支持。

④ 目前由于电池尺寸、成本、寿命以及充电基础设施等其他因素使得 PHEV 的成本很高,但是随着电池和混合动力技术的发展,PHEV 将会逐步走向市场。

⑤ 城市公交车具有 PHEV 化的有利条件,如果全面实现,将极大地降低其燃料消耗和排放。

四、PHEV 的应用

在电池技术和成本还没有达到理想要求的情况下,作为纯电动汽车技术的必要补充,插电式(Plug-in)混合动力电动汽车已成为当前新的研发和推广热点之一。由于能大量减少温室气体排放,减少燃油消耗,充电便捷,Plug-in 混合动力电动汽车技术得到普遍关注。2006 年 10 月第 22 届国际电动汽车年会首次把 Plug-in 混合动力电动汽车技术作为特别专题进行研讨,2007 年 12 月第 23 届国际电动汽车年会上,Plug-in 混合动力电动汽车已与纯电动汽车、混合动力汽车和燃料电池电动汽车并行作为会议的研讨主题。

在国外,除美国、日本的汽车大公司在积极进行 Plug-in 混合动力电动汽车的研发和生产外,欧洲、韩国的汽车企业也先后公布了 Plug-in 混合动力电动汽车的研发和生产计划。国外还有一些专用车辆,如美国接送中小学生的校车、垃圾收集车等采用了 PHEV 技术。

1. 国外典型的 PHEV

(1)雪佛兰 Volt 电动汽车 雪佛兰 Volt 增程型电动汽车搭载的 Voltec 电力驱动系统是一种非常灵活的电动汽车架构,它可以通过标准家用 220V 电源为车载锂电池进行插入式充电,只需 3h 就可完成充电,最大行驶里程为 64km,且实现"零油耗、零排放"。值得一提的是,当电池的电力耗尽时,Voltec 电力驱动系统可以将汽油、乙醇、生物柴油、氢气等能源转化成电能,从而使续驶里程达到数百千米。当使用 1.0L 排量 3 缸涡轮增压汽油发动机充电时,折算油耗为 2.4L/100km。雪佛兰 Volt 增程型电动汽车如图 1-48 所示。

(2)插电式普锐斯电动汽车 插电式普锐斯电动汽车以 2009 年 5 月上市的第三代"普锐斯"为基础,除了将原车型的镍-氢动力电池换成了能量密度较高的锂离子动力电池之外,还通过扩大电池的容量以及使用范围,使纯电动续驶里程延长至原型车的约 10 倍,达到了 23.4km。除此之外,插电式普锐斯电动汽车还可以切换到传统的混合动力模式下，让汽油发动机和电动机根据载荷和需要一起工作。

插电式混合动力车的燃油效率基于由 EV（电动汽车）模式和 HEV（混合动力车）模式构成的新标准，可达到 57.0km/L。当外部充电容量减至基准容量时，便会变成与原来相同的混合动力电动汽车，此时的燃效为 30.6km/L。充电时间方面，利用 200V 电源时约需 100min，利用 100V 电源时约需 180min，纯电动模式行驶时的最高速度可达 100km/h。插电式普锐斯电动汽车如图 1-49 所示。

图 1-48　雪佛兰 Volt 增程型电动汽车

图 1-49　插电式普锐斯电动汽车

（3）欧宝 Ampera 插电式电动汽车　欧宝 Ampera 插电式电动汽车的车载动力电池可以支持车辆行驶 60km，之后需要发电机为其充电。这种附加的行驶模式使 Ampera 的最大行驶里程可以达到 500km。Ampera 装备最大功率为 112kW 的电动机，最大转矩可达 370N·m，0→100km/h 加速时间为 9s，其最高车速为 161km/h。欧宝 Ampera 插电式电动汽车实车如图 1-50 所示。

2. 我国典型的 PHEV

我国在 Plug-in 混合动力电动汽车领域的研究起步较晚，但进展较快。近年，国内从事混合动力电动汽车和纯电动汽车研发的几个主要企业单位对于可充电式混合动力车都较为关注，如奇瑞、长安、天津清源、南车时代电动、东风电动、五洲龙、比亚迪等。

（1）深圳五洲龙可充电式混合动力电动汽车　深圳五洲龙汽车公司开发了可充电式混合动力电动汽车，采用 200A·h 的铅酸电池。该车在 2006 年第 61 号《车辆生产企业及产品（第 127 批）》目录登录。由于可夜间充电，在获得较好节油效果的基础上控制了运营成本，该车受到公交部门的欢迎，并有部分车辆出口。深圳五洲龙可充电式混合动力电动汽车如图 1-51 所示。

图 1-50　欧宝 Ampera 插电式电动汽车

图 1-51　深圳五洲龙可充电式混合动力电动汽车

(2) 比亚迪 F3DM Plug-in 混合动力电动汽车　比亚迪 F3DM Plug-in 混合动力电动汽车，已经在《车辆生产企业及产品（第 179 批）》目录登录，属于外接式充电混合动力轿车。该车最高车速大于 160km/h，纯电动模式续驶里程大于 100km，快充 3C 条件下充电 10min 可充至 50%。该车使用 45A·h 锂离子动力电池。比亚迪 F3DM Plug-in 混合动力电动汽车如图 1-52 所示。

图 1-52　比亚迪 F3DM Plug-in 混合动力电动汽车

(3) 湖南南车时代可充电式混合动力客车　湖南南车时代电动汽车股份有限公司 2007 年根据风景区特定需求，研制了长 9m 的串联可充电式混合动力客车，该车 APU（辅助动力装置）采用欧Ⅲ发动机加同步发电机，驱动采用 100kW 异步电动机与电动机控制器，使用 200A·h 铅酸电池，并采用了基于 CAN（控制器局域网络）的故障诊断与故障记录系统以及整车全周智能控制系统。公交工况下，纯电动续驶里程为 50km。

(4) 万向可充电式混合动力客车　万向电动汽车有限公司研制的可充电式混合动力客车，采用并联系统结构，最高车速为 90km/h，节油率达到 25%，动力电池组采用 200A·h 锂离子电池，纯电动续驶里程为 50km。

(5) 哈飞赛豹可充电式混合动力汽车　哈飞赛豹可充电式混合动力汽车的混合动力系统采用的是天津清源电动车辆有限公司研制的串联式 Plug-in 混合动力系统，最高车速为 160km/h，纯电动续驶里程为 60km。

02 第二章

丰田普锐斯混合动力系统结构与检修

第一节 普锐斯混合动力汽车的技术特点

丰田公司于1997年开始销售的普锐斯混合动力汽车（图2-1），为5座小型轿车。它是世界上第一款大批量生产的用于商业用途的混合动力车型。丰田普锐斯混合动力系统由汽油发动机和电动机组成，采用丰田汽车公司自行开发的THS (Toyota Hybrid System) 混合动力系统。普锐斯混合动力先后经历了THS和THS-Ⅱ两代系统。THS的核心是用行星齿轮组组成的动力组合器，用于协调发动机和电动机的运动和动力传递。

图2-1 普锐斯混合动力汽车

丰田普锐斯混合动力汽车应用了大量先进技术，如采用"线控（by-Wire）"技术、全电动空调等。下面介绍普锐斯混合动力汽车的一些先进的技术。

1. 阿特金森（Atkinson）循环发动机

丰田普锐斯汽车采用1.5L汽油机，最大输出功率为57kW。工作循环为阿特金森（Atkinson）循环（图2-2），其热效率高，膨胀比大（图2-3）。Atkinson循环的汽油机采用延迟进气门关闭时刻的方法，增大膨胀比。在压缩冲程的起始阶段（当活塞开始上行时），部分进入气缸的空气回流到进气歧管，有效地延迟了压缩起始点，故膨胀比增大，而实际的压缩比并没有增大。由于用这种方法能增大节气门开度，在部分负荷时可减小进气管负压，从而减小进气损失。

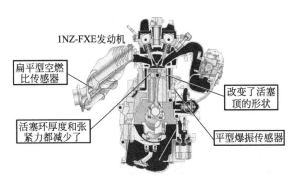

图2-2 阿特金森（Atkinson）循环发动机

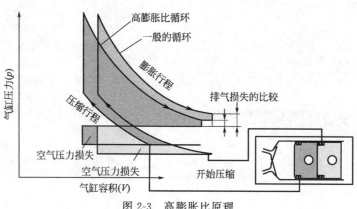

图 2-3 高膨胀比原理

2. "线控（by-Wire）"技术

"线控（by-Wire）"技术起源于航空工业，意思是某些操纵机构采用电子控制、电动执行的方式，用来取代机械或液力控制。它具有响应快、重量轻、占地小的特点。在普锐斯混合动力汽车上，节气门、制动、换挡杆、牵引力控制和车辆稳定性控制（VSC＋）都采用了"线控（by-Wire）"技术，提高了操纵性。

3. 电控无级变速器

普锐斯混合动力汽车实际上没有真正的无级变速器（CVT），但普锐斯的变速理论与无级变速器的变速理论相同。普锐斯混合动力汽车的动力分配装置（图 2-4）将发动机和电动机的力矩分配给驱动轮或发电机，通过选择性地控制动力源（驱动电动机、发动机和发电机）的转速，模拟变速器传动比的连续变化，工作起来像普通的无级变速器（CVT）一样。

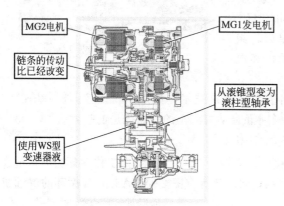

图 2-4 普锐斯混合动力汽车的动力分配装置

4. 电动牵引力控制

如果防滑控制单元（ASR ECU）检测到车轮打滑时，会立即切断电动机传到车轮的驱动力矩，而不是像传统牵引力控制系统那样切断来自发动机的动力。此外电控制动系统可采取制动。普锐斯混合动力汽车是世界上第一辆采用电动机施力的牵引力控制系统，各组成部件之间信息传递快，提高了整车的主动安全性。

5. 电子换挡杆

如图 2-5 所示，电子换挡杆安装在仪表盘上，比传统的换挡杆使用起来更加方便、灵活，还可以用指尖点动。换挡杆每次动作后，总是回到原来位置。换挡杆有照明灯,方便夜间使用。换挡杆有四个位置:N(空挡)、D(驱动)、R(倒挡)、B(发动机制动)。驻车开关安装在换挡杆的上方,与传统自动变速器手柄处于"P"位置的作用相同。

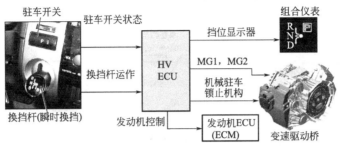

图 2-5　电子换挡示意图

6. 电控制动系统(ECB)

如图 2-6 所示,普锐斯混合动力汽车采用独特的线控动系统。踩动制动踏板会触动停车的控制电路,电控制动系统(ECB)响应迅速,可与其他主动安全系统(如 VSC+)互相配合。ECB 也用于提高再生制动系统的效率,将车辆制动时的动能回收。ECB 有备用电源,以防备车辆电源系统发生故障。

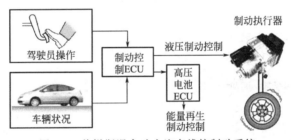

图 2-6　普锐斯混合动力汽车线控制动系统

7. 用户定制车身电器系统

普锐斯混合动力汽车允许用户根据自己的喜好定制 42 种不同的参数。定制工作可由经销商按客户要求完成。定制的项目有:门锁遥控器、门锁、防盗系统、智能门控灯系统、空调和智能钥匙等。

8. 智能驻车辅助系统

普锐斯混合动力汽车是世界上大批量生产的能够自己驻车的汽车,能够按照预定的路线驻车在指定的地方,既可并排驻车又可前后排驻车。

9. 全电动空调系统

传统空调系统的压缩机由曲轴通过传动带驱动,而普锐斯混合动力汽车的空调压缩机由空调变频器驱动。普锐斯混合动力汽车空调系统不依靠发动机的运转,有下列优点:

① 即使发动机熄火,空调也能发挥最大效率。

② 空调与发动机的运转各自独立,空调的运转不会降低汽车的行驶性能。
③ 电动水泵能够在发动机熄火时向加热器供热。

普锐斯混合动力汽车的电动空调压缩机（图2-7）比传统的压缩机小40%,轻50%,可将压缩机直接安装到发动机上。

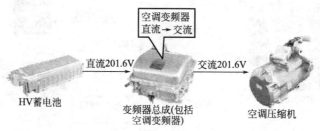

图2-7 电动空调压缩机

10. 蓝牙免提电话系统

用户可以用复式显示器（图2-8）的触摸屏或方向盘上的开关接通手机,也可把手机上的所有电话号码传输到多功能信息显示器上。蓝牙是一种非常先进的无线通信技术,工作频率为2.4GHz,通信速度为1MB/s（每秒兆字节）。使用本系统需要具备蓝牙功能的手机（图2-9）,允许注册四种手机,但每次只能使用一种手机。

图2-8 复式显示器

图2-9 蓝牙电话与有线电话传输过程比较

11. LED停车灯

普锐斯混合动力汽车采用LED停车灯（图2-10）,主要优点有:

① 安全　LED元件比灯泡点亮的速度快10倍。LED点亮用时为2～25ms,灯泡为150～200ms。
② 高效　LED比普通的灯泡省电。
③ 设计　LED小巧紧凑,便于布置。

12. 智能钥匙与启动系统

普锐斯混合动力汽车采用具有双向通信功能的智能钥匙,在汽车周围一定范围内,智能钥匙系统的ECU能够判别是否存在智能钥匙,只要车主随身携带智能钥匙,即可不用钥匙也能开或锁车门;同样,只要随身携带钥匙,驾驶员可推动按钮启动车辆（图 2-11）。

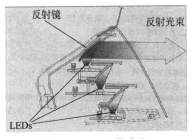

图 2-10　LED 停车灯　　　　　图 2-11　智能钥匙的"遥控作用"

汽车的前门和后舱门装有振荡器、触摸传感器和天线。振荡器若接收到智能钥匙电脑的命令，会发射信号，检测汽车周围是否有智能钥匙。若有人按动触摸传感器（智能钥匙在探测范围内），则对应的车门锁会打开。若随身携带钥匙离开车，车主可以按下门手柄上锁开关将所有车门锁上。若在车内携带钥匙（如钥匙放在手提包内），只需按动仪表盘上的启动按钮就能启动汽车。

13. 坡道起步辅助控制

坡道起步时，控制系统能够通过驱动电动机上的高灵敏度的转速传感器，判别道路的坡度，防止汽车向下溜滑。若坡道很陡，系统会增大汽车启动力矩。

14. 增强型车辆稳定控制系统（VSC+）

增强型车辆稳定控制系统（VSC+）将车辆稳定控制系统与电动助力转向（EPS）组合在一起。在发生意外情况时提供一定量的辅助转向力矩（转向助力），帮助驾驶员更快地转动方向盘，而在前轮打滑时转向，EPS 提供较小的转向助力，防止过度转向。

第二节　丰田混合动力系统的组成原理

一、丰田混合动力系统的组成

丰田混合动力汽车的动力核心是丰田混合动力系统（Toyota Hybrid System，THS），它使用汽油机和电动机两种动力，通过串联与并联相结合即混联的方式进行工作，达到了低排放的效果。2003 年，丰田公司又推出了采用 THS-Ⅱ（第二代丰田混合动力系统）的新一代普锐斯混合动力汽车，使混合动力汽车的发展向前迈进了一大步。丰田混合动力系统主要部件在车上的位置如图 2-12 和图 2-13 所示。

1. HV（混合动力汽车）变速驱动桥

混合动力车辆（HV）变速驱动桥由发电机（MG1）、电动机（MG2）和行星齿轮组组成。

（1）发电机（MG1）　发电机（MG1）由发动机带动旋转产生高压电以操作

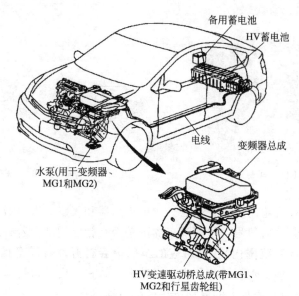

图 2-12 丰田混合动力系统主要部件在车上的位置（1）

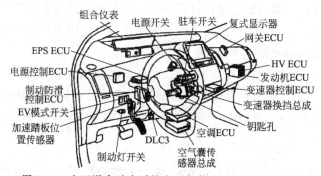

图 2-13 丰田混合动力系统主要部件在车上的位置（2）

电动机（MG2）或为 HV 蓄电池充电。同时，它还可以作为起动机启动发动机，其技术参数见表 2-1。

表 2-1 发电机（MG1）参数

项目	新车型	旧车型
类型	永磁电动机	永磁电动机
功能	发电机、发动机的起动机	发电机、发动机的起动机
最高电压/V	AC 500	AC 273.6
冷却系统	水冷	水冷

（2）电动机（MG2） 由发电机（MG1）或 HV 蓄电池的电能驱动，产生车辆动力。制动期间或松开加速踏板时，它产生电能为 HV 蓄电池再次充电（再生

制动控制），其技术参数见表 2-2。

表 2-2　电动机（MG2）参数

项目	新车型	旧车型
类型	永磁电动机	永磁电动机
功能	发电机、驱动车轮	发电机、驱动车轮
最高电压/V	AC 500	AC 273.6
最大输出功率	50kW(1200～1540r/min)	33kW(1040～5600r/min)
最大转矩	400N·m(0～1200r/min)	350N·m(0～1200r/min)
冷却系统	水冷	水冷

发电机（MG1）和电动机（MG2）结构紧凑，质量轻，高效，为交流永磁同步型发电机/电动机（图 2-14）。

在必要时，发电机（MG1）作为辅助动力源为发动机提供辅助动力，使车辆达到优良的动态性能，其中包括平稳起步和加速。启动再生制动时，电动机（MG2）将车辆的动能转换为电能并储存在 HV 蓄电池中。

发电机（MG1）为 HV 蓄电池重新充电并为电动机（MG2）供电。此外，通过调节发电量（改变发电机的转速），发电机（MG1）有效地控制变速驱动桥的连续可变变速器的功能。发电机（MG1）同样作为起动机启动发动机。

发电机（MG1）和电动机（MG2）的电路图如图 2-15 所示。发电机（MG1）和电动机（MG2）为永磁电动机，其三相交流电经过定子线圈的三相绕组时，电动机内产生旋转磁场。发电机（MG1）和电动机（MG2）的工作原理如图 2-16 所示。通过以转子的旋转位置和转速控制旋转磁场从而使转子的永久磁铁受到旋转磁场的吸引产生转矩，产生的转矩可用于与电流相匹配的所有用途，而转速由交流电的频率控制。此外，通过对旋转磁场和转子磁铁的角度作适当的调整，可以产生较大的转矩和较高的转速。

图 2-14　MG1 和 MG2
1—MG1；2—MG2

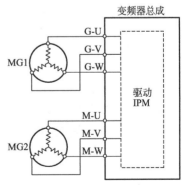

图 2-15　发电机（MG1）和
电动机（MG2）电路图

(3) 行星齿轮组　以适当的比例分配发动机驱动力来直接驱动车辆和发电机。

2. HV 蓄电池

如图 2-17 所示为 HV 蓄电池，其作用是车辆在起步、加速和上坡时，将电能提供给电动机/发电机。

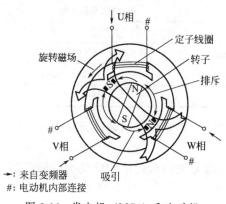

图 2-16　发电机（MG1）和电动机（MG2）的工作原理

图 2-17　HV 蓄电池

普锐斯采用镍-氢（Ni-MH）蓄电池作为 HV 蓄电池，其位于后备厢内后排座位下。该 HV 蓄电池具有高能、重量轻、配合 THS-Ⅱ系统特性使用时间较长等特点。车辆正常工作时，由于 THS-Ⅱ系统通过充电/放电来保持 HV 蓄电池 SOC（荷电状态）为恒定数值，因此车辆不依赖外部设备来充电。

3. 变频器总成

(1) 作用及组成　如图 2-18 所示为变频器总成，主要用于将高压直流电（HV 蓄电池）转换为交流电（发电机 MG1 和电动机 MG2）；反之亦可将交流电（AC）转换为直流电（DC）。其组成部件包括增压转换器、DC/DC 转换器和空调变频器。

图 2-18　变频器总成

① 增压转换器。将 HV 蓄电池的最高电压从 DC 201.6V 增加到 DC 500V；反之亦可，从 DC 500V 降到 DC 201.6V。

② DC/DC 转换器。将最高电压从 DC 201.6V 降到 DC 12V，为车身电气组件供电以及为备用蓄电池再次充电（DC 12V）。

③ 空调变频器。将 HV 蓄电池的额定电压 DC 201.6V 转换为 AC 201.6V，为空调系统中的电动变频压缩机供电。

(2) 变频器总成的工作原理　变频器将 HV 蓄电池的高压直流电转换为三相

交流电来驱动发电机（MG1）和电动机（MG2）。功率晶体管的启动由 HV ECU 控制。此外，变频器将用于电流控制（如输出电流或电压）的信息传输到 HV ECU。变频器和发电机（MG1）、电动机（MG2）一起，由发动机冷却系统分离的专用散热器冷却。如果车辆发生碰撞，安装在变速器内部的断路器传感器会检测到碰撞信号从而关停系统。

变频器总成中的增压转换器将 HV 蓄电池 DC 201.6V 的额定电压提升到 DC 500V，提升电压后，变频器将直流电转换为交流电。

发电机（MG1）、电动机（MG2）桥电路和信号处理/保护功能处理器已集成在 IPM（智能功率模块）中（变频器电路图如图 2-19 所示），以提高车辆性能。变频器总成中的空调变频器为空调系统中的电动变频压缩机供电。将变频器散热器和发动机散热器集成为一体，更加合理地利用了发动机室内的空间。

① 增压转换器。增压转换器将 HV 蓄电池输出的额定电压 DC 201.6V 升高到 DC 500V 的最高电压（增压转换器电路图如图 2-20 所示）。转换器包括增压 IPM（智能功率模块）、IGBT（绝缘栅双极晶体管）。通过这些组件，转换器将电压升高。

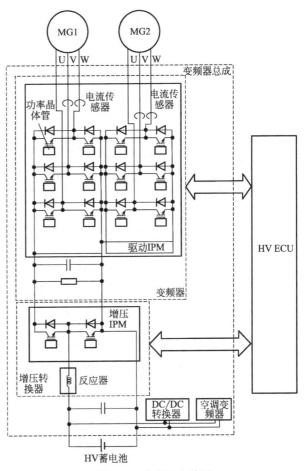

图 2-19 变频器电路图

发电机（MG1）或电动机（MG2）作为发电机工作时，变频器通过其将交流电（201.6～500V）转换为直流电，然后增压转换器将其降低到 DC 201.6V，为 HV 蓄电池充电。

② DC/DC 转换器。车辆的辅助设备，如车灯、音响系统、空调系统（除空调压缩机）和 ECU，它们由 DC 12V 的供电系统供电。由于 THS-Ⅱ发电机输出额定电压为 DC 201.6V，因此需要转换器将电压降低到 DC 12V 来为备用蓄电池充电。DC/DC 转换器安装于变频器的下部。DC/DC 转换器电路图如图 2-21 所示。

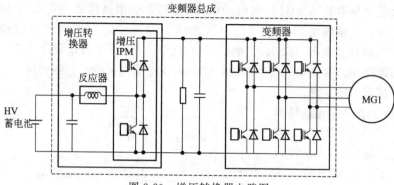

图 2-20 增压转换器电路图

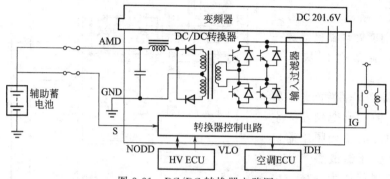

图 2-21 DC/DC 转换器电路图

③ 空调变频器。变频器总成中的空调变频器为空调系统中电动变频压缩机供电。空调变频器将 HV 蓄电池的额定电压 DC 201.6V 转换为 AC 201.6V,来为空调系统中的压缩机供电。空调变频器电路图如图 2-22 所示。

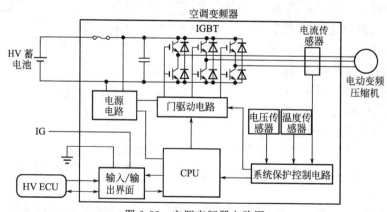

图 2-22 空调变频器电路图

④ 冷却系统。车辆采用了配备有水泵的发电机(MG1)和电动机(MG2)冷却系统,而且将其与发动机冷却系统分开。变频器、发电机(MG1)和电动机

(MG2）的冷却系统如图 2-23 所示。冷却系统的散热器集成在发动机的散热器中，这样，散热器的结构得到简化，空间也得到有效利用。冷却系统参数见表 2-3。

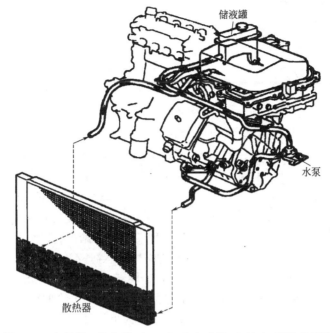

图 2-23　变频器、发电机（MG1）和电动机（MG2）的冷却系统

表 2-3　变频器、发电机（MG1）和电动机（MG2）的冷却系统参数

水泵	排放量/(L/min)		10 或者更高(65℃)
冷却液	容量/L		2.7
	类别		丰田超级长效冷却液（SLLC）或同等品
	颜色		粉红
	维护间隔	第一次	160000km
		以后	每 80000km①

① 仅在车辆使用 SLLC（粉红色）时，如果使用 LLC（红色），维护时间间隔应变为 40000km 或 24 个月（以先到为准）。

更换 SLLC 时，应该用混合动力变速驱动桥下部的排放塞排尽里面的旧冷却液。如在维护时将非 SLLC 的冷却液注入车辆，则上述维护时间间隔不再有效。如果车辆最初使用 LLC（红色），而后用 SLLC（粉红）更换时，可调整维护时间间隔为每 80000km。

4. HV ECU

接收每个传感器及 ECU（发动机 ECU、蓄电池 ECU、制动防滑控制 ECU 和 EPS ECU）的信息，根据此信息计算所需的转矩和输出功率。HV ECU 将计算结果发送给发动机 ECU、变频器总成、蓄电池 ECU 和制动防滑控制 ECU。

5. 发动机 ECU

根据接收到的来自 HV ECU 的目标发动机转速和所需的发动机动力启动 ETCS-i（智能电子节气门）。

6. 蓄电池 ECU

监控 HV 蓄电池的充电状态。

7. 制动防滑控制 ECU

控制电动机/发电机产生的再生制动以及控制液压制动，使总制动力等于仅配备液压制动的传统车辆。同样，制动防滑控制 ECU 照常进行制动系统控制（带 EBD 的 ABS、制动辅助和 VSC+）。

8. 加速踏板位置传感器

将加速踏板角度转换为电信号并输出到 HV ECU。加速踏板受到大小不一的力时，安装在加速踏板臂基部的磁轭以不同的速度围绕霍尔 IC 旋转，这时，磁通的变化量由霍尔 IC 转换为电信号并输出给 HV ECU，显示加速踏板受力的大小（图 2-24 和图 2-25）。

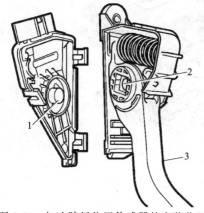

图 2-24 加速踏板位置传感器的安装位置
1—霍尔元件；2—磁铁；3—加速踏板

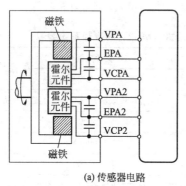

(a) 传感器电路　　(b) 输出信号特性曲线

图 2-25 霍尔型加速踏板位置传感器电路

9. 挡位传感器

将挡位转换为电信号并输出到 HV ECU。

10. SMR（系统主继电器）

用来自 HV ECU 的信号连接或断开蓄电池和变频器总成间的高压电路。

11. 互锁开关（用于变频器盖和检修塞）

确认变频器盖和检修塞均已安装完毕。

12. 断路器传感器

如果检测到车辆发生碰撞，则切断高压电路。

13. 检修塞

在检查或维修车辆时，要拆下此塞，关闭 HV 蓄电池高压电路。

14. 电线

电线将变频器与 HV 蓄电池、发电机（MG1）、电动机（MG2）以及空调压缩机等部件相连，以传输高电压、高电流。电线一端接在后备厢中 HV 蓄电池的左前连接器上，而另一端从后排座椅下经过，穿过地板沿着地板下加强件一直连接到发动机室中的变频器，如图2-26所示。这种屏蔽电线可减少电磁干扰。辅助蓄电池的 DC 12V 配线排布与上述电线相同。高压线束和接头采用橙色，以与普通低压线束区别。

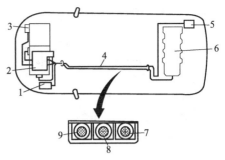

图 2-26 高压电线

1—接线盒；2—变频器；3—空调压缩机；4—穿过中央地板的部分；5—备用蓄电池；6—HV 蓄电池；7—电线电压（＋）；8—电线电压（－）；9—DC 12V（＋）

二、丰田混合动力系统工作状态与原理

1. 工作状态

根据行驶条件的不同，汽车在稳定运行过程中，混合动力系统可能处于不同的工作状态，以最大限度地适应车辆的行驶状况。

（1）HV 蓄电池向电动机（MG2）供电，以驱动车辆（图 2-27）。

（2）发动机通过行星齿轮机构驱动车辆时，发电机（MG1）由发动机通过行星齿轮机构带动旋转，为电动机（MG2）提供电能（图 2-28）。

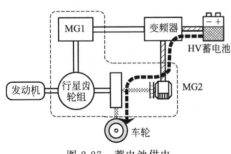

图 2-27 蓄电池供电

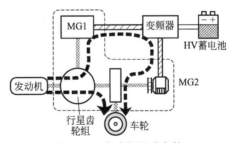

图 2-28 发动机驱动车轮

（3）发电机（MG1）由发动机通过行星齿轮机构带动旋转，为 HV 蓄电池充电（图 2-29）。

（4）车辆减速时，车轮的动能被回收并转化为电能，并通过电动机/发电机（MG2）为 HV 蓄电池再次充电（图 2-30）。

HV ECU 根据车辆行驶状况在（1）、（2）、（3）、（1）+（2）+（3）或（4）工作模式间转换。但是，HV 蓄电池的 SOC（荷电状态）较低时，发动机带动发电机

（MG1）为 HV 蓄电池充电。

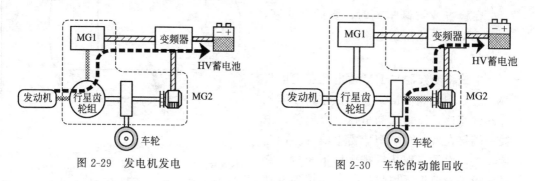

图 2-29　发电机发电　　　　图 2-30　车轮的动能回收

THS-Ⅱ（第二代丰田混合动力系统）使用发动机和电动机（MG2）提供的两种动力，并使用 MG1 作为发电机。系统根据各种车辆行驶状况优化组合这两种动力。

HV ECU 始终监视 SOC、蓄电池温度、水温和电载荷状况。在"READY"指示灯亮，车辆处于"P"挡或车辆倒车时，如果监视项目符合条件，HV ECU 发出指令，启动发动机，驱动发电机（MG1），并为 HV 蓄电池充电。

2. 工作原理

图 2-31 反映了车辆的常见行驶状况。可以根据图 2-31 来分析 THS-Ⅱ系统是如何控制发动机、MG1 和 MG2 来驱动汽车的。

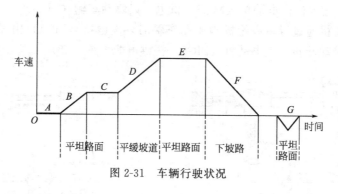

图 2-31　车辆行驶状况

图 2-31 中，A 表示仪表板上"READY"灯亮；B 表示车辆起步；C 表示发动机微加速；D 表示小负荷巡航；E 表示节气门全开加速；F 表示减速行驶；G 表示倒车。

图 2-32 是行星齿轮组与发动机、MG1 和 MG2 的连接关系。发动机连接行星架，MG1 连接太阳轮，MG2 连接环齿轮。根据相对运动关系可以非常方便地用模拟杠杆来表示行星齿轮机构（组）各部件的转速关系（图 2-33、图 2-34）。杠杆的 3 个节点的相对位置由太阳齿轮（MG1）与环齿轮（MG2）的齿数确定，相对于水平基准位置，同侧表示运转方向相同，异侧表示运转方向相反，相对于基准位置的高度（垂直位移）近似于转速。

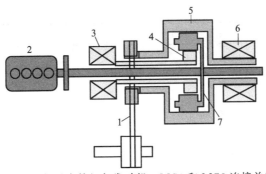

图 2-32 行星齿轮组与发动机、MG1 和 MG2 连接关系
1—驱动链；2—发动机；3—MG1；4—太阳轮；5—环齿轮；6—MG2；7—行星架

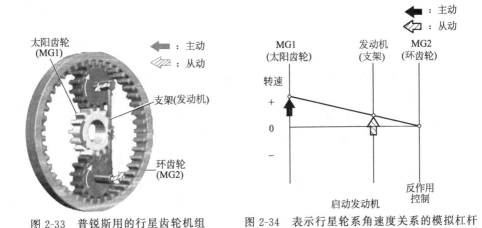

图 2-33 普锐斯用的行星齿轮机组　　图 2-34 表示行星轮系角速度关系的模拟杠杆

表 2-4 的模拟杠杆图对行星齿轮机构构件的旋转方向、转速和电源平衡进行了直观表示。此模拟杠杆中，3 个齿轮的转速始终可以用一条直线来连接。模拟杠杆图还对发电机（MG1）或电动机（MG2）的放电或发电状态、旋转方向和转矩状态作了说明。

表 2-4　模拟杠杆图

状态	旋转方向	转矩状态	模拟杠杆例图
放电	正转	＋转矩	
	＋侧	箭头向上	
	反转	－转矩	
	－侧	箭头向下	

续表

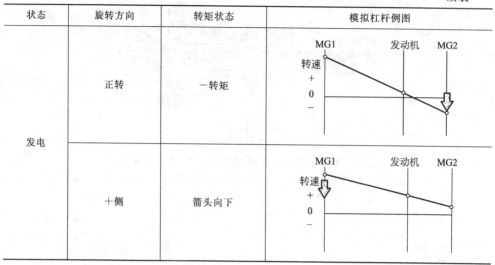

状态	旋转方向	转矩状态	模拟杠杆例图
发电	正转	－转矩	
	＋侧	箭头向下	

（1）准备启动状态　如图 2-31 中的 A 阶段所示，如果水温、SOC、蓄电池温度和电载荷状态不满足条件，即使驾驶员按下"POWER"开关，"READY"指示灯打开，发动机也不会运转。

启动发动机：仪表盘上的"READY"指示灯亮、车辆处于"P"或者倒挡时，如果 HV ECU 监视的任何项目均正常，HV ECU 启动发电机（MG1），从而启动发动机。运行期间，为防止发电机（MG1）的太阳齿轮的反作用力转动电动机（MG2）的环齿轮并驱动车轮，电动机（MG2）接收电流，施加制动（图 2-35、图 2-36），这个功能叫做"反作用控制"。

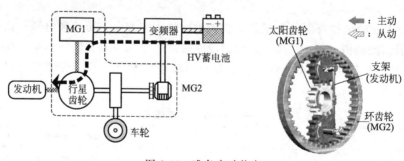

图 2-35　准备启动状态

在随后的状态中，运转中的发动机驱动发电机（MG1），为 HV 蓄电池充电（图 2-37、图 2-38）。

（2）起步工况　如图 2-31 中的 B 阶段，电动机（MG2）驱动车辆起步后，车辆仅由电动机（MG2）驱动。这时，发动机保持停止状态，发电机（MG1）以反方向旋转而不发电（图 2-39、图 2-40）。

启动发动机：只有电动机（MG2）工作时，如果增加所需驱动转矩，发电机

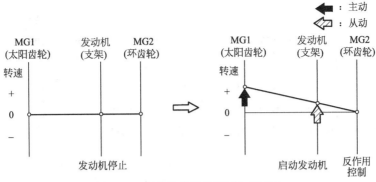

图 2-36　行星齿轮机构模拟杠杆图Ⅰ

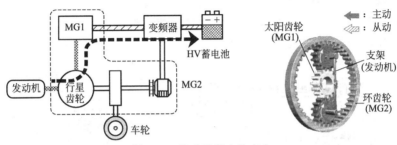

图 2-37　启动后蓄电池充电

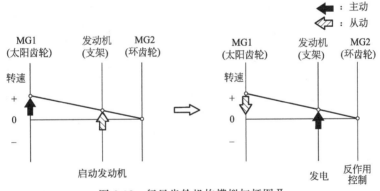

图 2-38　行星齿轮机构模拟杠杆图Ⅱ

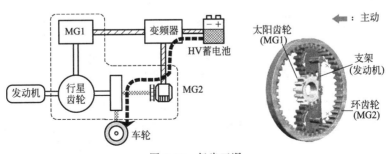

图 2-39　起步工况

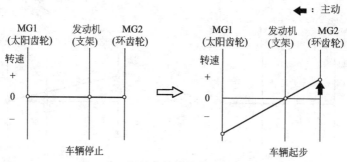

图 2-40　行星齿轮机构模拟杠杆图Ⅲ

(MG1)将被启动，进而启动发动机。同样，如果 HV ECU 监视的任何项目如 SOC、蓄电池温度、水温和电载荷状态与规定值有偏差，发电机（MG1）将被启动，进而启动发动机（图 2-41、图 2-42）。

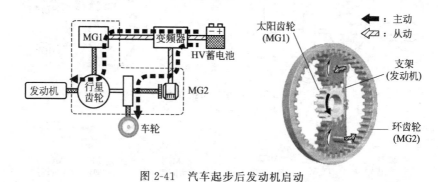

图 2-41　汽车起步后发动机启动

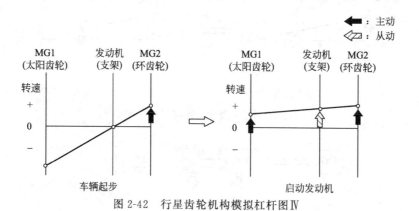

图 2-42　行星齿轮机构模拟杠杆图Ⅳ

在随后的状态中，已经启动的发动机将使发电机（MG1）为 HV 蓄电池充电。如果需要增加所需驱动转矩，发动机将启动发电机（MG1）并转变为"发动机微加速"模式（图 2-43、图 2-44）。

（3）发动机微加速工况　如图 2-31 中的 C 阶段，发动机微加速时，发动机的动力由行星齿轮组分配。其中一部分动力直接输出，剩余动力用于发电机（MG1）发电，通过变频器输出，电力输送到电动机（MG2），用于输出动力（图 2-45、图 2-46）。

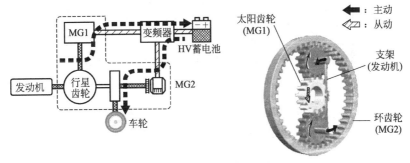

图 2-43　发动机驱动发电机

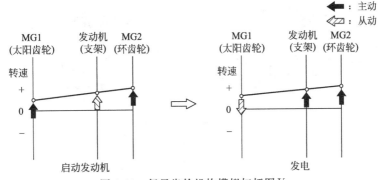

图 2-44　行星齿轮机构模拟杠杆图 V

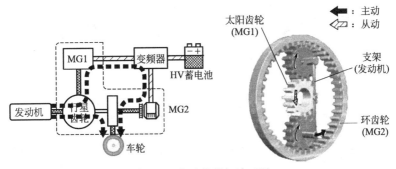

图 2-45　发动机微加速工况

（4）低载荷巡航工况　如图 2-31 中的 D 阶段，车辆以低载荷巡航时，发动机的动力由行星齿轮分配。其中一部分动力直接输出，剩余动力用于发电机（MG1）发电，通过变频器传输，电力输送到电动机（MG2）用于输出动力（图 2-47、图 2-48）。

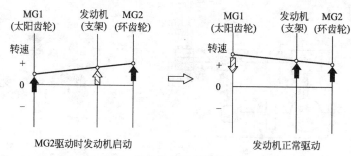

图 2-46　行星齿轮机构模拟杠杆图Ⅵ

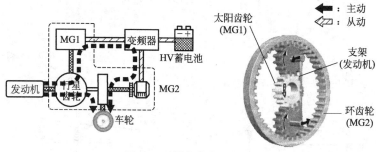

图 2-47　低载荷巡航工况

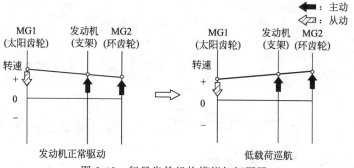

图 2-48　行星齿轮机构模拟杠杆图Ⅶ

（5）节气门全开加速工况　如图 2-31 中的 E 阶段，车辆从低载荷巡航转换为节气门全开加速模式时，系统将在保证电动机（MG2）动力的基础上，增加 HV 蓄电池的电动力（图 2-49、图 2-50）。

（6）减速工况　如图 2-31 中的 F 阶段。

① "D" 挡减速。车辆以 "D" 挡减速行驶时，发动机停止工作。这时，车轮驱动电动机（MG2），使电动机（MG2）作为发电机运行，为 HV 蓄电池充电（图 2-51、图 2-52）。

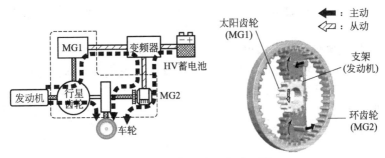

图 2-49 节气门全开加速工况

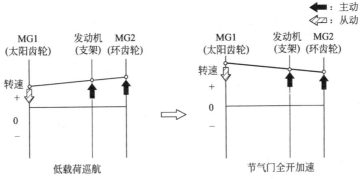

图 2-50 行星齿轮机构模拟杠杆图Ⅷ

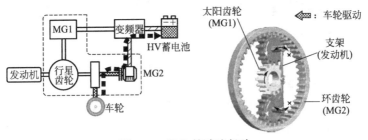

图 2-51 "D"挡减速行驶

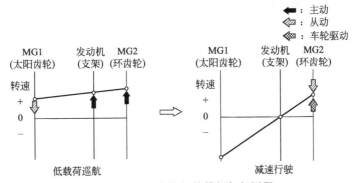

图 2-52 行星齿轮机构模拟杠杆图Ⅸ

车辆从较高速度开始减速时,发动机以预定速度继续工作,保护行星齿轮机构。

② "B"挡减速行驶。车辆以"B"挡减速行驶时,车轮驱动电动机(MG2),使电动机(MG2)作为发电机工作,为 HV 蓄电池充电,并为发电机(MG1)供电。这样,MG1 保持发动机转速并施加发动机制动(图 2-53、图 2-54)。这时,发动机燃油供给被切断。

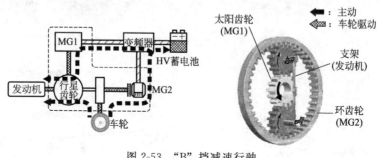

图 2-53 "B"挡减速行驶

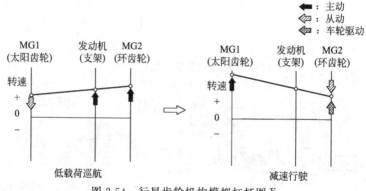

图 2-54 行星齿轮机构模拟杠杆图 X

(7) 倒车工况 如图 2-31 中 G 阶段。

① 车辆倒车。仅由电动机(MG2)为车辆提供动力。这时,电动机(MG2)反向旋转,发动机不工作,发电机(MG1)正向旋转但不发电(图 2-55、图 2-56)。

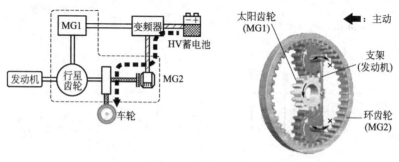

图 2-55 倒车工况

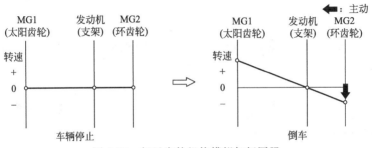

图 2-56　行星齿轮机构模拟杠杆图 Ⅺ

② 启动发动机。如果 HV ECU 监视的任何项目如 SOC、蓄电池温度、水温和电载荷状况与规定值有偏差，发电机（MG1）将发动机启动（图 2-57、图 2-58）。

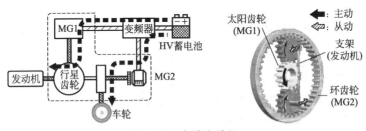

图 2-57　启动发动机

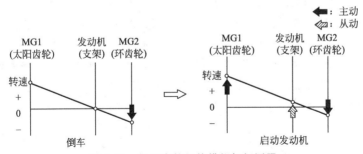

图 2-58　行星齿轮机构模拟杠杆图 Ⅻ

在随后的状态中，已经启动的发动机驱动发电机（MG1），为 HV 蓄电池充电（图 2-59、图 2-60）。

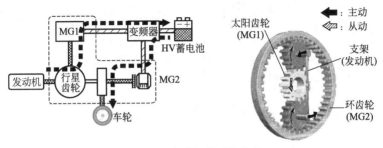

图 2-59　发动机驱动发电机

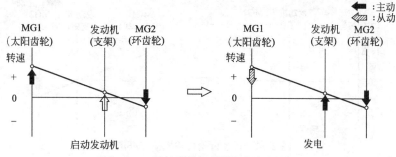

图 2-60 行星齿轮机构模拟杠杆图 XIII

第三节 丰田混合动力控制系统

一、混合动力汽车控制系统的组成

丰田普锐斯混合动力汽车（HV）控制系统的组成如图 2-61 所示。

（1）混合动力系统 ECU 的控制　根据请求转矩、再生制动控制和 HV 蓄电池的 SOC（荷电状态）控制发电机（MG1）、电动机（MG2）和发动机。具体工作状态由挡位、加速踏板踩下角度和车速来确定。

混合动力系统 ECU 监控 HV 蓄电池的 SOC 和 HV 蓄电池的温度、发电机（MG1）和电动机（MG2）并对这些项目实施最优控制。车辆处于"N"挡（空挡）时，HV ECU 实施关闭控制，自动关闭发电机（MG1）和电动机（MG2）。车辆在陡坡上松开制动而启动时，上坡辅助控制可以防止车辆下滑。

如果驱动轮在没有附着力时空转，HV ECU 提供电动机牵引力控制，抑制电动机

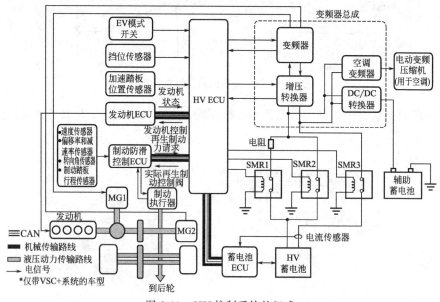

图 2-61　HV 控制系统的组成

(MG2）旋转，进而保护行星齿轮组，同时防止发电机（MG1）产生过大的电流。

为防止电路电压过高并保证电路切断的可靠性，HV ECU 通过三个继电器（系统主继电器）的作用实施 SMR 控制来连接和关闭高压电路。

（2）发动机 ECU 的控制　发动机 ECU 接收 HV ECU 发送的目标发动机转速和所需的发动机动力，来控制 ETCS-i 系统、燃油喷射量、点火时和 VVT-i 系统。

（3）变频器的控制　根据 HV ECU 提供的信号，变频器将 HV 蓄电池的直流电转换为交流电来驱动发电机（MG1）、电动机（MG2），同样也可进行逆向过程。此外，变频器将发电机（MG1）的交流电提供给电动机（MG2）。

HV ECU 向变频器内的功率晶体管发送信号，来转换发电机（MG1）、电动机（MG2）的 U、V 和 W 相来驱动发电机（MG1）和电动机（MG2）。HV ECU 从变频器接收到过热、过流或故障电压信号后即关闭。

（4）增压转换器的控制　根据 HV ECU 提供的信号，增压转换器将额定电压 DC 201.6V 升高到最高电压 DC 500V。发电机（MG1）或电动机（MG2）产生的最高电压 AC 500V 由变频器转换为直流电，根据 HV ECU 的信号，增压转换器将直流电降低到 DC201.6V（用于 HV 蓄电池）。

（5）转换器的控制　将额定电压 DC 201.6V 转化为 DC 12V，为车身电气组件供电，并为备用蓄电池充电（DC 12V），转换器将备用蓄电池控制在恒定电压状态。

（6）空调变频器的控制　将 HV 蓄电池的额定电压 DC 201.6V 转换为 AC 201.6V，为空调系统的电动变频压缩机供电。

（7）发电机（MG1）和电动机（MG2）的控制

① 发电机（MG1）由发动机带动旋转，产生高压（最高电压 AC 500V），操作电动机（MG2）并为 HV 蓄电池充电。另外，它作为起动机启动发动机。

② 由发电机（MG1）或 HV 蓄电池供电驱动，产生车辆动力。

③ 制动期间或松开加速踏板时，它产生电能为 HV 蓄电池再次充电（再生制动控制）。

④ 速度传感器（转角传感器）检测到发电机（MG1）、电动机（MG2）的转速和位置并将信号输出到 HV ECU。

⑤ 电动机（MG2）上的温度传感器检测温度，并将温度信号发送到 HV ECU。

（8）制动防滑控制 ECU 的控制　制动时，制动防滑控制 ECU 计算所需的再生制动力并将信号发送到 HV ECU。一接收到信号，HV ECU 立刻将实际的再生制动控制数据发送到制动防滑控制 ECU。根据这个结果，制动防滑控制 ECU 计算并执行所需的液压制动力。

（9）蓄电池 ECU 的控制　蓄电池 ECU 实施监视控制，监视 HV 蓄电池和冷却风扇控制的状态，使 HV 蓄电池保持在预定的温度，对这些组件实施最优控制。

（10）换挡的控制　HV ECU 根据挡位传感器提供的信号检测挡位（"R""N""D"或"B"），控制发电机（MG1）、电动机（MG2）和发动机调整车辆行驶状态以适应所选挡位。

变速器控制 ECU 通过 HV ECU 提供的信号检测驾驶员是否按下驻车开关。

然后，它操作换挡控制执行器，通过机械机构锁止变速驱动桥。

(11) 碰撞时的控制　发生碰撞时，如果 HV ECU 收到空气囊传感器总成发出的空气囊张开信号，或变频器中断路器传感器发出的执行信号，则关闭 SMR（系统主继电器）以切断整个电源。

(12) 电动机驱动模式的控制　仪表板上的 EV 模式开关被驾驶员手动打开时，如果所需条件满足，则 HV ECU 使车辆只由电动机（MG2）驱动运行。

(13) 巡航控制系统操作的控制　HV ECU 中的巡航控制：ECU 收到巡航控制开关信号时，按照驾驶员的要求，将发动机、发电机（MG1）和电动机（MG2）的动力调节到最佳组合，获得目标车速。

(14) 指示灯和警告灯点亮的控制　使灯点亮或闪烁，通知驾驶员车辆状态或系统故障。

(15) 诊断　HV ECU 检测到故障时，进行诊断并存储故障的相应数据。

(16) 安全保护　HV ECU 检测到故障时，根据存储在存储器中的数据停止或控制执行器和 ECU。THS 控制系统的组成框图如图 2-62 所示。

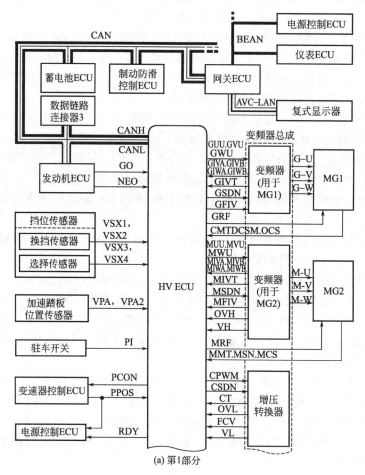

(a) 第1部分

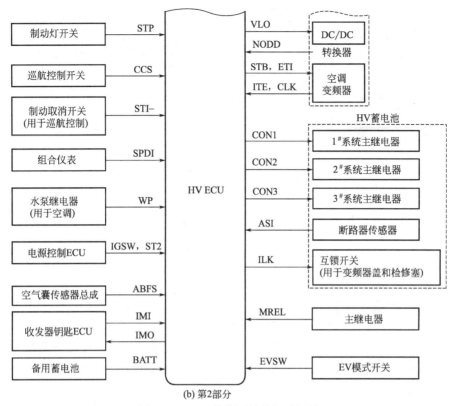

图 2-62　THS 控制系统的组成框图

二、混合动力汽车控制系统主要功能

1. HV ECU 控制

HV ECU 根据加速踏板位置传感器发出的信号检测加速踏板上所施加力的大小；HV ECU 收到发电机（MG1）和电动机（MG2）中速度传感器（转角传感器）发出的车速信号，并根据挡位传感器的信号检测挡位；HV ECU 根据这些信息确定车辆的行驶状态，对发电机（MG1）、电动机（MG2）和发动机的动力进行最优控制。此外，HV ECU 对动力的转矩和输出进行最优控制以实现低耗油和更清洁的排放等目标。

HV ECU 控制原理如图 2-63 所示，其结构框图见图 2-64 所示。

（1）系统监视控制功能　蓄电池 ECU 始终监视 HV 蓄电池的 SOC（荷电状态），并将 SOC 发送到 HV ECU。SOC 过低时，HV ECU 提高发动机的功率输出以驱动发电机（MG1）为 HV 蓄电池充电；发动机停止时，发电机（MG1）工作来启动发动机；然后，发动机驱动发电机（MG1）为 HV 蓄电池充电。如 SOC 较低或 HV 蓄电池、发电机（MG1）或电动机（MG2）的温度高于规定值，则 HV ECU 限制对驱动轮的动力的大小，直到它恢复到额定值。内置于电动机（MG2）

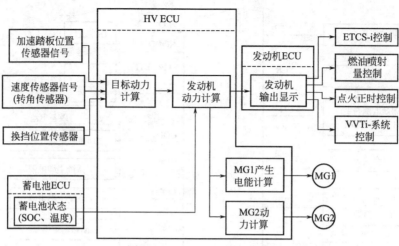

图 2-63　HV ECU 控制原理

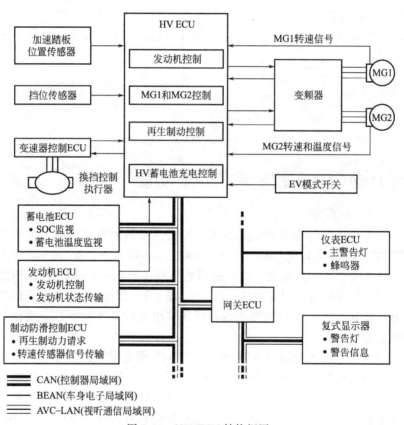

图 2-64　HV ECU 结构框图

中的温度传感器直接检测电动机（MG2）的温度。HV ECU 计算发电机（MG1）的温度。

(2) 关闭控制功能　一般来说，车辆处于"N"挡时，发电机（MG1）和电动机（MG2）被关闭。这是由于电动机（MG2）通过机械机构与前轮相连，所以必须停止发电机（MG1）和电动机（MG2）来切断动力。

行驶时，如果制动踏板被踩下并且某个车轮锁止，则带 EBD 的 ABS 启动工作。而后，系统请求电动机（MG2）输出低转矩为重新驱动车轮提供辅助动力，这时，即使车辆处于"N"挡，系统也会取消关闭功能使车轮转动。车轮重新旋转后，系统恢复关闭功能。

车辆以"D"或"B"挡行驶，制动踏板被踩下时，再生制动开始工作。这时，驾驶员换挡到"N"挡时，在再生制动请求转矩减少的同时，制动液压增大以避免制动黏滞。从这以后，系统实施关闭功能。

发电机（MG1）、电动机（MG2）以比规定值更高的转速工作时，关闭功能取消。

(3) 上坡辅助控制功能　如果施加了上坡辅助控制，则制动会施加到车辆后轮，防止车辆向坡下滑。这时，HV ECU 向制动防滑控制 ECU 发送后制动启动信号。车辆在陡坡上松开制动而启动时，上坡辅助控制可以防止车辆下滑。由于电动机具有高灵敏度的转速传感器，它可以感应坡度和车辆下降角度，以增大电动机的转矩确保安全。

(4) 电动机牵引力控制功能　车辆在光滑路面上行驶时如果驱动轮打滑，电动机（MG2）（与车轮直接相连）会旋转过快，引起相关的行星齿轮组转速增大。这种状况可对支承行星齿轮组中部件的啮合部件等部位造成损害，某些时候，还可使发电机（MG1）产生过量电能。如果转速传感器信号表明转速发生突然变化，HV ECU 确定电动机（MG2）转速过大并施加制动力以抑制转速，保护行星齿轮组。

如果只有一个驱动轮旋转过快，HV ECU 通过左右车轮的转速传感器监视它们的速度差，HV ECU 将指令发送到制动防滑控制 ECU，以对转速过快的车轮施加制动。这些控制方法可以起到与制动控制系统的 TRC 同样的作用。

(5) 雪地起步时驱动轮转速控制功能　雪地起步时驱动轮转速状态如图 2-65 所示。图 2-66(b) 描述了产生过快转速的机理。如果驱动轮抓地力正常，那么电

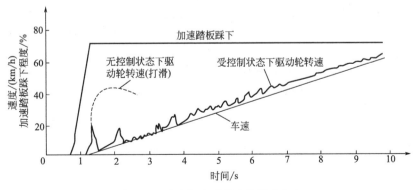

图 2-65　雪地起步时驱动轮转速状态

动机（MG2）（驱动轮）转速的变化很小。这样，它们和发动机之间的速度差很小，从而达到平衡，这样行星齿轮组的相对转速差最小。

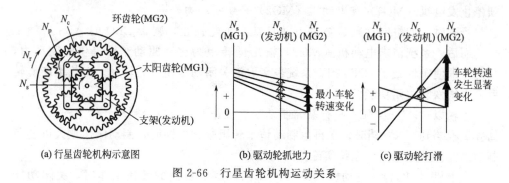

图 2-66　行星齿轮机构运动关系

如果驱动轮失去牵引力，如图 2-66(c) 所示，电动机（MG2）（驱动轮）的转速会有很大的变化。在这种情况下，由于转速变化量较小的发动机无法随电动机（MG2）转动，相关的整个行星齿轮组的转速增大。HV ECU 根据电动机（MG2）提供的转速传感器信号监视转速突变，来计算驱动轮的打滑量。

HV ECU 根据计算的打滑量通过抑制电动机（MG2）的旋转来控制动力（图 2-67）。

（6）系统主继电器（SMR）控制功能　SMR 是在接收到 HV ECU 发出的指令后可连接或断开高压电路电源的继电器（图 2-68），共有 3 个继电器，负极侧有 1 个，正极侧有 2 个，一起来确保系统正常工作。

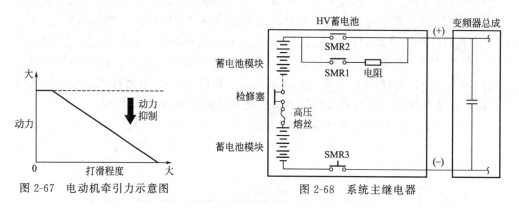

图 2-67　电动机牵引力示意图　　　　图 2-68　系统主继电器

① 电源打开。电路连接时 SMR1 和 SMR3 工作；之后，SMR2 工作而 SMR1 关闭。由于这种方式可以控制流过电阻器的电流，电路中的触点受到保护，避免受到强电流的损害（图 2-69）。

② 电源关闭。电路断开时 SMR2 和 SMR3 相继关闭。然后，HV ECU 确认各个继电器是否已经关闭。这样，HV ECU 可确定 SMR2 是否卡住（图 2-70）。

2. 发动机 ECU 控制

如图 2-71 所示，发动机 ECU 接收到 HV ECU 发送的目标发动机转速和所需

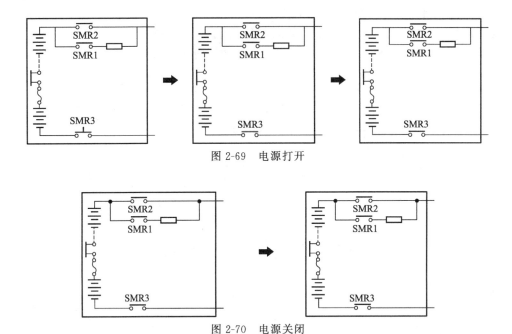

图 2-69 电源打开

图 2-70 电源关闭

的发动机动力信号,控制 ETCS-i 系统、燃油喷射量、点火正时和 VVT-i 系统。

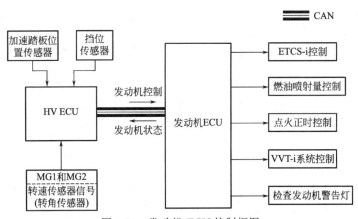

图 2-71 发动机 ECU 控制框图

① 发动机 ECU 将发动机工作状态信号发送到混合动力系统 ECU。

② 按照基本 THS-Ⅱ控制,在接收到混合动力系统 ECU 发送的发动机停止信号后,发动机 ECU 将使发动机停机。

③ 系统出现故障时,发动机 ECU 通过混合动力系统 ECU 的指令打开检查发动机警告灯。

3. 变频器控制

如图 2-72 所示,根据 HV ECU 提供的信号,变频器将 HV 蓄电池的直流电转换为交流电给发电机（MG1）、电动机（MG2）供电，或执行相反的过程。此外，变频器将发电机（MG1）的交流电提供给电动机（MG2）。但是电流从发电机（MG1）提供给电动机（MG2）时，电流在变频器内转换为DC。

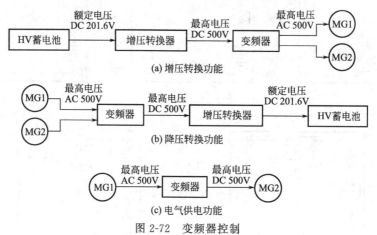

图2-72 变频器控制

根据发电机（MG1）、电动机（MG2）发送的转子信息和从蓄电池ECU发送的HV蓄电池SOC等信息，HV ECU将信号发送到变频器内部的功率晶体管来转换发电机（MG1）和电动机（MG2）定子线圈的U、V和W相。关闭发电机（MG1）、电动机（MG2）的电流时，HV ECU发送信号到变频器。

4. 制动防滑控制ECU控制

如图2-73所示，制动防滑控制ECU根据驾驶员踩下制动踏板时制动执行器和

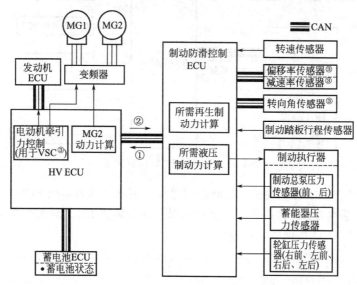

图2-73 制动防滑控制图

①—再生制动力请求；电动机牵引力控制请求（用于VSC＋系统）；②—实际再生制动控制数值；液压制动控制请求（用于下坡辅助控制）；③—仅用于带VSC＋系统的

制动踏板行程传感器的制动总压力计算所需的总制动力。制动防滑控制 ECU 根据总制动力计算所需的再生制动力，将结果发送到 HV ECU。HV ECU 启动电动机（MG2）进行反方向转矩控制并执行再生制动功能。

ECU 控制制动执行器电磁阀产生轮缸压力，这个轮缸压力是总制动力减去实际再生制动控制的数值。在带 VSC＋系统的车型上，车辆在 VSC＋系统控制下工作时，制动防滑控制 ECU 发送请求信号到 HV ECU 实施电动机牵引力控制，HV ECU 根据当前的车辆行驶状态控制发动机、发电机（MG1）和电动机（MG2）以抑制动力。

5. 蓄电池 ECU 控制

蓄电池 ECU 检测 HV 蓄电池的 SOC（荷电状态）、温度、电压以及是否泄漏，并将这些信息发送到 HV ECU（图 2-74）。蓄电池 ECU 通过 HV 蓄电池内的温度传感器检测其温度，并控制冷却风扇来调节温度。

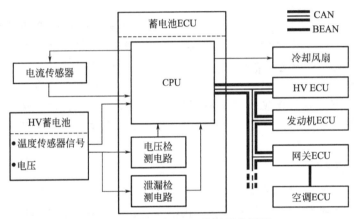

图 2-74 蓄电池 ECU 控制原理框图

（1）HV 蓄电池状态监视控制　蓄电池 ECU 始终监视以下项目并将这些信息发送给 HV ECU：①通过 HV 蓄电池内的温度传感器检测 HV 蓄电池温度；②通过 HV 蓄电池内的泄漏检测电路检测其是否泄漏；③通过 HV 蓄电池内的电压检测电路检测其电压；④通过电流传感器检测电流。

HV 蓄电池通过估计充电、放电电流来计算 SOC。

（2）SOC 控制　如图 2-75 所示，车辆行驶时，由于 HV 蓄电池在加速期间给

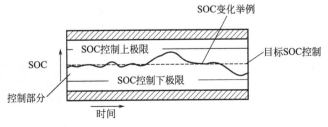

图 2-75 SOC 控制

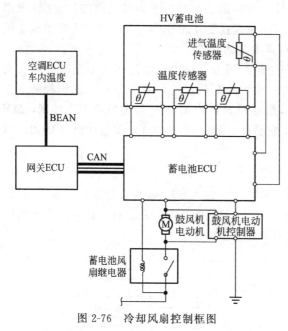

图 2-76 冷却风扇控制框图

电动机（MG2）供电，减速时由再生制动充电而反复经历充电/放电过程。蓄电池 ECU 根据电流传感器检测到的充电/放电水平计算 SOC，并将数据发送到 HV ECU，HV ECU 根据接收的数据控制充电/放电，将 SOC 始终控制在稳定水平。

（3）冷却风扇控制 如图 2-76 所示，蓄电池 ECU 根据 HV 蓄电池内的 3 个温度传感器和 1 个进气温度传感器检测到蓄电池温度上升，然后，蓄电池 ECU 在负载循环控制下连续启动冷却风扇，将 HV 蓄电池的温度维持在规定范围内。

空调系统降低车内温度时，如果检测到 HV 蓄电池温度出现偏差，则蓄电池 ECU 关闭冷却风扇或将其固定在低挡转速。该控制的目的是使车内温度首先降下来，这是由于冷却系统的进气口位于车内。

6. 汽车碰撞控制

如图 2-77 所示，发生碰撞时，如果 HV ECU 接收到空气囊传感器总成发出的空气囊张开信号或变频器中的断路器发出的执行信号，HV ECU 将关闭 SMR（系统主继电器）从而切断总电源以确保安全。

7. 纯电动机驱动模式控制

为减小深夜行车、停车时的噪声和在车库中短时间减少排气，可以手动按下仪表板上的 EV 模式开关（图 2-78），使车辆只受电动机（MG2）的驱动。打开 EV 模式开关后，组合仪表中的 EV 模式指示灯将点亮。

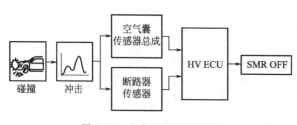

图 2-77 汽车碰撞控制原理

图 2-78 纯电动驱动模式控制

在正常行驶状态下，车辆只以电动机（MG2）驱动起步，那么加速踏板受力时或 SOC 下降时发动机工作产生动力。但是，如果 EV 模式开关打开后，启动发动机的规定数值将受到修正以增加在只有电动机（MG2）工作状态下的车辆行驶里程。

选择 EV 模式时，发动机停止工作，车辆继续在只有电动机（MG2）工作的状态下行驶，除非车辆发生以下情形：①EV 模式开关关闭；②SOC 下降到规定水平以下；③车速超过规定数值；④加速踏板角度超过规定数值；⑤HV 蓄电池温度高于正常工作范围；⑥如果 HV 蓄电池在标准 SOC 下，车辆在平坦路面上连续行驶 1~2km 后，EV 模式将关闭。

8. 指示灯和警告灯

THS-Ⅱ系统的指示灯和警告灯的作用见表 2-5。

表 2-5　指示灯和警告灯的作用

项目	概　　述
READY 灯	车辆处于"P"挡时，如果驾驶员踩下制动踏板并同时按下启动按钮，此灯闪烁
主警告灯	此警告灯在警告时点亮，它的主要功能是提示驾驶员 THS-Ⅱ系统已出现故障或 HV 蓄电池 SOC 低于标准值 除先前描述的状态外，此灯点亮并且蜂鸣器鸣叫以通知驾驶员出现水温异常、油压异常、EPS 系统故障或变速器控制 ECU 故障
检查发动机警告灯	发动机控制系统出现故障时打开
放电警告灯	DC12V 充电系统（转换器总成）出现故障时打开；同时，主警告灯将点亮
HV 蓄电池警告灯	此警告灯打开以通知驾驶员 SOC 低于最小标准值（%）；同时，主警告灯将点亮
混合动力系统警告灯	此警告灯打开以通知驾驶员 THS-Ⅱ系统出现故障；同时，主警告灯将点亮

在第二代丰田混合动力系统（THS-Ⅱ）中，如果 HV ECU、发动机 ECU 或蓄电池 ECU 检测到故障，则 ECU 进行诊断并存储部分名称。此外，为了通知驾驶员故障发生，ECU 使检查发动机警告灯、主警告灯或此 ECU 的 HV 蓄电池警告灯点亮或闪烁。

9. 故障 DTC

HV ECU、发动机 ECU 或蓄电池 ECU 将存储各自故障的 DTC（诊断故障代码）。在常规的 DTC 5 位代码的基础上新添加了 3 位数字信息代码。这样，在排除故障时可进一步缩小怀疑范围以确定故障。可以使用智能测试仪Ⅱ读取 DTC。一些 DTC 较以往更加细化了怀疑部位，同时为其制定了新的 DTC；此外，还增添了与新增项目对应的 DTC。

10. 安全保护

如果 HV ECU 检测到 THS-Ⅱ系统故障，那么它将根据存储器中的数据控制系统。

第四节　普锐斯混合动力系统主要部件

一、普锐斯混合动力汽车的蓄电池

用于混合动力系统的密封式镍-氢（Ni-MH）电池具有功率密度高和使用寿命长的特点。混合动力系统控制充放电速度，使 HV 蓄电池保持恒定的荷电状态（SOC）。

第三代普锐斯混合动力汽车采用的都是镍-氢蓄电池。6 个额定电压为 1.2V 的镍-氢电池串联组成一个 7.2V 的电池模块，若干组电池模块串联构成蓄电池。第一代蓄电池采用了 38 组模块，总电压为 273.6V；第二代和第三代蓄电池采用了 28 组模块，总电压为 201.6V。

HV 蓄电池、蓄电池 ECU 和 SMR（系统主继电器）集中在一个信号箱中，位于后座后的后备厢中，这样可更有效地利用车内空间（图 2-79）。

第 19 模块到第 20 模块中间的检修塞用于切断电源。维修高压电路的任何部分时，一定要将此检修塞拔下。充电/放电时，HV 蓄电池会散发热量，为保护蓄电池的性能，蓄电池 ECU 控制冷却风扇工作帮助散热。

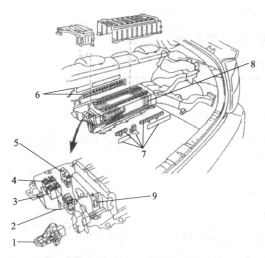

图 2-79　蓄电池主组件位置
1—检修塞；2—SMR1；3—SMR2；4—SMR3；5—电流传感器；6—前母线模块；7—后母线模块；8—HV 蓄电池模块；9—蓄电池 ECU

1. 检修塞

在检查或维修前拆下检修塞（图 2-80），切断 HV 蓄电池中部的高压电路，可

图 2-80　拆下检修塞

以保证维修期间人员的安全。检修塞总成包括互锁的导线开关，检修时将卡箍翻起，关闭导线开关，进而切断 SMR；但是，为安全考虑，在拔下检修塞前一定要关闭点火开关。高压电路的主熔丝位于检修塞总成的内部。

2. HV 蓄电池冷却系统

当电池组工作时，肯定会产生热量，热量不及时地散去必定会影响电池组的正常工作以及其使用寿命，所以 HV 具备了电池冷却系统，包括循环冷却水和散热片的形式（图 2-81）辅助电池冷却，当 ECU 检测到电池组过热时就会启动冷却系统，维持电池组处于正常工作状态。

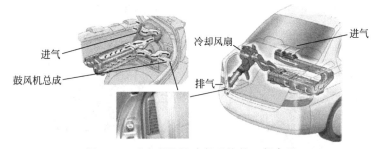

图 2-81　动力蓄电池冷却系统的一般布置

普锐斯后备厢右侧的冷却风扇可以通过后排座椅右侧的进气口吸出车内空气（图 2-82）；此后，从蓄电池顶部右侧进入的空气从上到下流经蓄电池模块并将其加以冷却；然后，空气流经排气管和车内，最终排到车外。

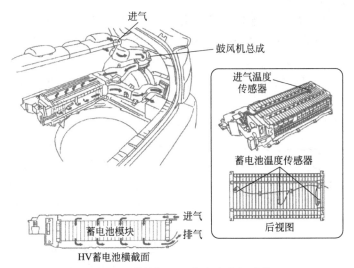

图 2-82　普锐斯 HV 蓄电池冷却系统

蓄电池 ECU 控制冷却风扇的工作，蓄电池 ECU 根据 HV 蓄电池内部的 3 个蓄电池温度传感器和进气温度传感器给出的信号将 HV 蓄电池温度控制在合适的范围。

3. HV 镍-氢电池

6个串联的1.2V电池组成一个模块,在2004年后出厂的普锐斯混合动力汽车上,28个模块提供201.6V的额定电压(图2-83)。HV 镍-氢电池的电极由多孔镍和金属氢氧化物组成。

4. 蓄电池 ECU

蓄电池 ECU 的位置如图2-84所示,其功能有:

(1)估计充放电电流向 HV ECU 发出充电和放电请求信息,以将 SOC 始终保持在中间水平。

(2)估计在充放电期间产生的热量,调整风扇,保持 HV 蓄电池有适当的温度。

图 2-83　HV 镍-氢电池的位置　　　　图 2-84　蓄电池 ECU 的位置

5. 荷电状态(SOC)

蓄电池 ECU 不断地检测 HV 蓄电池温度、电压和电流,也检查 HV 蓄电池是否漏电,监控电池的温度和电压。若检测到故障,便限制充电或停止充电以及放电,以保护 HV 蓄电池。

汽车运动时,HV 蓄电池重复地充放电。在加速期间,电池放电驱动 MG2;在减速时,由再生制动充电,蓄电池 ECU 估计充/放电电流,向 HV ECU 输出充/放电请求。目标 SOC 是 60%,若 SOC 降到目标 SOC 以下,HV ECU 会给发动机 ECM 发出信号,增大功率输出,给 HV 蓄电池充电。若 SOC 只降20%,发动机不会发出动力。通常 SOC 从高到低的偏差在20%时为正常,若 SOC 变化量超过20%,这意味着 HV 蓄电池不能修正或保持 SOC 的差值在可接受范围内。

6. 系统主继电器(SMR)

SMR 按照 HV ECU 的指令连接和断开到高压电路的动力。系统共有3个主继电器(负极1个、正极2个),以保证混合动力系统正常运行,如图2-85所示。

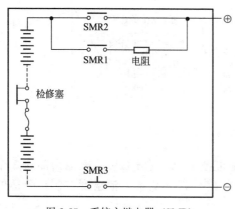

图 2-85　系统主继电器(SMR)

电路接通时，SMR1 和 SMR2 导通，SMR1 电路中的电阻保护电路避免承受过大初始电流。SMR2 导通和 SMR1 断开时电流在电路中可自由流动。

7. 辅助蓄电池（备用蓄电池）

普锐斯混合动力汽车采用 12V 的免维护辅助蓄电池，安装在后备厢中（图 2-86）。12V 的蓄电池与传统汽车蓄电池类似，主要供电给大灯、音响和其他附件及所有 ECU。蓄电池接地到汽车的金属车架，通过一个管与外界空气通风。

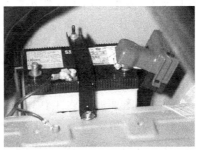

图 2-86　辅助蓄电池

辅助蓄电池对高压很敏感，给辅助蓄电池充电时，要用丰田专用充电机，普通充电器没有专用的电压控制，有可能毁坏电池。在充电时，应将蓄电池从车上拆下。如果有 2 周以上时间不使用汽车，应断开 12V 电池，防止它放电。

蓄电池电解液被分离器过滤，以减少在充电时释放的氢气。因此只要使用规定的蓄电池，蓄电池电解液就无需更换。与其他车辆一样，如果由于某种原因蓄电池无电，则需要跨接启动。可以打开后备厢，将跨接线直接接到蓄电池上。跨接启动方法如图 2-87 所示，按照图中数字顺序所示，连接一个 12V 的充满电的电池，之后将钥匙插入启动位置，当发动机运行时，将跨接电池按照与连接顺序相反的顺序断开。

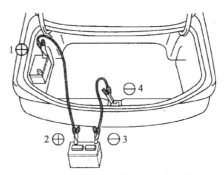

图 2-87　蓄电池的跨接启动方法

二、普锐斯混合动力汽车电动机/发电机

丰田普锐斯混合动力汽车动力传动系统有两个电动机/发电机：MG1 和 MG2。

1. 电动机/发电机 MG1 的作用

① 作为动力分离装置的控制元件，MG1 与太阳轮相连，动力控制单元按照一定的控制策略改变转速和转矩，从而实现无级变速的功能。

② 作为发电机将发动机冗余能量转化为电能给蓄电池充电或给 MG2 供电。

③ 作为发动机的起动机。

2. 电动机/发电机 MG2 的作用

① 提供辅助动力,以保证在任何工况下发动机始终在高效区域内工作。

② 当汽车制动、下坡或驾驶员放松加速踏板时,发动机关闭,MG2 作为发电机,在汽车的惯性下,车轮带动 MG2 发电,将制动能量转化为电能储存在蓄电池中。

3. MG2 的输出功率特性和输出转矩特性

第一代电动机/发电机用串联绕组方式;第二代电动机/发电机(图 2-88)用并联绕组方式,通过升压回路获得约 2 倍于第一代电动机/发电机的工作电压,并优化了气隙磁场,从而在电动机/发电机体积略有减小的情况下,提高了转矩和效率;第三代电动机/发电机(图 2-88)将工作电压提高到 650V,最高输出功率增加了 20%,最高转速提高了约 1 倍,大大缩减了电动机/发电机的体积和质量。另外,由于体积的减小而造成电动机/发电机转矩下降,因此第三代普锐斯混合动力汽车的动力系统采用了一个行星齿轮组中的构件作为 MG2 的减速机构。第三代电动机/发电机 MG2 的输出功率特性如图 2-89 中虚线所示,输出转矩特性如图 2-89 中实线所示。

图 2-88 电动机/发电机 MG1、MG2

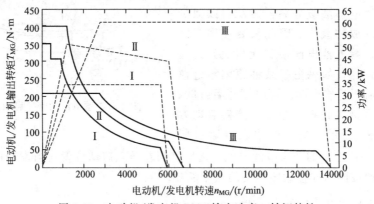

图 2-89 电动机/发电机 MG2 输出功率、转矩特性

三、普锐斯混合动力汽车的底盘

1. 普锐斯混合动力汽车变速驱动桥的组成

普锐斯混合动力汽车采用带行星齿轮组的无级变速机构来达到平稳运行的目的。变速驱动桥主要包括变速驱动桥阻尼器、MG1、MG2 和减速装置(包括链、中间轴主动齿轮、中间轴从动齿轮、主减速器小齿轮和主减速器环齿轮),如图 2-90 所

示。行星齿轮组、MG1、MG2、变速驱动桥阻尼器和主动链轮都安装在同心轴上，动力从主动链轮传输到减速装置。

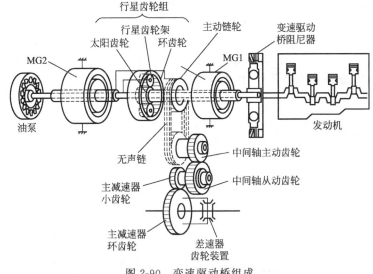

图 2-90 变速驱动桥组成

2. 普锐斯混合动力汽车变速驱动桥的主要部件

（1）行星齿轮机构　通过行星齿轮组传输的发动机输出功率分为两部分：一部分驱动汽车；另一部分驱动 MG1 用来发电。作为行星齿轮机构的一部分，太阳轮连接到 MG1 上，环齿轮连接到 MG2 上，行星架连接到发动机输出轴上，动力通过链传送到中间轴主动齿轮，如图 2-90 所示。

（2）变速驱动桥的减振器　普锐斯变速驱动桥的减振器（也称阻尼器）采用具有低扭转特性的螺旋弹簧。螺旋弹簧的刚度较小，提高了弹簧的减振性能。飞轮的形状得到优化，减轻质量。变速驱动桥减振器传递发动机的驱动力，它包括用干式、单片摩擦材料制成的转矩波动吸收机构。

（3）MG1 和 MG2　MG1 连接在行星齿轮组的太阳齿轮上，MG2 连接在环齿轮上。不要分解 MG1 和 MG2，因为它们都是精密组件。如果这些组件出现故障，则整体更换混合动力变速驱动桥总成。

（4）减速装置　MG1 盖上的链轮支架采用铝材料。采用滚珠轴承承载中间轴从动齿轮轴。减速装置包括无声链、中间轴齿轮和主减速器齿轮。采用小链距的无声链保证安静运行，并且和齿轮传动机构相比，机构的总长度缩短。中间轴齿轮和主减速器齿轮的齿都经过高精密研磨，其齿腹得到了优化，以保证运行的高度安静。主减速器齿轮经过最佳配置，减小发动机中心轴和差速器轴间的距离，使差速器的结构更加紧凑。

（5）差速器齿轮装置　采用和传统变速驱动桥差速器相类似的小齿轮型差速器齿轮装置。

图 2-91　紧凑型换挡杆

(6) 润滑装置　行星齿轮组和主轴轴承的润滑使用装有余摆曲线式油泵的强制润滑系统。减速装置和差速器使用同类型的润滑油。

3. 普锐斯混合动力汽车的换挡控制系统

紧凑型换挡杆（变速器换挡总成）安装在仪表盘上（图 2-91），换挡后，当驾驶员的手离开换挡杆手柄时，手柄会回到原位，驾驶员甚至可以用指尖操作手柄，操作极其便利。

采用电子通信变速系统，变速器换挡总成内的挡位传感器能检测挡位（"R" "N" "D"或"B"）并发送信号到 HV ECU。HV ECU 控制发动机、MG1 和 MG2 的转速，从而产生最佳齿轮速比。换挡控制系统原理如图 2-92 所示。

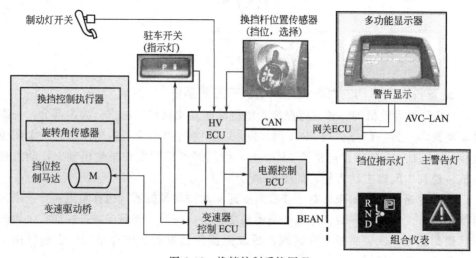

图 2-92　换挡控制系统原理

普锐斯混合动力汽车的驻车控制采用和换挡控制类似的电控装置，当驾驶员按下变速器换挡总成顶部的驻车开关时，"P"挡控制系统就会激活混合动力变速驱动桥上的换挡控制执行器，机械地锁止中间轴从动齿轮，该齿轮与驻车锁齿轮连接，从而锁止驻车锁。

第五节　普锐斯混合动力系统的发动机

一、概述

Prius（普锐斯）采用为应用混合动力系统而研发的 1NZ-FXE 发动机。此发动机使用高膨胀率 Atkinsion（阿特金森）循环、VVT-i（智能可变气门正时）系统和 ETCS-i（智能电子节气门控制系统）实现其高性能以及优良的静谧性、燃油经济性和排放清洁性。在此发动机中，通过减少活塞各部分的摩擦来提高燃油效率，以实现对燃油经济性和低排放性的进一步提高。发动机规格见表 2-6。

表 2-6 发动机规格

项目			规格
发动机类型			1NZ-FXZ
气缸数和排列			4 缸，直列
气门结构			16 气门 DOHC 链传动机构（带 VVT-i）
燃烧室			屋脊形
歧管			横流
燃油系统			SFI
排量/cm³(in³)			1.497(91.3)
缸径×行程/mm(in)			75.0×84.7(2.95×3.33)
压缩比			13.0∶1
最大输出功率(SAE-NET)			57kW 5000r/min
最大扭矩(SAE-NET)			115N·m 4000r/min
气门正时	进气	开	18°～-15°BTDC
		关	72°～-105°ABDC
	排气	开	34°BBDC
		关	2°ATDC
点火顺序			1—3—4—2
研究法辛烷值	欧洲车型		95 或更高
	澳大利亚车型		91 或更高
发动机采用质量①(参考)/kg(lb)			86.1(189.8)
机油等级			APISJ、SL、EC 或 ILSAC
尾气排放标准			欧洲Ⅳ级
蒸发排放标准			欧洲Ⅳ级

① 表示机油和发动机冷却液全满时的质量。

二、冷却系统

发动机的散热器集成了变频器的散热器，从而缩小它们在发动机室中所占的空间。此外，通过支架的采用，集成了空调冷凝器和散热器，集成了散热储液罐和风扇罩，如图 2-93 所示。图 2-94 所示为发动机冷却系统工作原理图。

发动机采用了纯正的丰田高级长效冷却液（SLLC）。因此，延长了维护的时间间隔。SLLC 是预先混合好的（50%冷却液和 50%蒸馏水），因此在为车辆添加或更换 SLLC 时，无需稀释。如果将 LLC 和 SLLC 混合，则采用 LLC 更换时间间隔（每 40000km 或 25000mile 或 24 个月）。如果用 SLLC（粉色）更换发动机冷却液，则同样可以在初次添加 LLC（红色）时，对车辆采用新的维护时间间隔（每 80000km 或 50000mile）。

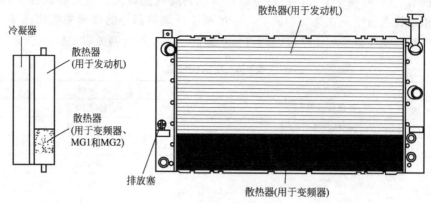

图 2-93 发动机散热器

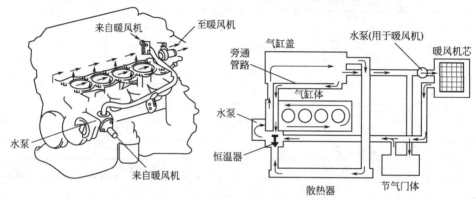

图 2-94 发动机冷却系统工作原理

三、进气和排气系统

发动机进气和排气系统继续采用 ETCS-i（智能电子节气门控制系统），采用无连杆式节气门体即电子节气门，在空气滤清器进口处安装了共振器以降低进气噪声，如图 2-95 所示。

四、燃油系统

发动机燃油系统采用无回油系统以减少蒸发排放，如图 2-96 所示。采用小型 12 孔喷嘴以提高燃油的雾化程度，采用多层塑料燃油箱，炭罐的容量由 1.0L 改变为 0.8L，净化阀的最大流率由 40L/min 改变为 60L/min，降低了蒸发排放，并采用了铝制主燃油管和净化管以减轻质量。

如图 2-97 所示为多层塑料燃油箱。此燃油箱有 6 层，由 4 种材质组成。燃油箱的最底部有一个排放标记。拆卸（报废）车辆时，在此排放标记上钻孔以排空燃油。

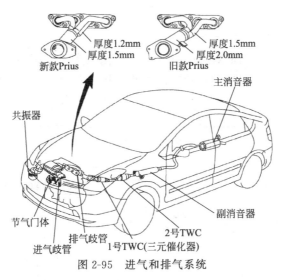

图 2-95　进气和排气系统

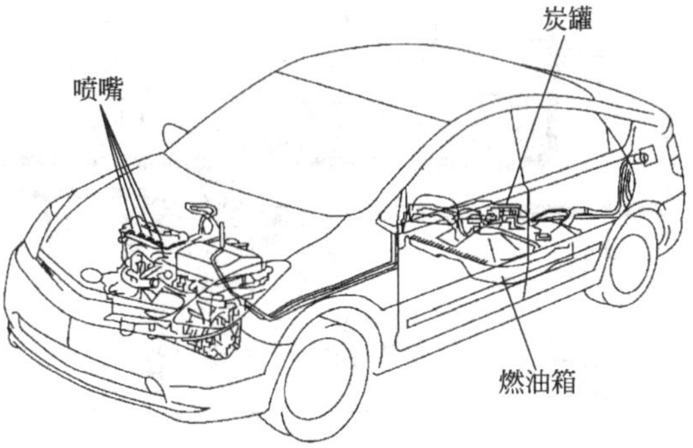

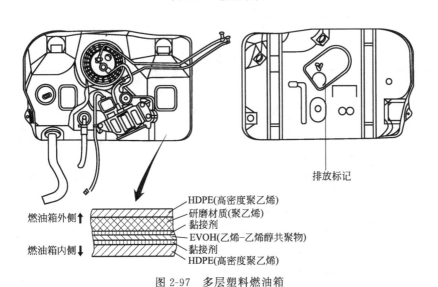

图 2-96　燃油系统

图 2-97　多层塑料燃油箱

五、发动机控制系统

新款 Prius 上的 1NZ-FXE 发动机控制系统组成如图 2-98 所示,各系统功用见表 2-7。1NZ-FXE 发动机控制系统控制过程如图 2-99 所示。MPX(多路复用)通信方式见表 2-8。

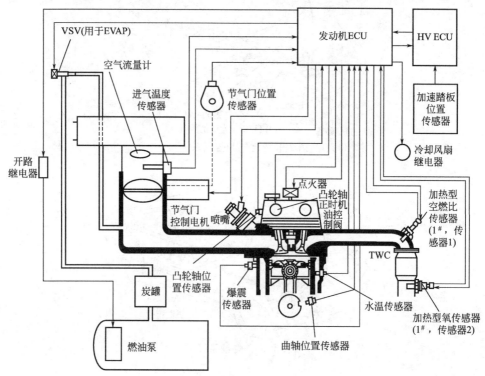

图 2-98　发动机控制系统组成

表 2-7　发动机控制系统

系统	概述
EFI(连续多点燃油喷射)	L 型 EFI 系统通过热线式空气质量流量计直接检测进气质量
ESA(电子点火提前)	发动机 ECU 根据来自各个传感器的信号控制点火正时,发动机 ECU 依据发动机爆震校正点火正时
ETCS-i(智能电子节气门控制系统)	根据发动机状态和来自 HV ECU 的控制请求,发动机 ECU 有效地控制节气门的开启
VVT-i(智能可变气门正时)	根据发动机状态和来自 HV ECU 的控制请求,控制进气凸轮轴到最佳气门正时 将进气门最大延迟关闭正时由 115°改变为 105°ABDC(在下止点后)。因此,提高了发动机的冷启动性能
空燃比传感器、氧传感器加热器控制	将空燃比传感器或氧传感器的温度保持在适当的水平,以提高排气中氧密度检测的准确性

续表

系统	概述
燃油泵控制	燃油泵的运行由来自发动机ECU的信号控制。在发生正面或侧面碰撞,空气囊打开时,采用切断燃油的方式以停止燃油泵运行
空调切断控制	根据发动机状态切换空调压缩机ON或OFF状态,保持驾驶性能
冷却风扇控制	根据发动机冷却液温度、车速、发动机转速和空调运行状态,发动机ECU无级控制风扇转速,提高了冷却性能
蒸发排放控制	根据发动机状态,发动机ECU控制炭罐中蒸发排放(HC)的净化流量
HV停机系统	如果用无效的卡式钥匙(点火钥匙)启动混合动力系统,则禁止输油、点火和混合动力系统启动
诊断	发电机ECU检测到故障后,会对出现故障的部分进行诊断和存储 所有DTC(诊断故障后)都与SAE控制代码一致发动机
安全保护	ECU检测到故障后,会根据已存储在存储器中的数据,停止或调节发动机

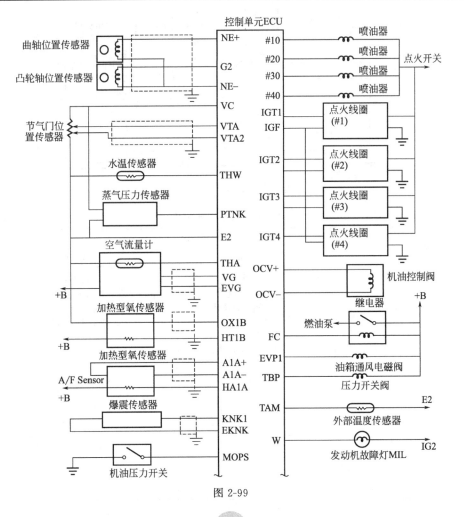

图 2-99

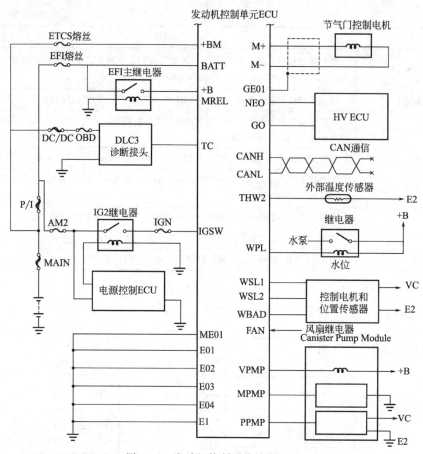

图 2-99 发动机控制系统控制过程

表 2-8 MPX 通信方式

类型	ECU	和发动机 ECU 交换的信号	
		变速器信号	接收信号
CAN	HV ECU	检查模式 所需发动机驱动动力 燃油切换请求 发动机目标转速 强制旋转请求 强制 A/F(空燃比)高速权限 MIL(故障指示灯)点亮请求 散热器风扇执行请求 换挡条件 READY 条件 发动机启动请求	检查模式 发动机制动请求 燃油切换请求 发动机目标转速 强制旋转请求 强制 A/F(空燃比)高速权限 MIL 点亮请求 散热器风扇执行请求 换挡条件 READY 条件 发动机启动请求
	蓄电池 ECU	—	曲轴位置传感器故障 水温传感器故障 TWC 预热请求 发动机转速

续表

类型	ECU	和发动机 ECU 交换的信号	
		变速器信号	接收信号
BEAN	车身 ECU	—	发动机转速 测试模式
	仪表 ECU	燃油表油位	水温传感器 发动机转速 燃油喷射量 发动机油压开关 测试模式
	空调 ECU	—	水温传感器 发动机转速 环境温度传感器
	收发器 钥匙 ECU	—	发动机转速
	智能 ECU	—	发动机转速
	防盗 ECU	—	发动机转速
AVC-LAN	复式显示器	—	

发动机控制系统的主组件位置如图 2-100 所示。

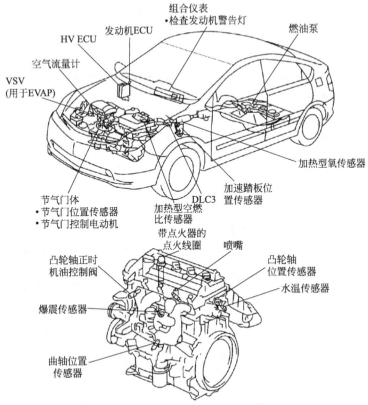

图 2-100　发动机控制系统的主组件位置

表 2-9 列出了 Prius 发动机控制系统主组件的类型。

表 2-9　Prius 发动机控制系统主组件的类型

序号	组件名称	类型
1	发动机 ECU	32 位 CPU
2	空燃比传感器	带加热器（平面形）
3	氧传感器	带加热器（杯形）
4	质量式空气流量计	热线式
5	曲轴位置传感器	转子齿耦合线圈形
6	凸轮轴位置传感器	转子齿耦合线圈形
7	爆震传感器	内置压电（扁平形）
8	节气门位置传感器	线形
9	喷嘴	12 孔形

1. 加速踏板位置传感器

加速踏板受到大小不一的力时，安装在加速踏板臂上的磁轭以不同的速度围绕霍尔 IC 旋转。这时，磁通的变化量由霍尔 IC 转换为电信号并输出给 HV ECU，显示加速踏板受力的大小。

> **维修提示：**
> 这种传感器使用了霍尔 IC，因此，其检测方法有别于传统的传感器。

2. 空燃比传感器

此空燃比传感器是扁平形的。和一般型（杯形）的传感器相比，此扁平形的传感器和加热器部分都变得更窄，加热器的加热量可以直接作用于传感器的氧化铝和氧化锆，因此它可以加速激活传感器。空燃比传感器结构如图 2-101 所示。

3. 爆震传感器（扁平形）

一般型的爆震传感器（共振型）中，安装有共振点和发动机的爆震频率相同的振片，只检测这一频段的振动。而扁平形爆震传感器（无共振型）可以更宽的频段（从 6～15kHz）振动，根据发动机转速，发动机爆震频率会稍有变化。因而即使发动机爆震频率变化了，扁平形爆震传感器也可以检测到振动。扁

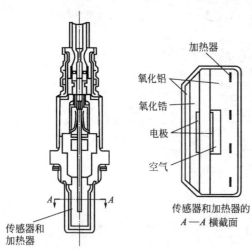

图 2-101　空燃比传感器

平形爆震传感器和一般的爆震传感器相比,提高了振动检测能力,并且可以更准确地进行点火正时控制。

扁平形爆震传感器通过双头螺栓安装在发动机和气缸体上。因此,在传感器的中心有一个用于双头螺栓穿过的孔。在传感器内,钢块位于传感器的上部,压电元件穿过绝缘垫位于钢块下。传感器内置开路/短路检测电阻器,如图2-102所示。

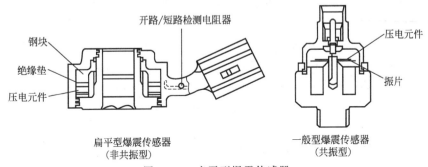

图2-102 扁平型爆震传感器

当爆震振动被传送到钢块,振动惯性将压力施加给压电元件。此过程会产生电动势。

打开点火开关时,爆震传感器内的开路/短路检测电阻器和发动机ECU内的电阻器保持发动机端子KNK1的电压恒定。发动机ECU内的IC(集成电路)一直监控端子KNK1的电压,如图2-103所示。如果爆震传感器和发动机ECU间发生开路/短路,则端子KNK1的电压会发生变化,发动机ECU会检测到开路/短路并存储DTC(诊断故障代码)。

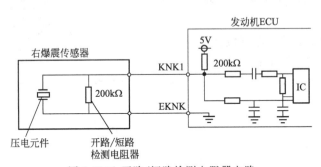

图2-103 开路/短路检测电阻器电路

维修提示:
由于开路/短路检测电阻器的应用,传感器的检查方法已改变。

4. 诊断

发动机ECU检测到故障后,会做出诊断并记录故障部位。此外,组合仪表内的检查发动机警告灯会点亮或闪烁来通知驾驶员。发动机 ECU 同样会记录故障 DTC。诊断通信由串行通行（ISO 9141）改变为 CAN 通信。因此，需用最新采用的智能测试仪Ⅱ来读取发动机 ECU 的 DTC。所有 DTC（诊断故障代码）都与 SAE 控制代码一致。和过去相比，某些 DTC 被分配到更小的检测区域，这些新的 DTC 会为它们赋值。

> **维修提示：**
>
> 为了清除存储在发动机 ECU 中的 DTC，可以使用智能测试仪Ⅱ或断开蓄电池端子或拆下 EFI 熔丝 1min（或更长时间）。发动机 ECU 检测到故障后，会根据已存储在存储器中的数据，停止或控制发动机。

第六节　普锐斯混合动力系统维修

一、混合动力控制系统维修

1. 混合动力控制系统维修注意事项

混合动力控制系统使用高压电路，因此不正确的操作可能导致电击或漏电。在检修过程中（例如安装、拆卸零件，检查、更换零件），必须遵循下列步骤。

（1）对高压系统进行操作时断开电源

① 确保电源开关关闭。

② 从辅助蓄电池上断开负极端子电缆。

③ 一定要戴绝缘手套（图 2-104）。

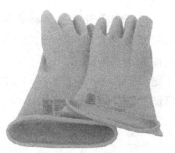

图 2-104　绝缘手套

> **注意：**
>
> 断开电源之后，DTC（故障诊断码）也会被清除，因此断开电源之前必须检查 DTC。

④ 拆下检修塞（图 2-105）。

> **注意：**
>
> ①拆下检修塞后，不要操作电源开关，否则可能损坏混合动力车辆控制 ECU；②检修车辆时，应将拆下来的检修塞放到衣袋内，以防止其他人重新连接检修塞。

图 2-105　拆下检修塞

⑤ 放置车辆 5min。至少需要 5min 对变频器内的高压电容器进行放电。

（2）使用绝缘手套的注意事项

① 戴绝缘手套之前，确保绝缘手套没有破损、破洞或裂纹等，如图 2-106 所示。

② 不要戴湿手套。

（3）线束和连接器的注意事项　高压电路的线束和连接器都是橙色，HV 蓄电池等高压零件都贴有"高压"警示，小心不要触碰这些配线。

（4）进行维修或检查时的注意事项

① 开始工作前，一定要断开电源。

② 检查、维修任何高压配线和零件时，必须戴绝缘手套。

③ 在对高压系统进行操作时，用类似"高压工作，请勿靠近！"的警告牌警示其他人员。

④ 不要携带任何类似卡尺或测量卷尺等的金属物体，因为这些物体可能掉落而引起短路；拆下任何高压配线后，立刻用绝缘胶带将其绝缘（图 2-107）。

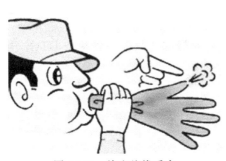

图 2-106　检查绝缘手套

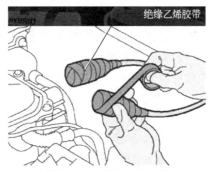

图 2-107　隔离外露区域

⑤ 一定要按规定力矩将高压螺钉端子拧紧，力矩不足或过量都可能导致故障。

⑥ 完成对高压系统的操作后和重新安装检修塞前，应再次确认在工作平台周围没有遗留任何零件或工具，并确认高压端子已拧紧、连接器已连接。

2. 普锐斯混合动力控制系统电路及主要部件位置

（1）混合动力控制系统电路　混合动力控制系统电路图如图 2-108～图 2-111 所示。

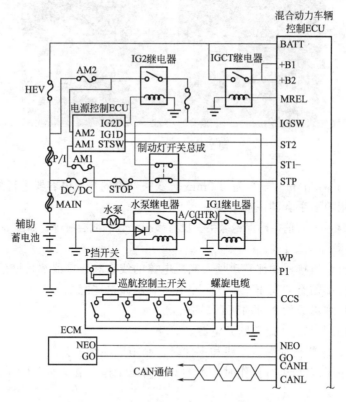

图 2-108　混合动力控制系统电路图 Ⅰ

(2) 混合动力控制系统主要部件位置　混合动力控制系统主要部件位置如图 2-112~图 2-114 所示。

3. 混合动力控制系统的检查

(1) 检查变频器　要戴绝缘手套；检查转换器和变频器前先检查 DTC，并进行相应的故障清除。

① 关闭电源开关。

② 拆下检修塞卡箍。

③ 拆下变频器盖。

④ 如图 2-115 所示，断开连接端子 A 和 B。

⑤ 打开电源开关（IG 位置）。注意，拆下检修塞和变频器盖后，如果再打开电源开关（IG 位置），会产生互锁开关系统的 DTC（故障诊断码）。

⑥ 用电压表测量电压，同时，用欧姆表测量电阻，这项检查应该在线束侧进行，而不是在端子侧进行。

(2) 检查转换器　要戴绝缘手套。如果 HV 系统警告灯（图 2-116）、主警告灯（图 2-117）和放电警告灯（图 2-118）同时点亮，则检查 DTC 并进行相应的故障排除。

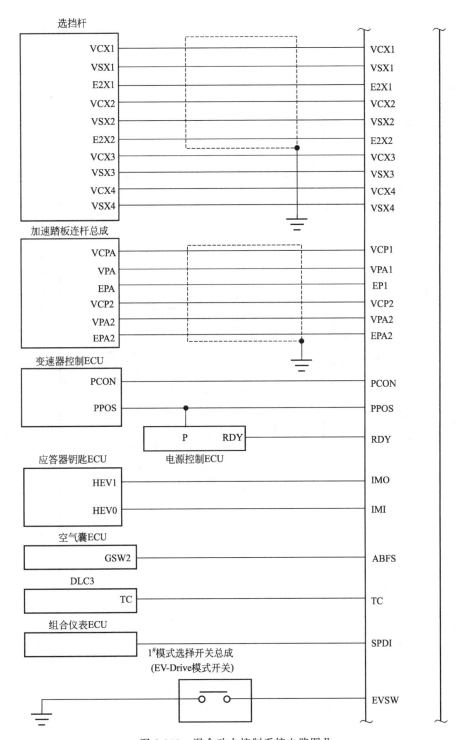

图 2-109　混合动力控制系统电路图Ⅱ

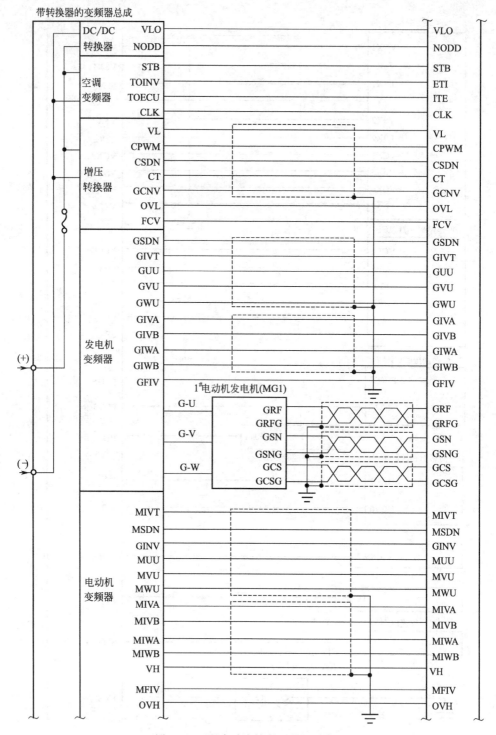

图 2-110 混合动力控制系统电路图Ⅲ

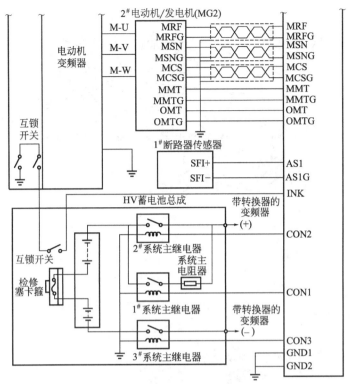

图 2-111　混合动力控制系统电路图 Ⅳ

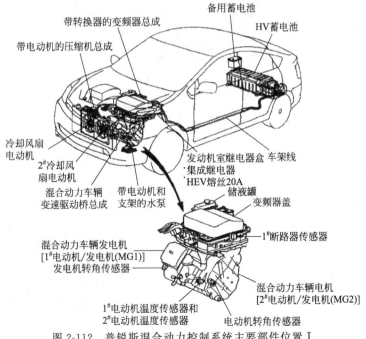

图 2-112　普锐斯混合动力控制系统主要部件位置 Ⅰ

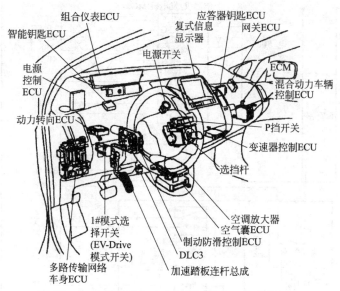

图 2-113 普锐斯混合动力控制系统主要部件位置 II

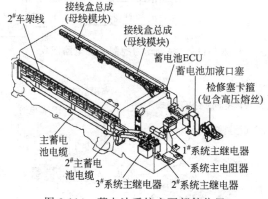

图 2-114 蓄电池系统主要部件位置

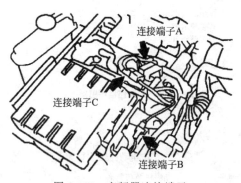

图 2-115 变频器连接端子

图 2-116 HV 系统警告灯

图 2-117 主警告灯

图 2-118 放电警告灯

图 2-119 "READY" 灯

① 检查运行情况。在"READY"灯（图 2-119）点亮、熄灭时，用电压表测量辅助蓄电池端子的电压。辅助蓄电池端子的电压标准值见表 2-10。

表 2-10 辅助蓄电池端子的电压标准值

"READY"灯	电压/V
ON	14
OFF	12

提示：

"READY"灯亮时，转换器输出电压；熄灭时，辅助蓄电池输出电压。

② 检查输出电流

a. 从变频器上断开 MG1 和 MG2 电线。

b. 在图 2-120(a) 所示位置，安装电压表和交流/直流 400A 的探针。

c. 将 MG1 和 MG2 电线连接到变频器。

d. 在"READY"灯亮的条件下，依次操作 12V 的电气设备，然后测量输出电流。输出电流标准值为大约 80A 或更小，如果输出电流为 0A 或大于 80A，则检查输入/输出信号。

③ 检查输入/输出信号

a. 如图 2-120(a) 所示断开连接器。

b. 用电压表测量车身接地与车辆线束侧连接器的断开端子图 2-120(a) 间的电压，此电压应与辅助蓄电池端子电压相同。

c. 如图2-120(b)所示断开连接器。

d. 打开电源开关(在IG位置),用电压表和欧姆表测量车辆线束侧连接器端子(图2-121)间的电压和电阻,连接器端子间的电压和电阻标准值见表2-11。如果不符合标准值,则更换带变频器的转换器总成。

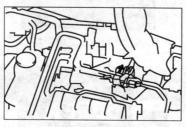

(a) 断开方式Ⅰ　　　　(b) 断开方式Ⅱ

图 2-120　断开连接器

表 2-11　连接器端子间的电压和电阻标准值

测试仪连接	规定条件
端子5—车身接地(IGCT—车身接地)	8～16V
端子3—车身接地(S—车身接地)	与辅助蓄电池端子电压相同
端子1—车身接地(S—车身接地)	120～140Ω

(3) 检查速度传感器 (图2-122)

图 2-121　连接器端子

图 2-122　速度传感器

用欧姆表测量端子间的电阻(图2-123、图2-124),速度传感器电阻标准值见表2-12。如果不符合标准值,则更换混合动力车辆变速驱动桥总成。

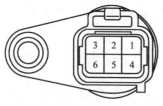

图 2-123　连接器A

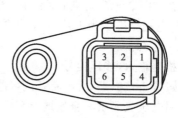

图 2-124　连接器B

表 2-12 速度传感器电阻标准值

测试仪连接	规定条件
A1—A4(GCS—GCSG)	12.6~16.8Ω
A2—A3(GCN—GSG)	12.6~16.8Ω
A3—A4(GRF—GRFG)	7.65~10.2Ω
B1—B4(MRF—MRFG)	7.65~10.2Ω
B2—B3(MSN—MSNG)	12.6~16.8Ω
B1—B4(MCS—MCSG)	12.6~16.8Ω
上述所有端子—变速驱动桥壳	10kΩ 或更大

二、混合动力电池系统维修

1. 混合动力电池系统控制功能

（1）HV 蓄电池总成管理和安全保护功能

① 在驾驶过程中，加速时蓄电池总成反复放电，而制动时被充电。蓄电池 ECU 根据电压、电流和温度测算 HV 蓄电池的 SOC（荷电状态），然后将结果输送给控制 ECU，HV 控制 ECU 根据 SOC 执行充电/放电控制。

② 如果发生故障，则蓄电池 ECU 执行安全保护功能，依照故障程度保护 HV 蓄电池总成。

（2）蓄电池鼓风机电动机控制　车辆行驶时，为了控制 HV 蓄电池总成温度的上升，蓄电池 ECU 依照 HV 蓄电池总成温度决定并控制蓄电池鼓风机总成的操作模式。

2. 混合动力电池系统电路

混合动力电池系统电路图如图 2-125 所示。

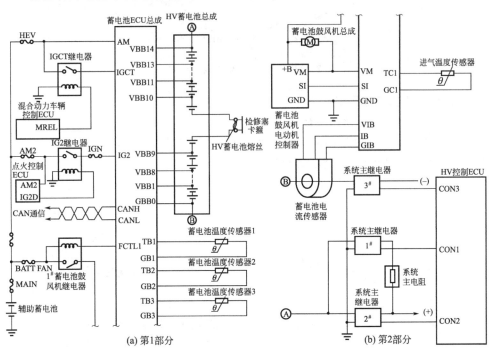

图 2-125　混合动力电池系统电路图

3. HV蓄电池总成主要部件

HV蓄电池总成主要部件如图2-126所示。

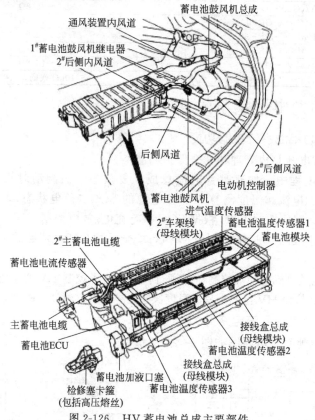

图2-126 HV蓄电池总成主要部件

4. 混合动力电池系统检查

（1）检查蓄电池加液口塞的导通性

① 用欧姆表测量端子间的电阻（图2-127）。电阻标准值为10Ω或更大，如果不符合标准值，则更换蓄电池加液口塞。

② 将检修塞安装到固定座上。

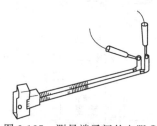

图2-127 测量端子间的电阻Ⅰ

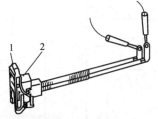

图2-128 测量端子间的电阻Ⅱ
1—检修塞卡箍；2—固定座

③ 用欧姆表测量端子间的电阻（图2-128）。标准值为小于1kΩ。如果不符合

标准值,则更换蓄电池加液口塞。

(2) 检查1号系统主继电器 连接器B和C形状相同。通过端子一侧的线束长度和线束颜色来区分每一个连接器(表2-13、图2-129)。

表2-13 1号系统主继电器

连接器	线束长度	线束颜色
B	短	黄色
C	长	黑色

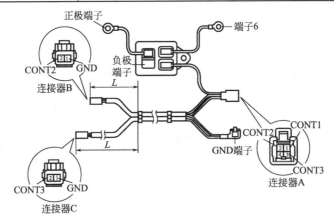

图2-129 主继电器的连接器

① 检查导通性

a. 用欧姆表测量连接器端子间的电阻,电阻标准值见表2-14。如果不符合标准值,则更换1号系统主继电器。

表2-14 连接器端子间的电阻标准值

测量连接器	规定条件
正极端子—负极端子	10kΩ 或更大
A2(CONT2)—B1(CONT2)	小于1Ω
A3(CONT3)—C1(CONT3)	小于1Ω
端子 B1(GND)—GND	小于1Ω
端子 C2(GND)—GND	小于1Ω

b. 在正极和负极端子间提供电压,然后用欧姆表测量端子6和A1(CONT1)间的电阻。标准值小于1Ω。如果不符合标准值,则更换1号系统主继电器。

② 检查电阻。用欧姆表测量端子6和A1(CONT1)间的电阻。标准值为70~160Ω。如果不符合标准值,则更换1号系统主继电器。

(3) 检查2号系统主继电器

① 将2个螺母安装到负极和正极端子。拧紧力矩为5.6N·m。

② 检查导通性。

a. 用欧姆表测量正极和负极端子间的电阻(图2-130)。标准值为10kΩ 或更大。如果不符合标准值,则更换2号系统主继电器。

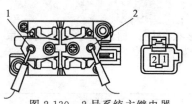

图 2-130　2 号系统主继电器

1—负极端子；2—正极端子

b. 在连接器端子间加蓄电池电压，然后用欧姆表测量正极和负极端子间的电阻。标准值小于 1Ω。如果不符合标准值，则更换 2 号系统主继电器。

③ 检查电阻。用欧姆表测量连接器端子间的电阻。标准值为 20～50Ω。如果不符合标准值，则更换 2 号系统主继电器。

（4）检查 3 号系统主继电器

① 将螺母安装到负极和正极端子上。拧紧力矩为 5.6N·m。

② 检查导通性

a. 用欧姆表测量正极和负极端子间的电阻（与图 2-130 相似）。标准值为 10kΩ 或更大。如果不符合标准值，则更换 3 号系统主继电器。

b. 在连接器端子间加蓄电池电压，然后用欧姆表测量正极和负极端子间的电阻。标准值小于 1Ω。如果不符合标准值，则更换 3 号系统主继电器。

③ 检查电阻。用欧姆表测量连接器端子间的电阻。标准值为 20～50Ω。如果不符合标准值，则更换 3 号系统主继电器。

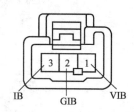

图 2-131　蓄电池电流传感器

（5）检查蓄电池电流传感器的电阻

① 用欧姆表测量端子 1（VIB）和端子 2（GIB）间的电阻（图 2-131），电阻标准值见表 2-15。如果不符合标准值，则更换蓄电池电流传感器。

表 2-15　端子 1（VIB）和 2（GIB）间的电阻标准值

测试仪连接	规定条件	测试仪连接	规定条件
正极探针到端子 1(VIB) 负极探针到端子 2(GIB)	3.5～4.5kΩ	正极探针到端子 1(GIB) 负极探针到端子 2(VIB)	5～7kΩ

② 用欧姆表测量端子 1（VIB）和端子 3（IB）间的电阻，电阻标准值见表 2-16。如果不符合标准值，则更换蓄电池电流传感器。

表 2-16　端子 1（VIB）和 3（IB）间的电阻标准值

测试仪连接	规定条件	测试仪连接	规定条件
正极探针到端子 1(VIB) 负极探针到端子 3(IB)	3.5～4.5kΩ	正极探针到端子 3(IB) 负极探针到端子 1(VIB)	5～7kΩ

③ 用欧姆表测量端子 2（GIB）和端子 3（IB）间的电阻。标准值为 0.2kΩ 或更小。即使探针变换位置，电阻也不变。如果不符合标准值，则更换蓄电池电流传感器。

（6）检查系统主电阻器　用欧姆表测量端子间的电阻（图 2-132）。标准值为 18～22Ω。如果不符合标准值，则更换系统主电阻器。

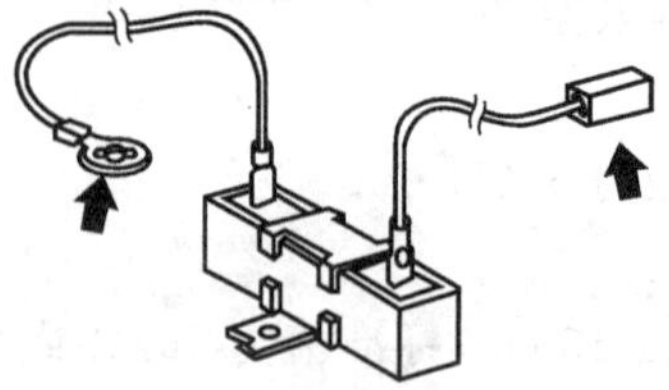

图 2-132　系统主电阻器端子

03 第三章

别克君越混合动力系统结构与检修

第一节 BAS 混合动力系统概述

一、BAS 混合动力系统

通用汽车是最先研发纯电动汽车的公司之一,致力于寻找最清洁的能源并制造高动力的车辆。2004 年,通用汽车首度在世界上发布了中等电压的混合动力车辆——Chevy Silverado,在 2007 年又发布了 Saturn VUE Green Line。2008 年,上海通用汽车在国内推出首款上市的混合动力车辆,这是一种轻混合动力系统(Mild Hybrid),该混合动力车辆的主要目标就是提高燃油经济性和减少排放输出。它使用的混合动力系统为 BAS 系统,即驱动皮带-发电机-起动机(Belt Alternator Starter)系统,具有再生制动、减速断油控制及车辆静止时发动机关闭等功能。

BAS 混合动力车辆的特点就是由发动机提供主要的车辆动力,电动机提供车辆的辅助动力,同时电动机也替代了传统车辆的起动机和发电机。BAS 混合动力车辆的基本结构如图 3-1 所示。在该系统使用时,发动机使用燃

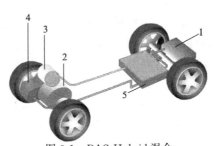

图 3-1 BAS Hybrid 混合动力车辆的基本结构

1—燃油箱;2—变速器;3—电动机/发电机;4—内燃机;5—电池组

油提供车辆的主要动力,电动机在提供车辆的辅助动力的同时,也是起动机还是发电机,电池组储存电能。该系统使用中等电压的发电机和电池组(36V),电池组充电电压为 42V,使用发动机作为动力,电动机作为动力辅助,可节省燃油 12%~20%。

二、通用混合动力系统的分类

通用汽车公司(GM)将混合动力系统分成双模式混合动力(Two-Mode Hybrid)系统和轻混合动力(Mild Hybrid)系统两种类型。

(1)双模式混合动力(Two-Mode Hybrid)系统 该系统具有如下特点:

① 应用高电压的发电机/电池组（300V 或更高）。
② 可单独使用电动机（电动马达）或发动机驱动车辆（并联混合动力系统）。
③ 可节省 25％以上的燃油。
（2）轻混合动力（Mild Hybrid）系统　该系统具有如下特点：
① 应用中等电压的发电机和电池组（36V）。
② 电池组充电电压为 42V。
③ 发动机提供的动力作为主要动力，电动机提供的动力作为辅助动力。
④ 可节省燃油 12％～20％。

三、BAS 混合动力系统操作

混合动力车辆在工作时，发动机和电动机之间是互相配合工作的，图 3-2 详细说明了系统的工作过程。图中横坐标代表时间，纵坐标代表车速。

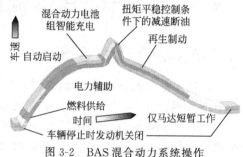

图 3-2　BAS 混合动力系统操作

（1）车辆停止阶段　发动机进入自动停止模式（Auto Stop），此时发动机处于关闭状态，没有燃油流向发动机，车上的一些附件装置，如灯光系统、娱乐系统等，都由蓄电池供电。

（2）电动机/发电机短暂工作阶段（Auto Start）　当驾驶员松开制动踏板，踩下加速踏板，车辆需要起步时，电动机/发电机带动发动机运转，燃油供应恢复，发动机自动启动。另外，在滑行阶段，车辆快要停止之前，电动机/发电机会带动发动机转动（发动机此时未供油），目的是使转矩停止平顺，驾驶性能更好。

（3）燃油供给阶段　此阶段发动机正常工作，消耗燃油。

（4）电动助力阶段　当驾驶员踩下加速踏板比较深时，通过电动机/发电机对车辆进行电动助力。

（5）智能充电阶段　在这一阶段，电动机/发电机由发动机带动旋转，电池组尽可能地从系统中获得更多的充电机会。

（6）减速断油阶段　当车辆进入滑行阶段或停下来后，发动机被切断燃油供应；在某些滑行期间，为了保证转矩的平顺性，电动机也将转动。

（7）再生制动阶段　当车辆减速时，发动机停止供油，液力变矩器锁止，车辆带动发动机转动，电动机/发电机此时作为发电机进行发电；发电机相当于车辆的负载，对车辆又起着制动作用（类似于发动机制动），系统进入再生制动阶段。驾驶 BAS 混合动力车辆时，你会感觉到制动效果比常规车辆要强许多。

四、BAS 混合动力系统的组成

BAS 混合动力系统的组成部件如图 3-3 所示，主要部件的布置如图 3-4 所示，系统主要由下列元件组成：电动机/发电机总成 MGU（Motor/Generator Unit），起动机/发电机控制模块 SGCM（Starter/Generator Control Module），混合动力电池组分离控制模块［Generator Battery Pack Disconnected Control Module，也叫能量存储控制模块（ESCM）］，混合动力镍-氢电池组（Ni-MH），12V 蓄电池，驱动皮带及双张紧器总成，以及其他附件。

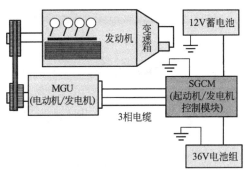

图 3-3　BAS 混合动力系统的组成

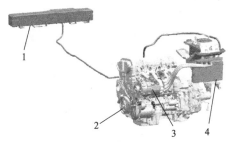

图 3-4　BAS 混合动力车辆主要部件的布置
1—36V 镍-氢电池组（Ni-MH）；2—驱动皮带及双向张紧器；3—电动机/发电机总成（MGU）；4—起动机/发电机控制模块（SGCM）

第二节　BAS 混合动力控制系统

一、电动机/发电机总成（MGU）

对于混合动力车辆来说，MGU 既是电动机又是发电机。例如在车辆等待信号灯期间，发动机停止工作，为了将车辆启动，MGU 扮演起动机的角色，直到发动机恢复燃油的供应；另外，MGU 在发动机负载较高时提供电动助力。同时，MGU 也将发动机的机械动力转换成三相电力供应以满足车辆的需求。请注意，带有屏蔽装置的蓝色三相电缆代表电缆中传送的是中间级别电压（36V）。电动机/发电机总成如图 3-5 所示。

  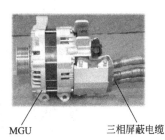

MGU　　　　　　　　　　　　　三相屏蔽电缆

图 3-5　BAS 混合动力电动机/发电机总成

1. 基本组成

电动机/发电机总成的内部主要是由定子和转子组成的，应用的是电磁感应原理。

（1）定子线圈　如图 3-6 所示，定子线圈也叫定子绕组或电枢绕组，由三组绕组组成，连接方式分为星形接法和三角形接法（图 3-7）。

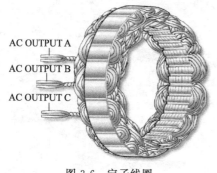

图 3-6　定子线圈

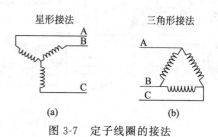

图 3-7　定子线圈的接法

（2）转子线圈　如图 3-8 所示，转子线圈也称为励磁绕组，线圈通入直流电流，产生转子磁场，其有效励磁磁通与静止的电枢绕组相交链。转子旋转时，转子磁场随之一起旋转。每转一周，磁感应线顺序切割定子的每相绕组，在三相定子绕组内感应出三相交流电动势。转子磁场的强弱直接影响定子绕组的电压。

发电机运行时，三相电枢电流合成产生一个同步转速的旋转磁场；定子磁场和转子磁场相互作用，会产生制动转矩。

图 3-8　转子线圈

2. 工作原理

（1）当 MGU 作为发电机使用时　MGU 驱动皮带带动转子转动，磁场切割定子线圈，每一组定子线圈内都会生成交流电动势，三组线圈会产生三相交流电，如图 3-9 所示。三组定子线圈产生的三相交流信号波形如

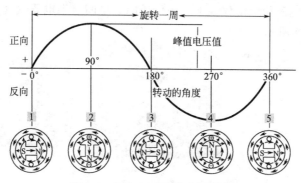

图 3-9　Hybrid 交流发电机原理

图 3-10 所示。

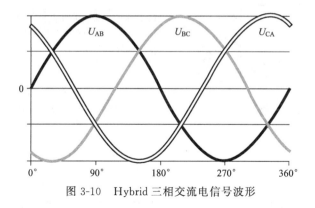

图 3-10 Hybrid 三相交流电信号波形

由三相绕组的缠绕方式所决定，每组线圈产生的电压相位相差 120°。三相电缆将三相交流电传输至起动机/发电机控制模块 SGCM，由 SGCM 进行整流变成 42V 直流电源和 12V 直流电源，分别供给 36V 电池组和 12V 蓄电池使用。

(2) 当 MGU 作为起动机使用时　SGCM 将 36V 直流电源经过逆变变成三相交流电，并通过三相电缆加载在定子线圈上，每一组定子线圈上都会产生一个交替变换的磁场，SGCM 控制三相交流电的相位顺序，就可以在电动机/发电机内产生一个旋转的磁场。该旋转磁场与转子线圈内的磁场交互作用，就可以推动转子按预设的方向转动，于是 MGU 就变成了起动机，通过驱动皮带，启动发动机。MGU 内部的定子为三相绕组。三相屏蔽电缆连接在 SGCM 上，输出/输入 36V 交流电，转子线圈在 SGCM 的控制下产生磁场。

当 MGU 作为起动机使用时，SGCM 需要知道转子的位置和角度，以确定转子的旋转方向，以便通过控制三相绕组交流电通电的顺序控制转子的转动方向，并通过控制三相绕组内电流的大小控制旋转磁场的大小，来控制起动机的转速。在 MGU 的内部安装有角位置传感器，其位置如图 3-11 所示，其工作原理如图 3-12 所示。

U_0 为输入信号，U_1 为正弦输出信号，U_2 为余弦输出信号。也就是说，U_0 为传感器转子随起动机转子同时转动时产生的电压，U_1/U_2 是传感器定子线圈感应产生的电压。SGCM 根据输入信号和两个输出信号的相位关系来判断转子的旋转方向。

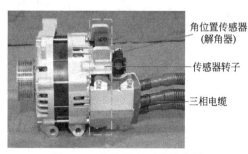

图 3-11 角位置传感器的位置

二、驱动皮带

驱动皮带有 7 个齿，其材料为人造纤维（芳纶，一种高性能的特种纤维，全

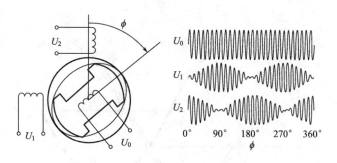

图 3-12 角位置传感器的工作原理

称为"聚对苯二甲酰对苯二胺"),具有韧性好,重量轻,可承受高负载的特点。在电动机/发电机转动时,为了适应所产生的高转矩,在驱动皮带上装有两个皮带张紧器,张紧器带有液压减振杆。张紧器的作用是双向的,可以在发动机驱动和电动机/发电机驱动时对驱动皮带起到张紧的作用。双向张紧器的布置如图 3-13 所示。

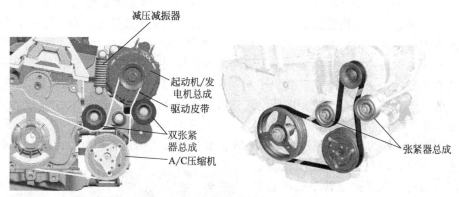

图 3-13 双向张紧器的布置示意图

在拆装双张紧器的过程中要使用一个专用的压缩工具 EN-48079,如图 3-14 所示。使用专用工具将弹簧预先进行压缩,再装配到发动机上的支撑架上,如图 3-15 所示。

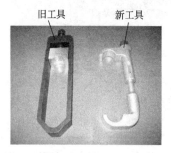

图 3-14 专用的压缩工具 EN-48079

图 3-15 拆装双向张紧器液压减振器

三、起动机/发电机控制模块

起动机/发电机控制模块安装在发动机舱内（图3-16），内部是32位处理器。三相电缆安装在SGCM的顶部，是同轴屏蔽电缆，蓝色线表示电缆内部的电源线是中间过渡电压电源线（GM将车用直流电定义为三种类型：0～30V DC为低电压；30～60V DC为中间电压，使用蓝色电缆；60V DC以上为高电压，使用橙色电缆）。电缆包括内部导线和外层接地屏蔽，如图3-17所示。

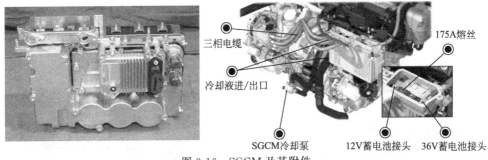

图3-16 SGCM及其附件

起动机/发电机控制模块的主要功能包括以下内容：

① SGCM作为逆变器的工作原理如图3-18所示，当MGU作为起动机时，SGCM要将混合动力电池组36V的直流电转换成三相的交流电，以驱动MGU。SGCM此时是一个逆变器，将36V DC直流电转换成36V AC交流电。

② 当MGU作为发电机使用时，SGCM要将发电机产生的交流电转换成36V直流电，此时SGCM作为一个整流器使用，同时SGCM再将直流电分配到12V

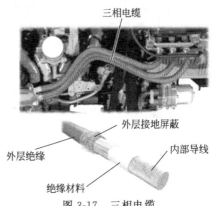

图3-17 三相电缆

系统和36V系统中去。SGCM作为整流器和电压转换器，其工作原理如图3-19所示。SGCM内部有36V到12V DC电压转换器，12V系统给12V蓄电池充电及车辆其他电器使用，36V系统给混合动力电池组进行充电。

③ SGCM在12V系统电力不足时，模块内的辅助电源模块将36V直流电源转变为12V直流电源，将36V的混合动力电池组的电能补充到12V系统中去。

④ 在模块工作时，发动机冷却液流经SGCM，以降低它的工作温度，SGCM驱动一个辅助冷却泵（图3-20），保证在发动机停止工作时冷却液仍然可以流过SGCM。

SGCM辅助冷却泵安装在发动机机体上，由SGCM驱动，保证发动机停机时SGMC仍然可以进行冷却，在SGCM上连接的管路中，上面是进水管，下面是出水管。冷却泵控制电路如图3-21所示。

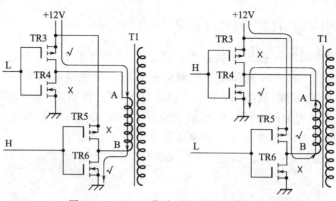

图 3-18　SGCM 作为逆变器的工作原理

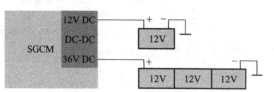

图 3-19　SGCM 作为整流器和电压转换器的工作原理

图 3-20　SGCM 冷却泵

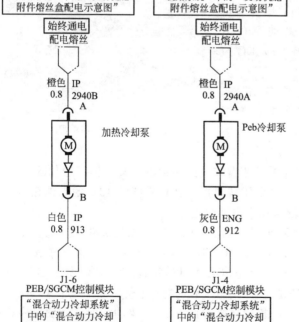

图 3-21　冷却泵控制电路

⑤ 控制自动变速器辅助油泵工作。

⑥ 控制空调系统中的加热器冷却液泵。

⑦ 控制制动系统中的坡路保持电磁阀。

⑧ 在 SGCM 直流电缆端子盒盖下方，有一个可维修的 175A 熔丝（GM 零件号 15305191），避免车辆的 12V 电气系统电流过大。

⑨ 起动机/发电机控制模块内部有两个温度传感器，用于检测模块的工作温度。SGCM 控制框图如图 3-22 所示。

SGCM 和 MGU 控制电路如图 3-23 所示。角位置传

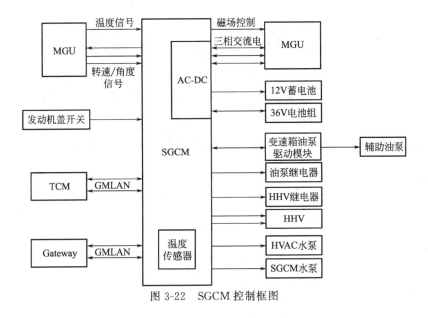

图 3-22 SGCM 控制框图

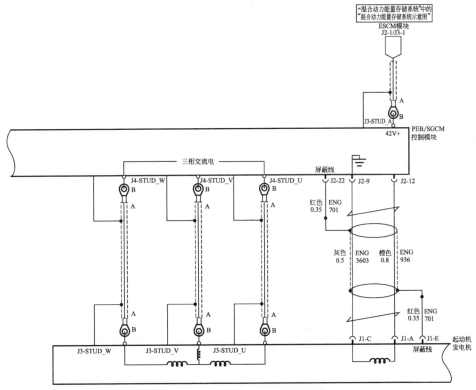

图 3-23 SGCM 和 MGU 控制电路

感器电路如图 3-24 所示。

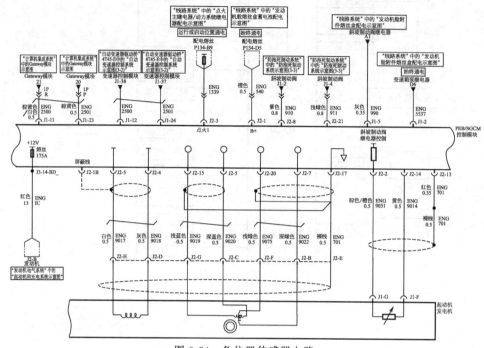

图 3-24 角位置传感器电路

四、混合动力镍-氢电池组（Ni-MH）

混合动力车辆使用的是高效、长寿命的镍-氢电池组（Ni-MH），能量以化学方式存储在电池组中，在混合动力系统需要时，再将化学能转换成直流电，供车辆使用。

在电池组上有通风装置和一个电池组分离控制模块（Battery Pack Disconnected Control Module），如图 3-25 所示。

1. 电池组

混合动力电池组是由三块 12V 电池串联连接组成的，每一块 12V 电池都有一个电池护罩与电池固定在一起，电池将直流电能以化学方式存储起来。电池组内部部件如图 3-26 所示。要注意电池护罩上的电源极性符号，图 3-27 中电池组接头的正极柱已经被拆掉。

2. 电压传感器

如图 3-28 所示，电压传感器监测每一块 12V 电池的电压变化，信号提供给电池组分离控制模块，三块电池上各有一个电压传感器，电池组分离控制模块分别监测每一块电池的工作状态及电压变化情况。

3. 电流传感器

如图 3-29 所示，电流传感器为感应型传感器，安装在电池组分离控制模块内部，用来监测混合动力电池组的性能。电流传感器用于检测 36V 电池组输入/输出电流的大小。

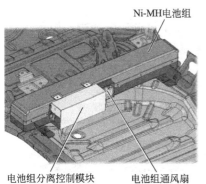

图 3-25 36V 镍-氢电源组

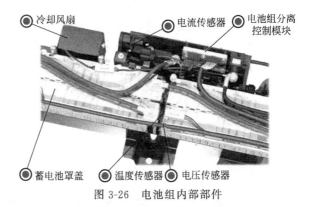

图 3-26 电池组内部部件

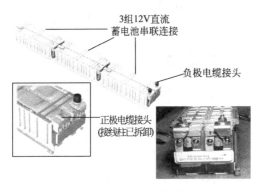

图 3-27 电池组接头

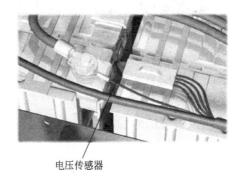

图 3-28 电压传感器

4. 电池组温度传感器

电池组共有 6 个温度传感器，每一个 12V 电池上有两个，如图 3-30 所示。传感器为热敏电阻式，用来监测每一个电池的温度变化，信号输出给电池组分离控制模块。

图 3-29 电流传感器

图 3-30 Hybrid 电池组温度传感器

5. 电池组分离控制模块

电池组分离控制模块，也叫电池能量控制模块，位于蓄电池组旁边，如图 3-31 所示。模块上有一个可拆卸的金属盖，当拆开金属盖后，一个弹簧开关断开流向 SGCM 的电流。分离开关如图 3-32 所示。

电池组分离控制模块通过 GM-LAN 与车辆其他系统进行通信，其主要作用是控制混合动力电池组电源的供给或切断，同时也监测电池组的工作状态。

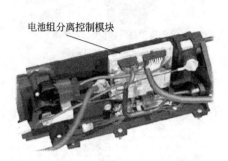

图 3-31 电池组分离控制模块的位置

图 3-32 分离开关的位置

6. 电池组冷却风扇

电池组冷却风扇对电池组进行持续冷却，冷却风扇只能作为总成进行维修。电池组分离控制模块通过脉宽调制信号控制风扇的转速。电池组冷却风扇的位置及冷却风流向示意图如图 3-33 所示。

在后备厢内风扇的风口位置不要堆放物品，以免风扇受到影响，散热不良可能会导致整个系统无法正常工作。

(a)

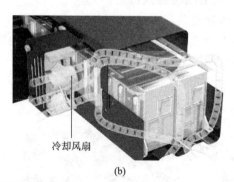
(b)

图 3-33 电池组冷却风扇及冷却风流向示意图

7. 混合动力电池组控制电路图

电池组控制框图如图 3-34 所示。控制电路图如图 3-35 所示。电池组负极电缆连接及 200A 熔丝如图 3-36 所示。

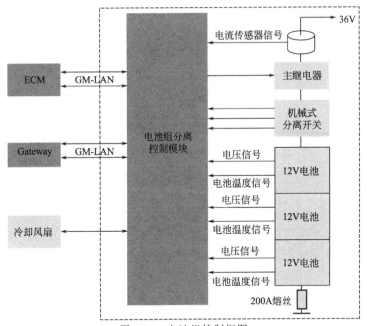

图 3-34　电池组控制框图

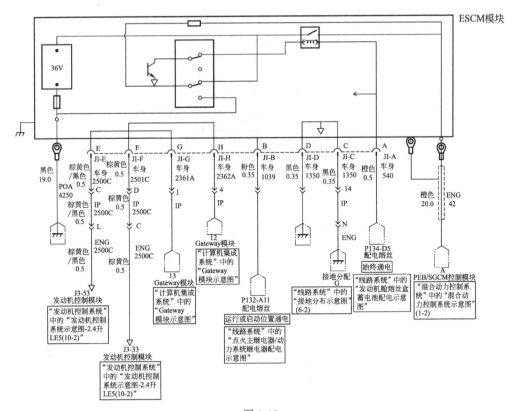

图 3-35

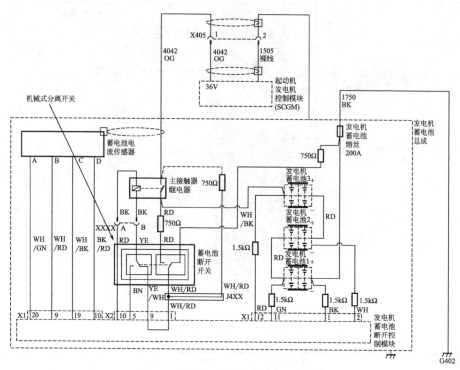

图 3-35 混合动力电池组控制电路图

图 3-36 电池组负极电缆连接及 200A 熔丝

第三节 混合动力辅助系统

一、变速器控制系统

别克君越混合动力车使用的是 4T45E 自动变速器。为了适应混合动力系统的特性，变速器经过了部分改进，当发动机停止工作时，电动机驱动车辆，但是变速器此时没有油压，所有离合器及变矩器都不能工作，动力无法传递到车轮上，因此，在混合动力的车辆上设计了一个电动的自动变速器辅助油泵，用来在发动机停止工作时使变速器产生足够的油压,保证前进合器和变矩器能够正常工作。自动变速器辅助油泵是一个电子控制的摆线泵,如图3-37所示。

辅助油泵及其控制模块的位置如图3-38所示,实际上,油泵驱动模块与起动机/发电机控制模块(SGCM)是分开的,它位于左前大灯的下面,如图3-39所示。自动变速器辅助油泵控制电路如图3-40所示,控制信号是PWM信号,SGCM与该模块进行通信,控制辅助油泵的工作。变速器改进了油道、阀体内的隔板、阀体结构,以适应混合动力的需要。辅助油泵及进出油管如图3-41所示,变速器阀体油路的改变如图3-42所示,油路开关的改变如图3-43所示,阀体隔板的改变如图3-44所示,增加了一个4-3挡换挡电磁阀,位置如图3-45所示。

图3-37　自动变速器辅助油泵

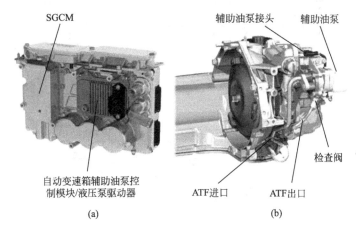

图3-38　辅助油泵及其控制模块

图3-39　辅助油泵控制模块的实际位置

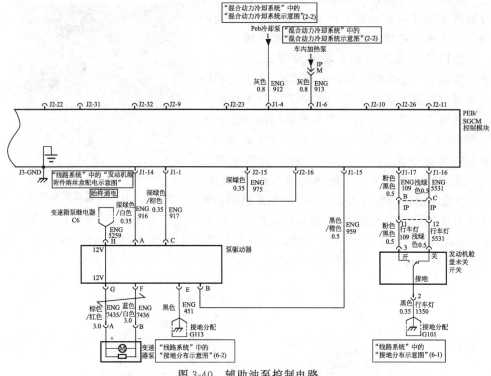

图 3-40 辅助油泵控制电路

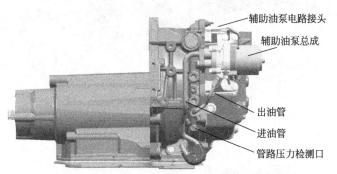

图 3-41 辅助油泵及进出油管

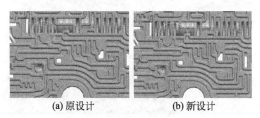

(a) 原设计　　　　(b) 新设计

图 3-42 阀体油路的改变

(a) 原设计　　　　　(b) 新设计　　　　　(a) 原设计　　　　　(b) 新设计

图 3-43　油路开关的改变　　　　　图 3-44　阀体隔板的改变

图 3-45　新增加的电磁阀

二、12V 蓄电池

混合动力车辆的 12V 蓄电池与传统车辆上的蓄电池一样，用于启动发动机和确保车上其他电器元件的正常工作。有关混合动力车辆的跨接启动和外部充电注意事项等信息应参考维修手册的相关内容。

跨接启动负极连接点位于发电机外壳上，在发动机舱熔丝盒内，熔丝盒后方的正极端子就是跨接启动正极连接点，如图 3-46 所示。其跨接如图 3-47 所示。错误的连接将会导致控制模块的损坏或其他电器设备的故障。

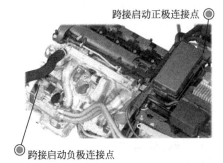 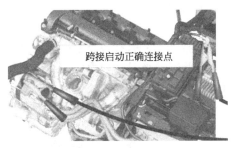

图 3-46　跨接启动连接点　　　　　图 3-47　跨接启动

三、仪表盘

1. 增加了"AUTO STOP"指示位置和"OFF"指示位置

在仪表盘的转速表上增加了"AUTO STOP"指示位置和"OFF"指示位置，如图3-48所示。"AUTO STOP"位置表示车辆已经进入自动停止模式并处于等待发动机重新启动的状态；"OFF"位置表示发动机已经正常关闭，驾驶员需要通过点火钥匙重新启动发动机。在重新启动的过程中，当点火开关转动到启动位置时，ECM从串行数据线路上接收BCM（车身控制模块）的启动信息，控制启动继电器工作，12V蓄电池电源带动起动机（起动机的位置见图3-49）转动，发动机转动，燃油喷射系统正常工作。

图3-48 "AUTO STOP""OFF"指示位置和"ECO"指示灯

图3-49 起动机的位置

2. 增加了"ECO"指示灯（图3-48）

① 当车辆的燃油经济性超过EPA（美国环保署）规定的标准后，"ECO"指示灯会点亮，这是由于车辆进入自动停止模式后，发动机停止工作，没有了燃油的消耗，所以"ECO"指示灯亮起。

② 在车辆进入再生制动模式时，该指示灯点亮，如车辆在滑行时。

③ 车辆在比较轻的负载条件下运行时，实际的燃油消耗低于EPA规定的标准值的情况下，"ECO"指示灯也会点亮。可以简单地把"ECO"指示灯理解为车辆正处在节油的状态。

3. 增加了Hybrid充电指示表

充电指示表上标有一个蓄电池的符号及Hybrid文字标志，表示混合动力电池组的电压状态，当混合动力电池组处在充电的状态时，指针偏向"H"方向，当电池组处在耗电状态时（如加速助力时），指针偏向"L"方向，如图3-50所示。

在驾驶车辆的时候可以明显地看出，当车辆滑行或制动时（充电），指针偏向"H"方向，当车辆加速时（放电或电动助力时），指针偏向"L"方向。

在显示屏上按住"SRCE"键会显示混合动力系统能量分配状态，如图3-51所示。

图 3-50　混合动力充电指示表

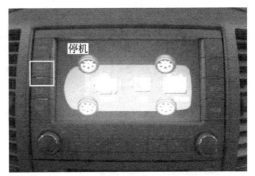
图 3-51　混合动力系统能量分配状态

四、制动控制系统

制动控制系统采用德国博世公司制动控制系统，与传统车辆相比，混合动力车辆在发动机熄火后进行重新启动的过程中更容易产生溜车的现象，因为在制动踏板松开后到发动机重新启动之间有一个时间上的延迟，BAS 混合动力系统是一种低电压、小电机系统，电机没有驱动车辆的能力，所以与传统的制动控制系统相比，在混合动力车辆上增加了制动系统坡道保持阀 HHV（Hill Hold Valve）、制动真空助力器压力传感器、制动管路压力传感器等一些新的东西。

传统车辆在坡路上停止时，为了使车停止，会保持住制动压力直到松开制动踏板。当发动机停止的混合动力车停在坡路上，在驾驶员松开制动踏板和踩下加速踏板后，发动机将会被重新启动。在重新启动后，车辆将会滚动，因此需要发动机控制模块、制动控制模块、仪表控制台、变速器控制模块、起动机/发电机控制模块等电子控制模块的输入输出信号，来完成一次安全平稳的停止和启动过程。

制动压力传感器和坡道保持阀的位置如图 3-52 所示，控制框图如图 3-53 所示，控制电路如图 3-54 所示。在坡道保持阀总成内有两个电磁阀，坡道启动阀的作用在于在制动踏板松开和发动机启动期间，将车辆滚动减少到最小。从释放制动踏板至发动机启动期间，保持制动管中的压力。制动压力会在发动机启动后释放。制动控制模块是通过发动机控制模块常规循环来执行动作。发动机控制模块也会发送一个串行数据到车身控制模块，在发动机关闭和发动机启动期间来控

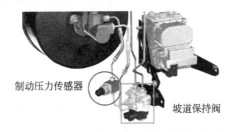
图 3-52　制动压力传感器和坡道保持阀的位置

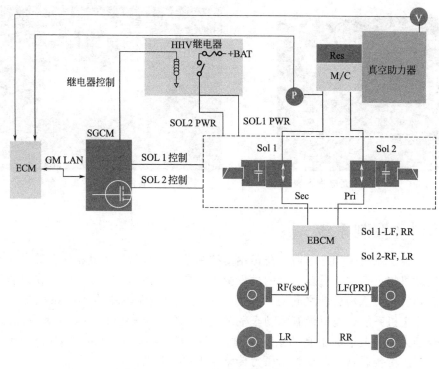

图 3-53 Hybrid-坡道保持阀控制框图

制制动灯信号。

  坡道保持阀的主要作用就是进行制动延时，当然，坡道保持阀并不能完全消除车辆滚动的趋势，其效能取决于制动系统的压力大小和驾驶员在车辆自动停止前踩制动踏板的力量大小，如果制动力非常小或制动踏板踩得特别轻，自动停止功能将不会激活。为了配合该系统的工作，在制动管路中加入了一个制动管路压力传感器，用来监测制动力的大小和激活自动停止模式，在系统维修后，需要使用 TECH 2（图 3-55）对该系统进行重新学习。SGCM 对 HHV 电磁阀进行 PWM（脉冲宽度调制）控制，在车辆从自动停止到发动机重新启动的过程中，SGCM 控制坡道保持阀打开的速率，以缓慢降低制动压力的泄放，这样可以避免车辆起步前溜车的危险和车辆起步后制动拖滞的发生。

  在制动真空助力上也加装了一个助力器真空压力传感器，如图 3-56 所示，在车辆进入自动停止模式后，由于发动机停止工作，真空助力器没有真空源，助力器中的压力会随着时间的变化逐渐增加，助力功能会逐渐降低，所以在真空压力传感器检测到真空助力器的压力增高到一定的范围时，发动机自动从自动停止模式变换到自动启动模式，以抑制真空助力器中压力的增加。该传感器的信号直接输入给发动机控制模块 ECM，助力器真空压力传感器和制动管路压力传感器电路如图 3-57 所示，它们将信号传送给了发动机控制模块。

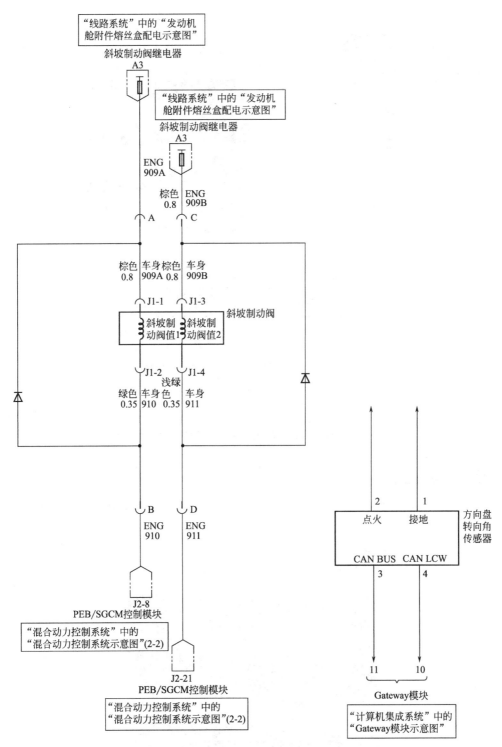

图 3-54 坡道保持阀控制电路

混合动力汽车 结构与检修

图 3-55　TECH 2

图 3-56　助力器真空压力传感器

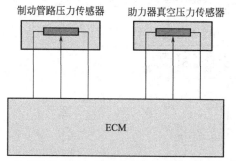

图 3-57　助力器真空压力传感器和制动管路压力传感器电路

五、空调控制系统

　　君越混合动力车辆空调面板如图 3-58 所示，在君越混合动力车辆上，驾驶员可以通过按键选择空调的模式，如经济（ECO A/C），自动（A/C），关闭（OFF）。在发动机处在自动停止模式下时，由于冷却液无法进行循环，车内的空调加热器无法进行热量交换，所以在君越混合动力车辆上安装了一个电动的空调加

图 3-58　君越混合动力车辆空调面板

热器水泵,该水泵在发动机进入自动停止模式时,根据需要由 SGCM 进行控制。

电动空调加热器水泵位于驾驶室前隔板上,位置如图 3-59 所示。在 A/C 正常制冷时,混合动力系统禁止进入自动停止模式;工作于经济状态时,系统允许自动停止,根据 A/C 设置条件的不同,在进入自动停止模式 30~120s 后自动启动。空调加热器水泵由 SGCM 控制,电路如图 3-60 所示。

图 3-59 电动空调加热器水泵

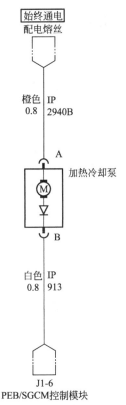

图 3-60 电动空调加热器水泵控制电路

六、电子液压式动力转向系统

君越 Hybrid 使用了电子液压动力转向系统,取消了原来车辆上的机械式动力转向泵,这就大大地提高了转向压力控制的精确性和反应速度,使驾驶性能大幅度地提高,安全性也得到充分保障。电子液压动力转向系统元件结构如图 3-61 所示。

电子液压动力转向控制系统根据车辆速度信号、转向盘角度信号控制转向力的大小,控制模块通过 CAN 总线传递各种信号,电子液压动力转向控制系统电路图如图 3-62 所示。如果系统发生故障,仪表盘上的电子液压动力转向指示灯会点亮,如图 3-63 所示。

因电子液压动力转向系统的液压泵和转向盘转角传感器的通信格式与其他车载

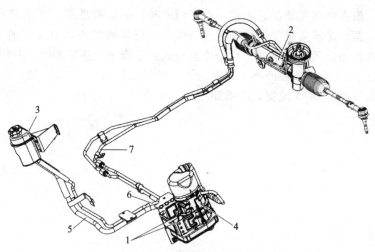

图 3-61　电子液压动力转向系统元件结构

1—电动动力转向泵电器接头；2—动力转向机；3—动力转向泵储液罐及支架；4—动力转向泵；5—动力转向泵进油管；6—动力转向储液罐回油管；7—动力转向泵高压油管

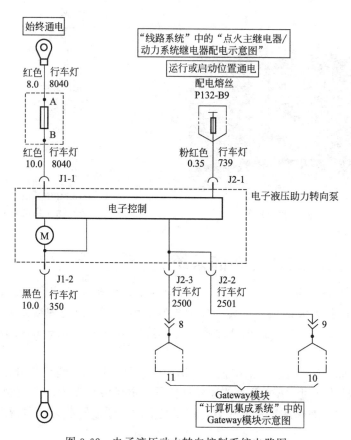

图 3-62　电子液压动力转向控制系统电路图

网络模块的通信格式不同,所以在君越混合动力车辆上增加了一个网关模块,混合动力车辆数据通信网络结构图如图3-64所示。

图3-63 电子液压动力转向指示灯点亮

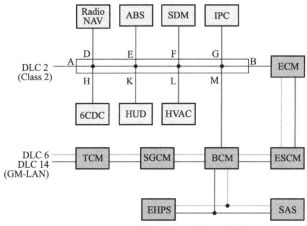

图3-64 混合动力车辆数据通信网络结构图

第四节 BAS混合动力系统工作模式

一、自动停止模式(Auto Stop Mode)

为了体现混合动力的优势及考虑到节省燃油的目的,君越混合动力车辆设计了自动停止模式,在车辆行驶过程中,驾驶员踩下制动踏板,车辆完全停止后,车辆进入自动停止模式,当车辆进入自动停止模式时,不再供给燃油给发动机。

1. 自动停止模式下系统的状态

① 发动机停止工作。

② SGCM将36V混合动力电池组的直流电源转换成12V的直流电源,用来给12V蓄电池充电及车内其他用电器和负载使用。

③ 如果蓄电池的充电能力太低，发动机将自动重新启动。

④ 空调加热器冷却液泵控制冷却液循环。

⑤ SGCM 冷却泵工作，确保足够的冷却液流过 SGCM，直到点火开关从 RUN 位置被移开。

⑥ 自动变速器辅助油泵工作，保持前进离合器压力，同时也确保发动机和变速器的连接。

⑦ 坡路保持阀关闭，保证制动管路中的制动液压力，减弱车轮滚动的趋势。

2. 自动停止模式启用条件

① 车辆速度超过 6.4km/h（初始）。

② 环境温度高于-15℃。

③ 混合动力操作范围中的混合动力和动力系统部件温度：混合动力蓄电池温度高于 10℃（近似），低于 50℃；变速器储油槽温度高于 25℃，低于 110℃；发动机冷却液温度高于 60℃，低于 121℃（环境温度低于 12℃）；发动机冷却液温度高于 82℃，低于 121℃（环境温度高于 12℃）。

④ 驾驶中的车辆，换挡杆在 D 位。

⑤ 空调压缩机系统请求发动机打开为"False（不成立）"。

⑥ 有足够的制动真空。

⑦ 充电状态大于自动停止要求（70%）。

⑧ 蓄电池放电电源容量大于自动启动要求的最小值（6200A·h）。

⑨ 12V 蓄电池处在可接受的状态（电压、电流、温度）。

⑩ 车轮滑移（防抱死制动系统或牵引力控制）未启动。

⑪ 蒸发系统没有运行轻微泄漏测试。

⑫ 发动机舱盖关闭。

二、自动停止模式下的重新启动/加速模式

当驾驶员的脚从制动踏板上松开时，车辆开始进入重新启动/加速模式，发动机重新启动，这可以保证电池组始终处于最优的充电状态，延长电池组使用寿命。

当点火开关未关闭，在 30s~2min 之内，电动机/发电机自动启动发动机，启动时间要视电池组的充电状态和车辆附件的用电情况而决定。

在车辆重新启动时，SGCM 将混合动力电池组的直流电转换成三相交流电驱动电动机/发电机（MGU），电动机/发电机（MGU）带动驱动皮带转动，发动机被带动转动，燃油喷射恢复，车辆重新启动，同时电动机/发电机（MGU）在车辆需要急加速时提供动力助力功能，以提高车辆对加速需求的响应。

车辆在重新启动开始加速时，坡路保持阀打开。在重新启动/加速模式中，自动变速器辅助油泵由混合动力辅助油泵驱动器通过 PWM（脉宽调制）进行控制，所产生的油压用以接合离合器。

三、智能充电模式

在发动机使用燃油进行工作时,燃油消耗所释放的能量提供车辆所需的所有动力,发动机驱动 MGU 进行发电,MGU 发出三相交流电,经过 SGCM 转换后,三相交流电变成 36V 直流电和 12V 直流电,分别给混合动力电池组及 12V 电池充电。

四、减速-停止模式

车辆从减速到停止的过程中,具有不同的特性。当加速踏板被释放后,燃油供应停止,发动机停止工作,车辆进入减速断油状态,以节省燃油的消耗。

发动机通过变矩器与变速器连接在一起,车辆带动发动机转动,驱动皮带带动电动机/发电机单元转动,车辆进入再生制动状态(类似于发动机制动)。发电机产生三相交流电,SGCM 将交流电转换成 12V 和 36V 的直流电对蓄电池进行充电,能量被存储在蓄电池中。与传统车辆相比,可节省大量的燃油消耗。

在车辆滑行减速期间,变矩器、离合器会尽早地锁止,车辆从发动机推动(燃油消耗)到能量再生(制动发电)的过程中,转矩的变化比较平稳。

第五节　BAS 混合动力系统的维修

一、安全注意事项

在维修混合动力车辆过程中经常会接触到带电的部件,为了保证正确的维修操作及避免不必要的伤害,维修时要特别注意有关安全操作事项。

① 在进行维修之前,取下身上佩戴的各种饰物(图 3-65),如戒指、项链、手表和其他金属物等,防止被电伤。

② 戴好防护用具。护目镜能防止眼睛受伤,如图 3-66 所示;Class 0 绝缘手套,1000V 绝缘,外部是皮质手套,内层为橡胶手套,如图 3-67 所示;橡胶鞋,脚部绝缘,如图 3-68 所示。

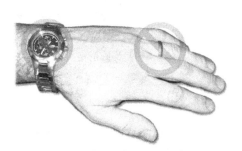

图 3-65　取下佩戴的各种饰物

图 3-66　护目镜

图 3-67 橡胶手套

图 3-68 橡胶鞋

二、混合动力电池组断开程序

① 在车辆上校对数字式万用表（可用 12V 蓄电池），如图 3-69 所示。
② 将点火开关关闭，拔出点火钥匙。
③ 断开 12V 蓄电池负极电缆。
④ 拆下电池组分离控制模块罩盖。
⑤ 等待 5min 以上，以使起动机/发电机控制模块电容充分放电。
⑥ 检查电池组电压（图 3-70）：电池组正负极之间电压及电池组正负极与车辆接地之间电压，电压值都不应超过 3V。
⑦ 分离电池组正负极电缆线。
⑧ 拆除电池组。

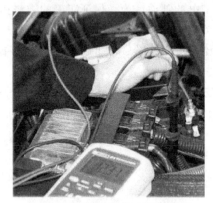

图 3-69 校对数字式万用表

图 3-70 检查电池组电压

三、电动机/发电机的检修

在电动机/发电机上除了有三相电缆线路以外还有两个电气接头，分别是 7 针 J1 接头和 10 针 J2 接头。电动机/发电机线路 J1 接头如图 3-71 所示，针脚含义见表 3-1。

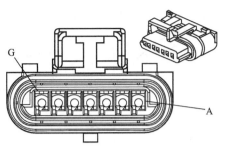

图 3-71　电动机/发电机线路接头 J1

表 3-1　电动机/发电机线路接头 J1 针脚含义

针脚	线路颜色	电路作用
A	D-GN(深绿色)	发电机磁场控制
B		未使用
C	YE(黄色)	发电机磁场控制
D		未使用
E		未使用
F	YE(黄色)	模块温度低电平参考电压
G	D-GN(深绿色)	模块温度信号

A~C 端子是电动机/发电机的转子线圈控制电路,控制信号的波形如图 3-72 所示。

F~G 端子输出的是电动机/发电机温度信号,SGCM 检测电动机/发电机的工作温度,并参考其他温度传感器(SGCM 内部温度传感器、电池组温度传感器等)的信号,判断 MGU 是否在正常的工作温度范围内,如果超出正常温度范围,SGCM 会设置故障代码。与电动机/发电机工作温度相关的故障代码见表 3-2。

表 3-2　与电动机/发电机工作温度相关的故障代码

DTC	说明	故障
P0A37	起动机/发电机温度传感器性能不良	可能存在温度传感器内部故障
P0A38	起动机/发电机温度传感器电路电压过低	传感器输出电压低于 0.2V 并持续 1s
P0A39	起动机/发电机温度传感器电路电压过高	传感器输出电压高于 3.95V 并持续 1s
P0A3B	起动机/发电机过热	电动机/发电机单元温度高于 205℃ 并持续 1s
P0A7C	起动机/发电机控制模块电子部件过热	表面温度高于 120℃ 并持续 1s

电动机/发电机温度传感器在室温下的电阻值应为 33.6kΩ(负温度系数的热敏

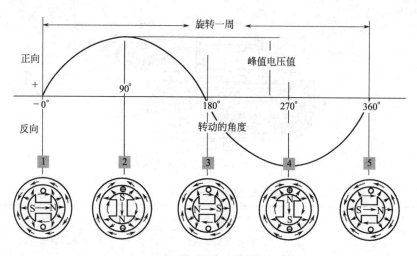

(a) 一组定子线圈产生的交流信号

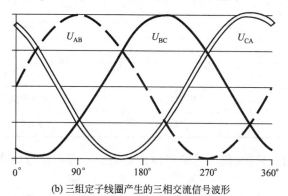

(b) 三组定子线圈产生的三相交流信号波形

图 3-72 转子线圈控制信号的波形

电阻)。电动机/发电机线路 J2 接头如图 3-73 所示,针脚含义见表 3-3。

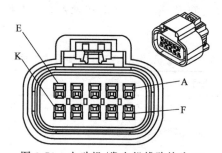

图 3-73 电动机/发电机线路接头 J2

表 3-3 电动机/发电机线路接头 J2 针脚含义

针脚	线路颜色	电路作用
A		未使用

续表

针脚	线路颜色	电路作用
B	YE	旋转变压器信号 4
C	YE	旋转变压器信号 3
D	YE	旋转变压器电机负极
E		未使用
F	D-GN	旋转变压器信号 2
G	D-GN	旋转变压器信号 1
H	D-GN	旋转变压器电机正极

在电动机/发电机内部有一组传感器，用来检测转子的转速和角位置，信号输入给 SGCM，SGCM 根据信号控制转子磁场的调节。一旦信号发生错误，SGCM 将停止对定子磁场的控制。相关故障代码见表 3-4。

表 3-4 角位置传感器故障代码

DTC	说明	故障
P0A4B	电动机/发电机角位置传感器电路出现故障	可能存在传感器电缆对搭铁短路、电压短路或开路故障 可能存在电动机/发电机单元或电动机/发电机控制模块故障 可能存在线束故障
P0A4C	电动机/发电机角位置传感器性能不良	角度数据与微机角度数据不匹配
P0A50	电动机/发电机超速	绝对电机速度大于 2100r/min 并持续 10ms

四、电池组维修注意事项

在电池组中，电池组分离控制模块内部始终有一个 36V 的带电接头，如图 3-74 所示。在分离 36V 电缆时注意不要将固定螺母掉入控制模块内部，如果螺母掉入分离控制模块，请用非金属工具取出螺母，不要使用金属工具，以免造成不必要的伤害。固定电池组后，确认电池的电源线路、接地线路和通信线路都能正常工作。

1. 负极端子固定螺母

负极端子固定螺母是一个复合螺母，在螺母上有一个保护套，如图 3-75 所示。

> **注意：**
> 错误的安装方式将导致保护套破损，同时可能引起系统故障。

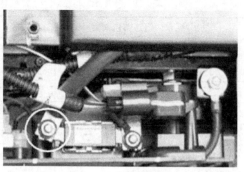

图 3-74 电池组接头

2. 电缆端子

电缆端子如图 3-76 所示。电缆端子表面出现破损或不平整将会导致线路接触不良、系统元件损坏、自动停止模式出现故障，以及产生大量故障代码。

图 3-75 固定螺母

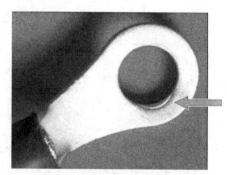

图 3-76 不平整的电缆端子

3. 电池组风扇通风区域

电池组风扇将冷却空气导入电池组内部，如果进风口附近放置了物品将会导致冷却空气供应不足，这将导致电池组散热不良，产生与风扇相关的故障代码（见表 3-5）。

表 3-5 与风扇相关的故障代码

DTC	说明	故障
P0A81	混合动力蓄电池组冷却风扇控制电路出现故障	启用"启用"标志 风扇为关闭状态
P0A82	混合动力蓄电池组冷却风扇卡在关闭位置	风扇速度反馈小于5% 风扇为打开状态
P0A83	混合动力蓄电池组冷却风扇卡在接通位置	风扇速度反馈大于5% 风扇为关闭状态

续表

DTC	说明	故障
P0A84	混合动力蓄电池组冷却风扇控制电路电压过低	风扇控制反馈小于5% 风扇为打开状态
P0A85	混合动力蓄电池组冷却风扇控制电路电压过高	风扇控制反馈大于95% 风扇为打开状态风扇指令小于80%

第四章

奥迪Q5混合动力系统结构与检修

第一节 混合动力系统概述

德国奥迪公司在混合动力技术方面已经有 20 多年经验。奥迪公司早在 1989 年就推出了第一代 Audi duo 混合动力轿车（图 4-1），该车是以 Audi 100 Avant C3 车为基础开发而来的。该 Audi duo 混合动力轿车用一台五缸汽油发动机驱动前轮，用一台 9kW（12ps）可切换电机驱动后轮，使用镍-镉蓄电池来储存电能。

两年以后，奥迪公司又推出了另一款 Audi duo 混合动力轿车（图 4-2），它是以 Audi 100 Avant quattro C4 车为基础开发而来的。

图 4-1　第一代 Audi duo 混合动力轿车

图 4-2　第二代 Audi duo 混合动力轿车

1997 年，第三代 Audi duo（图 4-3）亮相，这是奥迪第一款量产的混合动力车型，奥迪公司也成为首家小批量生产完全混合动力汽车的欧洲汽车生产商，该款 Audi duo 混合动力轿车是以 A4 Avant B5 车为基础开发而来的。该车使用一台 66kW（90ps）的 1.9L-TDI 发动机和一台水冷式 21kW（29ps）电机来提供动力，使用安装在车后部的胶体蓄电池来提供电能。这两种动力装置都是驱动前轮的。

量产的 Audi duo 混合动力轿车采用具有前瞻性的插电式（Plug-in）设计，蓄电池可以连接在插座上来充电。另外，电机在车辆减速时可以回收能量。在电动模式时，Audi duo 混合动力轿车的最高车速可达到 80km/h；要是以 TDI 发动机作为动力，其最高车速可达 170km/h。这种设计理念是非常超前的。

奥迪在开发混合动力技术的同时，也开发了单独依靠电力即可长途行车的一系列轿车——e-tron（图4-4），这些车也都采用了这种插电式（Plug-in）混合动力技术。Audi A1 e-tron 干脆就是纯电动汽车了，该车在增程发动机和动力前轮之间根本就没有任何机械连接。因此，Audi A1 e-tron 是为在人口密集的市区使用而设计的。

图4-3 第三代 Audi duo 混合动力轿车

图4-4 单独依靠电力即可长途行车的 e-tron 混合动力轿车

奥迪 Q5 混合动力车是奥迪公司第一款高级 SUV 型的完全混合动力车，如图4-5所示。在经历了三代 Audi duo 混合动力轿车后，奥迪 Q5 混合动力车是第一款采用两种动力形式的混合动力车型（这种混合动力是一种最新的高效并联式混合动力技术），其动力像 V6 发动机，油耗像四缸 TDI 发动机。该车使用 155kW（211ps）的 2.0L TFSI 发动

图4-5 奥迪 Q5 混合动力四驱车外形

机，该发动机以智能而灵活的方式与 40kW（54ps）的水冷式电机配合工作，可以让用户享受到运动型的行驶性能。该电机由小巧的锂离子蓄电池来供电。

第二节 奥迪 Q5 混合动力技术原理

一、奥迪 Q5 混合动力车的识别标记和警示符号

1. 奥迪 Q5 混合动力车的识别标记

奥迪 Q5 混合动力车与使用发动机的 Audi Q5 车相比，除了在车型铭牌上有混合动力字母标识外，还在如图4-6所示的不同的特征之处均标有混合动力字母标识。

2. 奥迪 Q5 混合动力车上的警示符号

为了让用户、维修和服务站人员以及技术救援和医疗救援人员尽可能远离高压设备可能带来的危险，奥迪 Q5 混合动力车上设置了很多警示和提示标签。警示标

签一般分为两种类型。

（1）黄色警示标签　黄色警示标签上有电压警示符号，如图 4-7 所示，这些黄色标签表示高压部件就安装在附近或者在盖板下隐藏着。

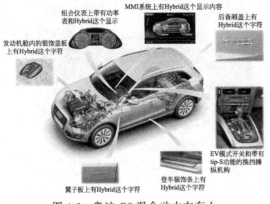

图 4-6　奥迪 Q5 混合动力在车上不同部位标识

图 4-7　奥迪 Q5 混合动力车上的黄色警示标签

（2）带有"DANGER"字样的红底警示标签　如图 4-8 所示，带有"DANGER"字样的警示标签表示有高压部件或者高压导电部件。

二、混合动力技术的基本原理

1. 混合动力技术

Hybrid 这个词来源于拉丁语 hybrida，意思是杂交或者混合的意思。在技术层面，Hybrid 这个词指一种系统，即将两种不同的技术组合在一起来使用的混合动力系统。结合驱动理念，混合动力技术这个概念用于双燃料动力和驱动混合动力技术两个方向。

（1）双燃料动力　双燃料动力的车，是指其发动机能够燃烧不同类型的燃料去产生驱动能量。因此，使用矿物燃料和可再生燃料（柴油/生物柴油）或者使用液态和气态燃料（汽油/天然气/液化石油气）的系统越来越为人所知，市场上也越来越常见了。

（2）驱动混合动力技术　驱动混合动力技术是指将两种不同的动力装置组合在一起来使用，且这两种动力装置的工作原理是不同的。就目前来讲，混合动力技术是指将发动机与电机组合在一起这种形式（图 4-9）。混合动力技

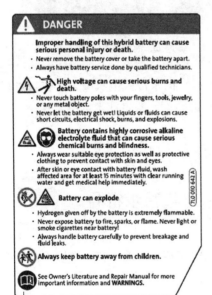

图 4-8　带有"DANGER"字样的红底警示标签

术中的电机可用作发电机从动能中回收电能（能量回收）、用作发动机来驱动车辆以及用作发动机的起动机。根据基本结构情况，混合动力驱动分为微混合动力驱动、中混合动力驱动和完全混合动力驱动三种形式。

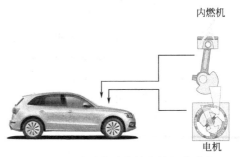

图4-9　驱动混合动力技术的组合形式

① 完全混合动力驱动。将一台大功率电机（E-Machine）与发动机组合在一起，可以以纯电动方式来驱动车辆行驶。一旦条件许可，该电机会辅助发动机来工作。车辆缓慢行驶时，是纯粹通过电动方式来提供动力的。此时可以实现启动-停止功能，还可以实现能量回收功能，用以给高压蓄电池充电。发动机和电机之间有一个离合器，通过它可以断开这两个系统的联系。发动机只在需要时才接通工作，其工作流程如图4-10所示。现在完全混合动力驱动用于奥迪Q5混合动力（奥迪Q5混合动力四驱）车，也计划用于其他车型，如目前新推出的奥迪A6、A8、Q7等车型均有混合动力版。

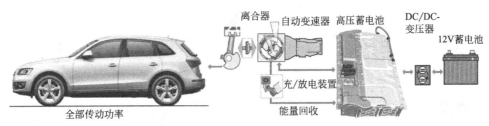

图4-10　完全混合动力驱动工作流程

② 中混合动力驱动。中混合动力驱动在技术上和部件方面都与完全混合动力驱动是一样的，只是它不能以纯电动方式驱动车辆来行驶。它也有能量回收、启动-停止以及助力（Boost）功能。

③ 微混合动力驱动。使用微混合动力驱动结构，电动部件（起动机/发电机）只是用来执行启动-停止功能，一部分动能在制动时又可作为电能使用（能量回收），其工作流程如图4-11所示。它不能以纯电动方式驱动车辆来行驶。12V蓄电池的特性针对频繁启动发动机这个特点做了匹配，用到了很多奥迪车型上，比如在Audi A1上就有所使用。

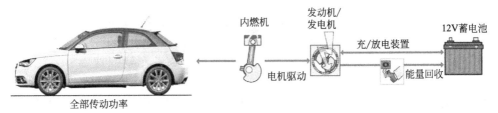

图4-11　微混合动力驱动工作流程

2. 完全混合动力驱动

完全混合动力驱动有并联式混合动力系统、分支式混合动力系统、串联式混合动力系统和分支式串联混合动力系统四种形式。

(1) 并联式混合动力系统　并联式混合动力系统结构简单，如要对现有车辆进行"混合动力改造"的话，就使用这种结构。发动机、电机和变速器装在同一根轴上，其结构如图 4-12 所示。发动机和电机各自的功率加起来，就是总功率。这种结构设计可以充分利用原车上的部件（就是很多部件可直接拿来用）。对于四轮驱动车辆来说，并联式混合动力系统可以将动力分配到四个车轮上。

(2) 分支式混合动力系统　分支式混合动力系统除了有发动机外，还有一个电机，两者都安装在前桥上。发动机和电机所发出的动力经一个行星齿轮机构到达汽车变速器，其结构如图 4-13 所示。但与并联式混合动力系统不同的是，分支式混合动力系统不能将发动机和电机各自的功率加起来传递到车轮上。它所产生的功率，一部分用于驱动车辆，另一部分作为电能存储在高压蓄电池内。

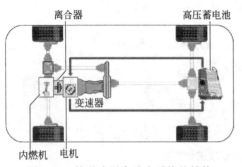

图 4-12　并联式混合动力系统的结构

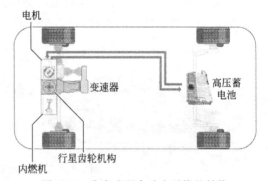

图 4-13　分支式混合动力系统的结构

(3) 串联式混合动力系统　车辆只通过电机来驱动，发动机与驱动轴是没有机械连接的。发动机带动一个发电机，该发电机在车辆行驶时为电机供电或者给高压蓄电池充电，其结构如图 4-14 所示。

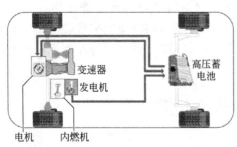

图 4-14　串联式混合动力系统的结构

(4) 分支式串联混合动力系统　分支式串联混合动力系统，就是把分支式混合动力系统和串联混合动力系统综合在一起了。该系统有一个发动机和两个电机。发动机和电机 1 装在前桥上，电机 2 装在后桥上。这种结构用于四轮驱动车。发动机和电机 1 可以通过行星齿轮机构来驱动车辆变速器。要注意的是：在这里也是不能就将发动机和电机各自的功率加起来传递到车轮上。后桥上的电机 2 在需要时才会工作。因结构原因，高压蓄电池布置在前、后桥之间了，其结构如图 4-15 所示。

3. 有关混合动力的其他概念

（1）Plug-in Hybrid（插电式混合动力） Plug-in Hybrid（插电式混合动力）指车上使用了混合动力装置，而其高压蓄电池还可以通过外接电源（充电站或者家用插座）来充电。这就相当于完全混合动力车与纯电动车的混合体，插电式混合动力车将内燃机汽车和电动汽车的优点集中在一起了。

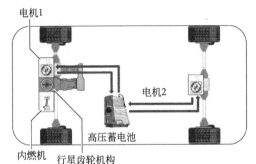

图 4-15 分支式串联混合动力系统的结构

（2）能量回收　能量回收（英语叫 Rekuperation，源于拉丁语 recuperate，就是重新获得的意思），一般就是指在车辆减速时利用其动能，也就是说，在车辆制动阶段或者在超速减速（反拖）阶段，回收这种"免费的"能量并将其暂时存储到车辆蓄电池上。能量回收功能是电能管理不可分割的一部分。

（3）高压部件之间的能量流

① 靠电能驱动来行车。高压蓄电池放电。在靠电能驱动来行车时，由高压蓄电池来供电。12V 的车载电网由高压蓄电池来供电，其工作示意图如图 4-16 所示。

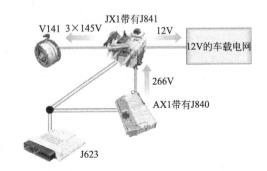

图 4-16　靠电能驱动来行车的工作流程

▬▬▬ 高压线；▬▬▬ 混合动力 CAN 总线；AX1—混合动力蓄电池单元；JX1—电驱动装置的功率和控制电子装置；V141—电驱动装置牵引电机；J623—发动机控制单元；J840—蓄电池调节控制单元；J841—电驱动装置控制单元

② 能量回收。给高压蓄电池充电。与牵引阶段不同，在减速阶段通过牵引电机以电动方式来实施制动，从而再为高压蓄电池充电。驾驶人刚一松开油门踏板，一部分能量就得到了回收。在制动过程中，回收的能量也会相应增多。12V 的车载电网由牵引电机来供电，其工作流程如图 4-17 所示。

（4）电机（E-Machine）　混合动力车的电机（或称 E-Machine）替代了车上的发电机、电动机和起动机。其实每个电动机都可以都可作发电机来使用，只要在外部来驱动电机轴的话，那么电机就会像发电机那样输出电能了。但如果是向电机

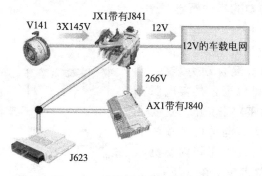

图 4-17 能量回收的工作示意

▬▬ 高压线；▬▬ 混合动力 CAN-总线；AX1—混合动力蓄电池单元；JX1—电驱动装置的功率和控制电子装置；V141—电驱动装置牵引电机；J623—发动机控制单元；J840—蓄电池调节控制单元；J841—电驱动装置控制单元

输送电能的话，那么它就是个驱动电机。电动式混合动力上的电机，就取代了发动机上传统的起动机和发电机，其工作流程如图 4-18 所示。

图 4-18 电机作为发电机和驱动电机的工作流程

（5）电动加速（E-Boost）　混合动力驱动有一个电动加速（E-Boost）功能，这与发动机的强制降挡功能（可提供最大发动机功率供使用）类似。如果执行了这个电动加速（E-Boost）功能，那么电机和发动机就会发出最大功率（合计总功率很大）。这两种驱动方式各自功率合在一起，就是传动系统的总功率了。从技术上来讲，电机（E-Machine）内部是有功率损耗的，因此发电机输出功率要小于其驱动功率。

奥迪 Q5 混合动力车的发动机功率是 155kW，电机（E-Machine）作为发电机时功率是 31kW，电机（E-Machine）作为电动机时功率是 40kW。总体算来，发动机和电机（E-Machine）作为电动机时共计可产生 180kW 的功率，如图 4-19 所示。

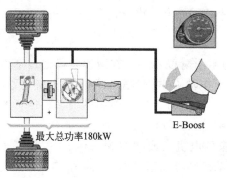

图 4-19 电动加速（E-Boost）功能

（6）滑行　滑行指发动机不提供驱动力，电机也不提供驱动力。滑行时，车辆是处在无动力的滚动状态，这时发动机就关闭了，电机（E-Machine）通过能量回收来为12V的车载电网供电，不消耗高压蓄电池的电能。

第三节　混合动力系统的发动机

一、概述

1. 技术数据

奥迪Q5混合动力发动机采用2.0L TFSI发动机（TFSI的英文含义是Turbo Fuel Stratified Injection，是涡轮增压燃油分层喷射的意思。燃油是采用高于10MPa的压力喷入气缸内的），发动机代码为CHJA，发动机扭矩-功率特性曲线如图4-20所示，发动机的各项参数如表4-1所示。

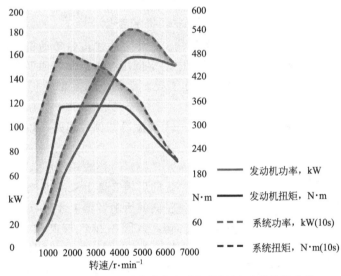

图4-20　奥迪Q5混合动力发动机的扭矩-功率特性曲线

表4-1　混合动力发动机的各项参数

发动机代码	CHJA
结构形式	四缸直列发动机和三相交流电动机/发电机
排量/cm³	1984
发动机功率/kW(ps)	155(211)　转速4300～6000r/min
系统功率/kW(ps)	180(245)
发动机扭矩/N·m	350　转速1500～4200r/min
系统扭矩/N·m	480
纯电力驱动时的最高车速/(km/h)	100

续表

纯电力驱动时的可达里程/km	3（车速为 60km/h 时）
每缸气门数	4
缸径/mm	82.5
行程/mm	92.8
压缩比	9.6：1
传动形式	8 挡自动变速器，quattro
发动机管理系统	MED17.1.1
燃油	高级无铅汽油 ROZ95
排放标准	EUV
CO_2 排放/(g/km)	159
混合动力部件所增加的额外质量/kg	<130

2. 奥迪 Q5 混合动力 2.0L TFSI 发动机的变化

（1）省去了辅助装置的皮带传动机构　由于省去了皮带传动机构，所以就开发了一种新的辅助装置支架，该支架用于电动空调压缩机，曲轴和平衡轴轴承的材质有所变化，以满足启动-停止模式的工作需要。曲轴上的皮带轮仍安着，作为减振器用。

（2）冷却　冷却系统有扩展，多了一个低温冷却循环回路，该回路用于电驱动装置的功率和控制电子装置 JX1。

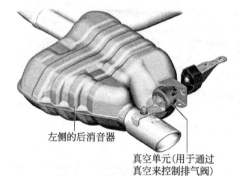

图 4-21　后消音器上的可控式排气阀的结构

（3）可控式排气阀　在发动机排气系统的后消音器上采用可控式排气阀，只有左侧的后消音器上才装有这种可控式排气阀，该阀由排气控制阀 1-N321 来操控。接上真空，该阀就关闭；断开真空就打开。在发动机停机时，该阀是打开着的，在扭矩不高于 300N·m 或者转速不超过 1800r/min 时以及急速给蓄电池充电时，该阀是关闭着的（因声响方面的原因）。其结构如图 4-21 所示。

二、冷却液循环和温度管理

奥迪 Q5 混合动力系统引入了发动机控制系统 MED.17.1.1，它有三个处理器，因此可以实现创新温度管理。使用这种控制单元的目的是：通过改进车辆热平衡，来进一步降低油耗和 CO_2 排放。所谓改进热平衡，是指将所有受热部件和连接在冷却系统上的部件（比如发动机或变速器）的温度保持在能使其效率最佳的范围内。

如图 4-22 所示，车上的冷却系统分为低温循环和高温循环两部分。在发动机不工作时，冷却液是由电动冷却液泵来循环的。

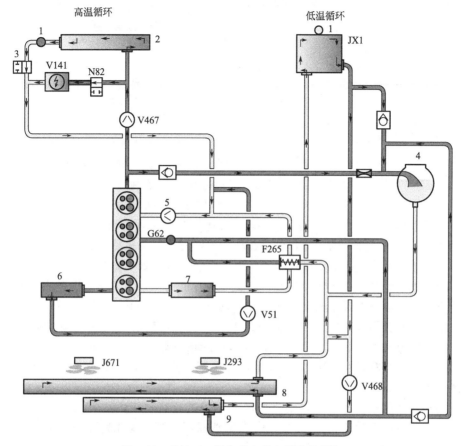

图 4-22　奥迪 Q5 混合动力车上的冷却系统

F265—特性曲线控制的发动机冷却系统节温器②（开启温度：95℃）；G62—冷却液温度传感器；J293—散热器风扇控制单元②；J671—散热器风扇控制单元 2②；JX1—电动机构功率和控制装置；N82—冷却液截止阀②（在热的一侧）；V51—冷却液续动泵③；V141—电驱动装置电机①；V467—高温循环冷却液泵②；V468—低温循环冷却液泵①；▨—已冷却下来的冷却液；▨—热的冷却液；1—放气螺塞；2—暖风热交换器；3—冷却液截止阀③；4—冷却液膨胀罐；5—冷却液泵；6—废气涡轮增压器；7—发动机机油冷却器；8—高温循环散热器（包括变速器机油冷却器）；9—低温循环散热器

① 由电驱动装置的功率和控制电子装置 JX1 来控制。
② 由发动机控制单元 J623 来控制。
③ 由空调控制单元 J255 经空调冷却液截止阀 N422 来间接控制。

高温循环部分的组件包括：①暖风热交换器；②冷却液截止阀 N82；③电驱动装置电机 V141；④高温循环冷却液泵 V467；⑤冷却液泵；⑥废气涡轮增压器；⑦发动机机油冷却器；⑧冷却液温度传感器 G62；⑨特性曲线控制的发动机冷却系统节温器 F265；⑩冷却液续动泵 V51；⑪高温循环散热器；⑫变

速器机油冷却器。

低温循环部分的组件包括：①电驱动装置的功率和控制电子装置 JX1；②低温循环冷却液泵 V468；③低温循环散热器。

三、发动机控制单元

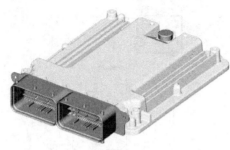

图 4-23 发动机控制单元 J623 的外形

发动机控制单元 J623 的外形如图 4-23 所示，其功能主要是控制发动机工作、控制温度管理系统及车辆混合动力功能的管理器。

混合动力功能的管理器决定是否要用电动方式来驱动车辆，并将驾驶人期望的车速通知功率控制电子系统。发动机控制单元在执行温度管理功能时会控制所有冷却液循环过程。采用在"P"挡位置执行强制降挡，随后发动机就一直在运转着，直至挂上某个挡位为止的方式，可以在故障诊断时让发动机持续运转着。

（1）电动模式　在电动模式时，车速调节装置总是处于激活状态。

（2）运输模式　在运输模式时，电驱动装置电机就只作为发电机来使用了。也就是说不能靠电动方式来驱动车辆，无电动加速（E-Boost）功能，无启动-停止模式功能，无能量回收功能。在运输模式下，发动机运转时会一直为高压蓄电池充电。在运输模式时，最高车速为 35km/h，最高转速为 3500r/min。如果未关闭运输模式，那么当车辆在下次 15 号线循环时如果行驶距离超过了 100km，该模式就会被关闭。

（3）售后服务模式　在发动机控制单元内进行自适应，就可激活售后服务模式，冷却液温度必须不低于 25℃。作为识别标记，废气警报灯 K83（MIL）和发动机电子系统指示灯 K149（EPC）会亮起。

在售后服务模式下，电驱动装置电机就只作为发电机来使用了，且发动机运转时会一直为高压蓄电池充电。因此也就不能靠电动方式来驱动车辆，无电动加速（E-Boost）功能，无启动-停止模式功能，无能量回收功能。

此外，可以通过 12V 辅助起动机来启动发动机。若未取消自适应过程，那么当车辆在下次 15 号线循环时如果行驶距离超过了 50km，该模式就会被关闭。

第四节　混合动力系统的底盘

一、带有混合动力模块的 8 挡自动变速器

自动变速器控制单元 J217 是混合动力 CAN 总线和驱动 CAN 总线用户。多片式离合器（离合器 K0）与电机（E-Machine）合成为一个模块，该模块取代了变扭器，安装在自动变速器的结构空间处（图 4-24），并不显眼。这个多片式离合器

浸在油池中工作，它用于将发动机与电机（E-Machine）断开或连接上。由于取消了变扭器，离合器K1就用来作起步元件用了。带有混合动力模块的8挡自动变速器的参数见表4-2。

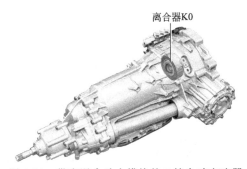

图 4-24　带有混合动力模块的 8 挡自动变速器

表 4-2　带有混合动力模块的 8 挡自动变速器的参数

行驶状态	离合器 K0	离合器 K1
发动机启动	接合	未接合
纯电力驱动时	未接合	接合
能量回收	未接合	接合
发动机驱动车辆行驶	接合	接合
发动机在怠速运转	接合	未接合
电动加速(E-Boost)	接合	接合
车辆滑行(无能量回收)	未接合	未接合
车辆滑行(有能量回收)	未接合	接合

为了能在电机（E-Machine）不工作时润滑自动变速器并为液压操纵机构建立起必要的机油压力，安装了一个变速器机油辅助液压泵 1-V475。温度要是较低的话，该泵可能无法建立起所需要的压力。

要是需要牵引车辆，其规定与以前的无级自动变速器一样，需要将选挡杆挂在N位置，牵引距离不超过50km，牵引车速不超过50km/h，这是因为在牵引时，变速器是得不到润滑的。

二、电动机械式转向系统

奥迪Q5混合动力车上使用的不是液压助力转向系统，而是电动机械式转向系统。转向助力控制单元J500接在组合仪表/底盘CAN总线上。

电动机械式转向系统的基本功能是通过一个与齿条同心的电机来实现转向助力。之所以选用了这种结构，是因为它占用空间小，效率高，其结构如图4-25所示。齿条、电机和传动机构之间是通过滚珠丝杠来驱动的。电子控制单元和相关传感器都集成在一个小巧的结构单元内。因此，整个这套系统的重量只有大约16kg。

由于是采用电动机械方式来产生的转向助力，因此燃油消耗量最多可降低 0.3L/100km。另一个好处是：可以实现"按实际需要来改变助力大小"这个功能。

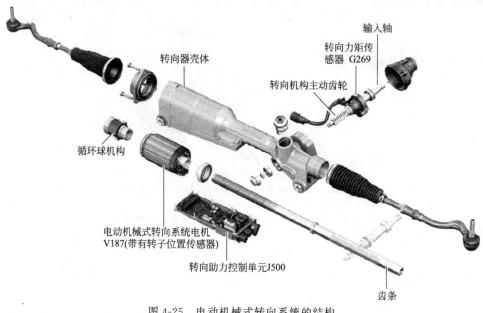

图 4-25　电动机械式转向系统的结构

三、ESP 系统

1. ESP 总成

奥迪 Q5 混合动力车上的 ESP 总成的结构同 Audi Q5 相比只是软件方面就混合动力发动机牵引力矩调节功能做了相应的扩展。在电力制动（能量回收）时，出于稳定考虑不会令制动压力卸压，所以发动机控制单元在需要时会下令去调节驱动力矩。如果在 D 挡位时关闭了 ESP 或者是接通了坡路起步辅助系统，那么在车辆行驶过程中，发动机一直都在工作着。

2. 制动真空泵 V192

这个电动的制动真空泵 V192 固定在 ESP 总成的前面，其外形及安装位置如图 4-26 所示。该泵的作用是：在发动机关闭期间，为制动助力器提供足够的真空力。制动真空泵 V192 由发动机控制单元 J623 经继电器 J318 来操控。需要时，通过制动助力压力传感器 G294 来接通该泵。

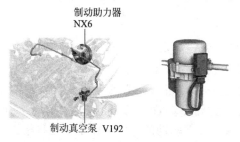

图 4-26　制动真空泵 V192 的外形及安装位置

3. 制动踏板位置传感器 G100

制动踏板位置传感器 G100 连接在发动机控制单元上。发动机控制单元通过制动踏板位置传感器 G100 的信号来操控电力制动（能量回收）；ESP 总成通过制动踏板位置传感器 G100 的信号来操控液压制动。制动踏板在制动助力器上有一个约 9mm 的空行程。在这段空行程中，是纯电力制动的。制动时就可以很好地过渡到液压制动了。在更换了制动踏板位置传感器或者是更换了发动机控制单元时，必须进行制动踏板位置传感器 G100 与发动机控制单元之间的自适应（学习）。

第五节　混合动力电气系统

一、混合动力电气系统部件

1. 混合动力蓄电池单元 AX1

混合动力蓄电池单元 AX1 在后备厢内的备胎坑中，它由高压蓄电池 A38、蓄电池调节控制单元 J840、保养插头接口 TW、安全插头接口 TV44、高压线束接口 PX1、12V 车载电网接口等部件构成，其结构如图 4-27 所示，高压蓄电池的各项参数如表 4-3 所示。

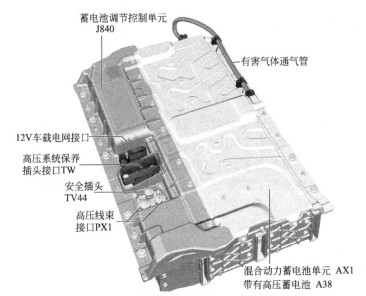

图 4-27　混合动力蓄电池单元 AX1 的外形及结构

表 4-3　高压蓄电池的各项参数

额定电压/V	266
单格电压/V	3.7
电池格数量	72（串联的）
容量/A·h	5.0
工作温度/℃	15～55

续表

总能量/kW·h	1.3
可用能量/kW·h	0.8
功率/kW	最大 40
质量/kg	38

混合动力蓄电池单元 AX1 的壳体使用电位补偿线（电位均衡线）与车辆相连。在这个蓄电池壳体内，集成有用于吸入和排出冷却空气的接口。为了能在蓄电池有故障时通过一个通气软管将溢出的气体引至车底部位，就在该壳体上装了一个有害气体通气管。

2. 蓄电池调节控制单元 J840

蓄电池调节控制单元 J840 集成在混合动力蓄电池单元 AX1 的左侧，该控制单元与混合动力 CAN 总线和驱动 CAN 总线相连。J840 侦测高压蓄电池的温度，并通过蓄电池冷却模块来调节蓄电池冷却状况。该控制单元查明并分析充电状态、单格电压和蓄电池电压的信息，这些信息通过混合动力 CAN 总线传至发动机控制单元。

安全线是个环形线，它穿过所有的高压部件且由蓄电池调节控制单元来监控。如果松开了高压线，那么安全线就中断了，高压系统也就被关闭了（切断了）。控制单元 J840 使用一个电流信号来实施这个监控，这个电流是由功率控制电子系统发出并送入安全线的。在历史数据中，控制单元记录了所有与蓄电池有关的数据。这样的话，蓄电池出现深度放电或者过热之类的问题，就可以在事件发生之后还原真相了。

高压蓄电池通过高压触点来与其他高压部件连接或断开。"正极"和"负极"触点各一个。一旦 15 号线接通了的话，蓄电池调节控制单元 J840 会立即接通高压触点。如果为蓄电池调节控制单元 J840 供电的 12V 电压中断了的话，那么高压触点就断开了。12V 车载电网"关闭"，就表示高压装置也是"关闭"的。

当点火开关已关闭，或者安全线已切断，或者安全带张紧器已触发，或者安全气囊已触发，或者两个 12V 蓄电池在"15 号线接通"的情况下已与车载电网断开时，高压触点由蓄电池调节控制单元 J840 来给断开。

3. 高压蓄电池 A38

（1）高压蓄电池 A38 的结构与功能　高压蓄电池 A38 集成在混合动力蓄电池单元 AX1 内。有一个电流传感器用于在充电和放电时侦测电流。另有传感器用于侦测高压触点前、后的电压。高压触点在"15 号线接通"的情况下是闭合的（接通的）。

在"15 号线关闭"的情况下或者有碰撞信号时，高压触点是断开的。高压蓄电池的充电状态保持在 30%～80% 之间，充电情况的这种限制，可以明显提高高压蓄电池的寿命。组合仪表上的蓄电池显示是以 0% 或 100% 来显示的。充电状态作为一个信息被放置在混合动力 CAN 总线上。

在达到了启动能力最低极限值时（高压蓄电池充电状态低于 25% 了）或者是没能启动发动机，那么发送机控制单元会给显示仪表发送一个信息，随后就会显示

"车辆现在无法启动"这个内容。如果充电状态低于20%，那么就不准许有放电电流了。在纯电力驱动行驶时，高压蓄电池给高压电网和12V车载电网同时供电。

（2）高压蓄电池的充电　如果组合仪表上显示"车辆现在无法启动"这个内容了，那就必须给高压蓄电池充电了。充电的话请关闭点火开关，将充电器（至少30A）或者带有三相发电机的发电车接到跨接启动销上。充电过程完成后接通点火开关，就会显示"正在形成启动能力，请稍等..."这个信息。

如果在1min内，高压蓄电池无法吸收充电电流，那么就会显示"充电过程已中断，无法形成启动能力"这个信息。其原因是充电器或者发电车能力太弱了。另外这种故障信息也可以以红色的混合动力警报灯来提示。

如果识别出充电电流了，那么高压蓄电池会被充电到35%的状态。组合仪表上会显示一个绿色的充电插头（图4-28）。12V蓄电池在这时会部分放电。如果高压蓄电池的充电状态降至5%以下了，那么蓄电池就无法再充电了！

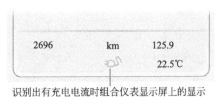

识别出有充电电流时组合仪表显示屏上的显示

图4-28　充电时组合仪表上显示的绿色插头

4. 高压系统保养插头 TW

高压系统保养插头 TW 是高压蓄电池两个部分之间的电桥，如果拔下了这个保养插头，那么这两部分的连接就断开了。如果在高压部件上或者在高压部件附近动用车削工具、成型工具或棱角锋利的工具，那么必须要拔下这个保养插头。要想切断电源（停电）的话，请在诊断仪中进行相应操作。

（1）保养插头的开锁和上锁　请关闭点火开关。要想够着高压系统保养插头 TW，必须打开后备厢内的高压系统保养盖板。这个保养插头就在混合动力蓄电池单元 AX1 上的橘黄色橡胶盖下，因此必须先移开这个橡胶盖，如图4-29所示。

（2）拔下保养插头　要想关闭高压装置，一个途径就是操作这个保养插头，因为该插头是高压蓄电池两个部分之间的电桥。具体说就是该插头有两个确定的开关位置，如图4-30所示。当保养插头在位置1时（图4-31），安全线是被切断了的。当保养插头在位置2时，蓄电池两个部分之间的串联连接就被断开了。这时可以将保养插头从支架上拉出（图4-32）。这时高压装置就被关闭了，应检查停电情况（就是验电）。

图4-29　保养插头的安装位置

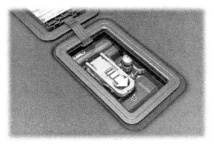

图4-30　拔下保养插头

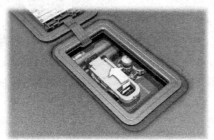
图 4-31 保养插头在位置 1

图 4-32 保养插头在位置 2

图 4-33 保养插头内的熔丝

（3）保养插头内的熔丝　保养插头内有一个规格是 125A 的高压装置熔丝，如图 4-33 所示。要想让高压系统再次恢复工作，请按相反顺序将保养插头插回原位。

5. 安全插头 TV44

开始安全插头的机械上锁操作前，必须拔下保养插头（图 4-30），只有奥迪培训合格的高压电技工才允许执行此项工作。只有在先拔下了安全插头 TV44 ［图 4-34(b)］后，才允许断开混合动力蓄电池单元的高压线。必须向上拔出插接环，这样才能断开安全线，且蓄电池管理控制单元才能通过高压触点来断开高压蓄电池连接。只有在事先拨离了锁环［图 4-34(c)］后，才能拔下高压线的插头。由于断开了安全线，所以高压线触点上就没有电了（无电压），在拔高压线时就不会遭电击了。与此相反的是，只有在将锁环拨至两个插头［图 4-34(d)］上后，才可以将接功率控制电子装置的高压线与混合动力蓄电池单元相连，然后才允许插上安全插头。这也就是说：与安全线协同工作时，只有当插好安全插头后，高压装置才会通上电。插上高压接头这个操作必须在无电流时来进行。

应该注意的是，只有受训合格的高压电技工才可以拔这个保养插头，以保证装置处于停电状态。

二、安全理念

（1）绝缘控制　每 30s 用高压电网上的系统电压进行一次绝缘测量，就是要识别整个高压回路上的绝缘故障。整个高压回路包括高压蓄电池内部、动力线、功率控制电子装置、电驱动装置电机的三相线和连接空调压缩机（包括空调压缩机）的导线。如果有绝缘故障的话，那么组合仪表上会有信息，提示用户去服务站寻求帮助。

（2）带有安全插头 TV44（图 4-35）的安全线　安全线是一种安全结构，它包

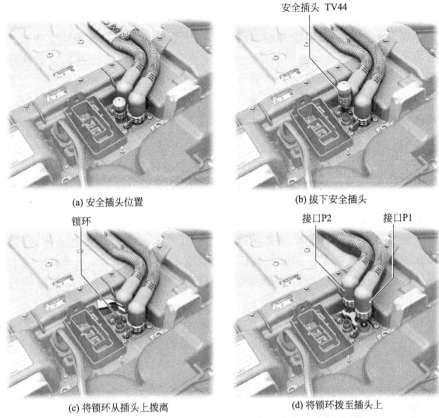

图 4-34 安全插头的机械上锁操作过程

含一个机械元件和一个电气元件。这个安全线的作用是：一旦将某个高压部件与电网分离了，安全线会保证电网处于无电压状态。另外，安全插头与锁环一起构成了一个机械锁，该锁可防止高压线在已加电时被拔出。

安全线就像一个电气开关，它通过安全插头来接合。如果拔下了安全插头，那么这个开关就断开了，高压系统也就被关闭了。在拔下高压元件的高压线前，必须拔下安全插头。这样就可保证：在拔线时，整个系统是不带电的（无电压）。

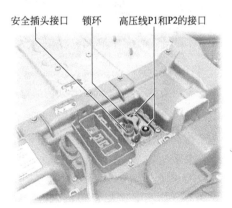

图 4-35 带有锁环的安全插头座

(3) 安全线接合 高压装置的所有部件都是通过一根单独的低压线呈环状彼此相连。部件之间的连接采用常开触点式，当所有部件都可以工作时，那么常开触点就接合了。这时如果在安全线上加上了电压，那么电流就可流动了，因为导线并未断开。能测得有电流，这也是安全线的所有部件都能工作的一个证明。就功能方面来说，安全线与白炽灯泡的冷监控相似。

（4）安全线中断 如果常开触点脱开了（比如因为某个部件无法工作或者安全插头已拔下），那么安全线就中断了。加载上电压后也无电流流过，这就表示：高压装置不能工作了。检查安全线是接合了还是断开着，这个工作由混合动力蓄电池单元内的蓄电池调节控制单元来完成。如果该控制单元判断出安全线是断开着的，那么它就不会去操控高压触点，于是高压蓄电池与高压装置之间的连接就中断了。

三、蓄电池冷却

蓄电池在充电时，其化学反应过程与放电时是相反的。在这个热力学过程中会放出热量，这就导致蓄电池变热了。由于奥迪Q5混合动力车上的高压蓄电池总是在不断地充电、放电，那么它所产生出的热量就会很可观了。于是除了导致蓄电池老化外，最重要的是还会使得相关导体上的电阻增大，这会导致电能不转换为功，而是转换成热量释放掉了。因此，高压蓄电池有一个冷却模块，该模块上有自己的蒸发器，并连接在电动空调压缩机的冷却液循环管路上。这个冷却模块使用12V的车载电网电压工作。

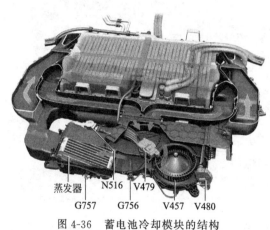

图4-36 蓄电池冷却模块的结构

如图4-36所示，蓄电池冷却模块的部件包括：蓄电池风扇1（V457），混合动力蓄电池循环空气翻板1的伺服电机V479，混合动力蓄电池循环空气翻板2的伺服电机V480，混合动力蓄电池蒸发器前的温度传感器G756，混合动力蓄电池蒸发器后的温度传感器G757，混合动力蓄电池冷却液截止阀1（N516），混合动力蓄电池冷却液截止阀2（N517）。另外，在混合动力蓄电池壳体与高压蓄电池两个部分之间，安装了六个温度传感器，每个传感器都位于冷却模块上的蓄电池冷却空气入口或出口处。

如果蓄电池管理控制单元通过蒸发器前传感器G756或者蒸发器后传感器G757，探测到蓄电池的温度过高了，那么控制单元就会接通风扇V457。控制单元内设置了冷却功能模型，根据具体温度情况，在蒸发器工作时可从新鲜空气模式切换为循环空气模式。发往自动空调控制单元J255的冷却功率请求分为三级，鼓风机转速由蓄电池调节控制单元J840通过LIN总线来控制。

在新鲜空气工作模式时，风扇V457从备胎坑内抽入空气，空气经蒸发器被引入到蓄电池，热空气经后保险杠下方被引出。在循环空气工作模式时，循环空气翻板1和2都是关闭着的，不会吸入新鲜空气。在需要时，控制单元J840将请求信息通过CAN总线发送给空调控制单元，以便去接通电动空调压缩机V470蓄电池风扇1（V457）、混合动力蓄电池循环空气翻板1的伺服电机V479和混合动力蓄电池循环空气翻板2的伺服电机V480，由控制单元经LIN总线来调节。伺服电机V479和V480是串联的。混合动力蓄电池冷却液截止阀1（N516）在未通电时是关闭着的，它控制去往混合动力蓄电池空调器的冷却液液流；混合动力蓄电池冷却液截止阀2（N517）在未通电时是打开着的，它控制去往车内空调器的冷却液液流。冷却模块有一个维修位置，以便能够着其下的12V蓄电池。

四、电驱动装置的功率和控制电子系统JX1

（1）结构　电驱动装置的功率和控制电子系统JX1由电驱动控制单元J841、交流电驱动装置VX54、牵引电机逆变器A37、变压器A19和中间电容器1（C25）组成。电驱动控制单元J841是混合动力CAN总线和驱动CAN总线用户。

牵引电机逆变器A37（双向脉冲式逆变器）将高压蓄电池的直流电转换成三相交流电，供交流电机使用。在能量回收时和发电机工作时，会将三相交流电转换成直流电，用于给高压蓄电池充电。转速是通过改变频率来进行调节的。比如在转速为1000r/min时，供电频率约为267Hz。扭矩是通过脉冲宽度调制来进行调节的。

变压器A19用于将高压蓄电池（266V）的直流电压转换成较低的车载电网用直流电压（12V）。

中间电容器1（C25）用作电机（E-Machine）的蓄能器。在"15号线关闭"或者高压系统切断（因有撞车信号）时，该中间电容器会主动放电。

由于这个DC/DC变压器可双向工作，因此它也能将较低的车载电网电压（12V）转换成高压蓄电池的高电压（266V）。该功能用于跨接启动（给高压蓄电池充电）。

空调压缩机直接连接在高压直流电功率控制电子装置上。因用于接空调压缩机的导线横截面积小于从高压蓄电池到功率控制电子装置导线的横截面积，所以在功率控制电子装置内集成了一个30A的空调压缩机熔丝。在能量回收时或发电机工作时，压缩机由功率控制电子装置来供电。只有在用电来驱动车辆行驶时，压缩机才由高压蓄电池供电。

功率控制电子装置有自己的低温循环管路，该管路连接在发动机冷却循环管路的冷却液膨胀罐上。冷却液通过低温循环冷却液泵按需要来进行循环，低温循环管路是温度管理功能的一个组成部分，发动机控制单元负责触发该泵。

在电动驱动车辆行驶时，发动机控制单元为功率控制电子装置提供关于能量回收、发电机模式和车速方面的信息。功率控制电子装置通过电驱动装置位置传感器1（G713）来检查转子的转速和位置，用电驱动装置温度传感器1（G712）来检查电驱动装置电机V141的冷却液温度，功率控制电子装置的相关参数如表4-4所示。

表 4-4　功率控制电子装置的相关参数

DC/AC	266V(额定),189V(有效)AC
AC 恒定电流	240A(有效)
AC 峰值电流	395A(有效)
AC/DC	189V(有效),266V(额定)
电机(E-Machine)驱动	0~215V
DC/DC	266V 到 12V 以及 12V 到 266V(双向的)
DC/DC 功率/kW	2.6
重量/kg	9.3
体积/L	6

(2) 工作状态

① 点火开关关闭:"15 号线未接通";混合动力管理器在休眠状态;无工作电流流过。

② 点火开关接通但未踩制动器:"15 号线接通";混合动力管理器在待命状态;高压触点接合了,功率控制电子装置由高压蓄电池提供 266V 的电压,但是无工作电流流过。

③ 点火开关接通且已踩制动器:"15 号线接通且 50 号线接通";显示"Hybrid Ready"(混合动力已准备完毕)这个信息;现在有从高压蓄电池到功率控制电子装置,从功率控制电子装置到电驱动装置的电机和从高压蓄电池到 12V 车载电网的工作电流流过。

五、混合动力系统电机

1. 电驱动装置的电机 V141

电驱动装置的电机安装在 2.0L TFSI 发动机和 8 挡自动变速器之间的空隙处(取代了变扭器),其安装位置如图 4-37 所示,其各项参数如表 4-5 所示。该电机是永磁式同步电机,由一个三相场来驱动。转子上装备有永久磁铁[由钕-铁-硼(NdFeB)制成]。电驱动装置的电机 V141 集成在三相交流驱动装置 VX54 内。电驱动装置的电机由电驱动控制单元 J841 和电驱动功率和控制电子装置 JX1 来操控,通过改变频率来调节转速,通过脉冲宽度调制来调节扭矩,通过功率控制电子装置来将 266V 的直流电转换成三相交流电,这个三相电可在电驱动装置的电机内产生一个三相电磁场。

电驱动装置的电机用于启动发动机、在发电机模式时借助于电驱动功率和控制电子装置 JX1 内的 DC/DC 变压器来给高压蓄电池和 12V 蓄电池充电。奥迪 Q5 混合动力车可使用这个电驱动装置的电机来以纯电动方式驱动车辆行驶(但是车速和可达里程是受限制的),且该电机可在车辆加速(Boost)时给发动机提供助力。如果混合动力管理器识别出电驱动装置的电机足够用于驱动车辆行驶了,那么发动机就关闭了。

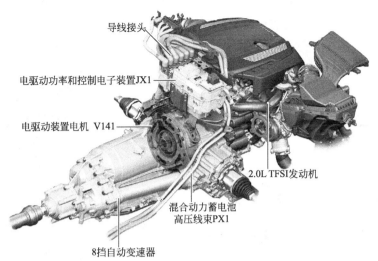

图 4-37 电驱动装置的电机 V141 安装位置

表 4-5 电驱动装置的电机 V141 相关参数

功率/kW	40（2300r/min）
扭矩/N·m	210
模块重量/kg	31
电机（E-Machine）重量/kg	26
电压/V	AC3～145

2. 电机（同步电机）

电驱动装置的电机是水冷式的，它集成在发动机的高温循环管路上。冷却液是由高温循环管路冷却液泵 V467 根据需要来进行调节（分三级，就是有三挡），该泵由发动机控制单元 J632 来操控。电驱动装置温度传感器 1（G712）是个 NTC 电阻（就是负温度系数电阻），它测量电驱动装置电机线圈间的温度。如果这个温度高于 180℃，那么电驱动装置电机的功率就被降至零了（在发电机模式和电动行驶时）。重新启动发动机取决于电驱动装置电机的温度的情况了，必要时可通过 12V 起动机来启动。电驱动装置位置传感器 1（G713）是按坐标转换器原理来工作的，它用于检测转子的实际转速和角位置。

（1）电驱动装置的电机的组成部件　电驱动装置的电机由铸造铝壳体、装备有永久磁铁［由钕-铁-硼（NdFeB）制成］的内置转子、带有电磁线圈的定子、用于连接到自动变速器的变扭器上的一个轴承盖、分离离合器、三相动力接头等部件构成，其结构如图 4-38 所示。

（2）电驱动装置温度传感器 1（G712）　该传感器用于测量电驱动装置电机线圈间的温度，通过一个温度模型来判定出该电机的最热点，其安装位置如图 4-39 所示。这个温度传感器的信号用于操控高温循环的冷却能力。这个冷却循环管路是创新温度管理的组件。通过一个电动冷却液辅助泵和接通发动机的冷却液泵，可实现让冷却液从静止（不流动）到最大冷却能力之间的调节。

图 4-38　电驱动装置的电机的组成部件

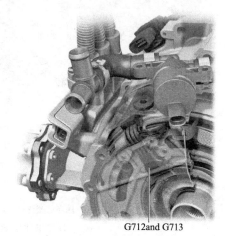

图 4-39　电驱动装置温度传感器 G712 和位置传感器 G713 的安装位置

如电驱动装置温度传感器出现故障，那么组合仪表上就会显示黄色的混合动力系统警告灯。这时驾驶人必须到就近的服务站寻求帮助。车辆这时也无法重新启动了，但是可以继续靠发动机工作来行驶，直至 12V 蓄电池没电了为止。

（3）电驱动装置位置传感器 1（G713）　由于带有自己的转速传感器的发动机在以电动模式工作时，与电驱动装置的电机是断开的，因此电驱动装置的电机需要有自己的传感器，以便用于侦测转子位置和转子转速。为此，就在电驱动装置的电机内集成了一个转速传感器，其安装位置如图 4-39 所示。

发动机管理系统和变速器管理系统根据这个传感器传来的信号，来判断电驱动装置的电机是否转动以及转速是多少。该信号用于操控电机（E-Machine）作发电机使用、电机（E-Machine）作电动机使用、电机（E-Machine）作发动机的起动机使用的高压驱动部件。

如电驱动装置位置传感器 1（G713）出现故障，那么组合仪表上就会显示红色的混合动力系统警告灯。此时，电机就关闭了，车辆滑行至停止，无法使用电动方式来驱动车辆行驶了，发电机这个工作模式就不好用了，无法启动发动机，驾驶人应寻求服务站帮助。

六、混合动力空调装置

奥迪 Q5 混合动力不使用皮带驱动的空调压缩机，改为使用电动空调压缩机 V470。该压缩机使用高压回路的电压来工作，并连接在功率控制电子装置上。在电动空调压缩机 V470 上，集成有空调压缩机控制单元 J842。该控制单元连接在扩展 CAN 总线上，空调系统各部件的布置如图 4-40 所示。转速是通过脉冲宽度调制

(PWM)信号来调节的(PWM信号为0~100%)。

该压缩机由自动空调控制单元J255来激活,"OFF"或者"AC关闭"功能只会影响到为车内制冷的空调。对高压蓄电池进行冷却,是单独激活该压缩机的(不依赖于自动空调控制单元J255)。另外还安装了柴油发动机上常见的、用于空气辅助加热器Z35的PTC(正温度系数)加热元件。空气辅助加热控制单元J604负责操控小循环继电器J359和大循环继电器J360。

电动空调压缩机V470是用螺栓拧在缸体上的,它通过高压线与功率和控制电子装置连接。该高压线与其他高压线不同,它有一个用于高压的双圆形触点和两个用于安全线的触点,电动空调压缩机V470的外形及与其他部件的连接如图4-41所示,相关参数如表4-6所示。奥迪Q5混合动力空调系统与总线系统的电气连接网络拓扑图如图4-42所示。

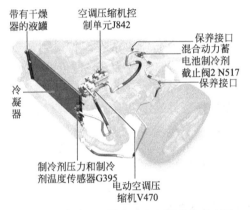

图4-40 奥迪Q5混合动力空调系统的布置

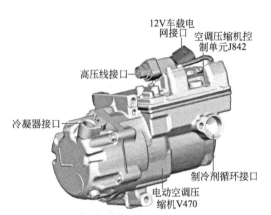

图4-41 电动空调压缩机V470的外形及与其他部件的连接

表4-6 电动空调压缩机V470的相关参数

电机	无电刷式异步电动机
消耗功率/kW	最大6
供电/V	266 DC
电流消耗/A	最大17
转速/(r/min)	800~8600
冷却	通过吸入冷却液
质量/kg	7

七、高压系统

在高压系统内要完成IT线路结构转换。I代表绝缘传递电能(通过单独的、对车身绝缘的正极导线和负极导线)。T表示所有用电器都采用等电位与车身相连,该导线由控制单元J840在绝缘检查时一同监控,以便识别出绝缘故障或者短路。

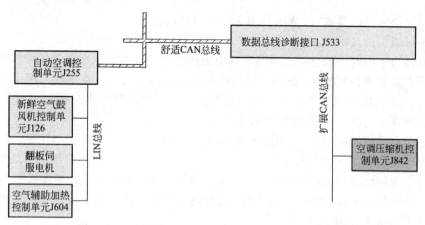

图 4-42　空调系统与总线系统的电气连接网络拓扑图

1. 高压线

高压装置的导线与其他车载电网和 12V 电气系统用的导线是有明显区别的。由于电压高、电流大，所以高压装置导线的横截面积要明显大一些，且使用专用的插头触点来连接。

为了让人们注意高压电的危险性，高压装置的所有导线都是橙色的。所有生产厂商均已达成一致：所有高压导电线都制成橙色的。为避免安装错误，高压线都有机械编码并用一个插接环下面的颜色环做上了标记。另外，高压线的圆形触点上也有机械编码。在高压车载电网中，所有插头都有防接触层，所有高压导线都有厚厚的绝缘层和一个波纹管（多加了一层抗刮磨层）。

高压装置内有如下线路段：从高压蓄电池到功率控制电子装置的两根高压线（P1、P2）；从功率控制电子装置到电驱动装置电机的三根高压导线（P4、P5、P6）；从功率控制电子装置到空调压缩机的一根双芯高压线（P3）。高压装置的导线的分布情况如图 4-43 所示，高压装置的导线的相关参数如表 4-7 所示。

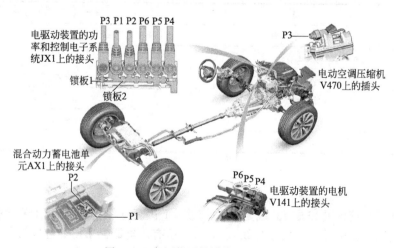

图 4-43　高压装置的导线的分布情况

表 4-7 高压装置的导线的相关参数

接头	编号	环颜色和局部颜色	状态
功率控制电子装置—高压蓄电池 混合动力蓄电池高压线束 PX1	P1	红色	T+(HV-Plus)
	P2	棕色	T-(HV-Minus)
功率控制电子装置—空调压缩机	P3	红色	—
功率控制电子装置—电驱动装置的电机 电机高压线束 PX2	P4	蓝色	U
	P5	绿色	V
	P6	紫色	W

2. 高压插头

导线高压插头 P3 与其他导线插头是不同的,该插头是双芯的且有一个双圆形触点和两个用于安全线的触点,其区别如图 4-44 所示。在导线高压插头上有编码环,如果向上拔出并松开插接环的话,就能看见编码环的颜色了。在插上了插头后,必须向下压插接环,直至其卡止,这样才算真正接好,如图 4-45 所示(本图是以高压插头 P4 为例来说明的)。除了通过颜色环来标出编码外,高压插头和接口上还有机械编码。编码的位置用黄色标记标出,如图 4-46 所示。

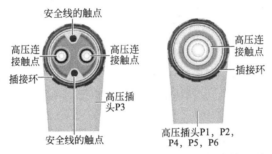

图 4-44 导线高压插头 P3 与其他导线插头的区别

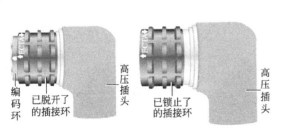

图 4-45 高压插头的插接过程

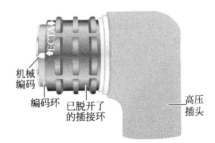

图 4-46 机械编码的标记位置

3. 功率控制电子装置的连接

(1) 接头 P1、P2 接头 P1、P2——从高压蓄电池到功率控制电子装置(图 4-47),混合动力蓄电池高压线束 PX1。高压蓄电池和功率控制电子装置是通过两根橙色的高压线连接的。这两根导线是单极的，都有屏蔽功能，各有各自的电位。

(2) 接头 P3　接头 P3——从功率控制电子装置到空调压缩机，如图 4-48 所示。空调装置因空调压缩机的原因而成为奥迪 Q5 混合动力车高压装置的一部分了。这种新颖的操控方式的优点在于：即使发动机不工作了，也仍能对车内空间进行空调调节。该空调装置视蓄电池充电状态来工作。如果高压蓄电池的充电量下降了，那么系统会自动启动发动机来给高压蓄电池充电。

图 4-47　高压接头 P1、P2 的位置

图 4-48　接头 P3 的位置

空调压缩机是通过一根双芯导线与功率控制电子装置相连的。采用颜色标识和机械标识来防止弄混高压线。该导线是双极的，带有屏蔽功能和安全线。如果将该导线两个插头中的一个拔下了，那么这就相当于拔下了安全插头，就是说高压系统就被关闭了。

(3) 接头 P4、P5、P6　接头 P4、P5、P6——从功率控制电子装置到电驱动装置，电机高压线束 PX2，如图 4-49 所示。在功率控制电子装置内，将高压蓄电池的 266V 直流电通过 DC/AC 变压器转换成三相交流电（三相电流），用于驱动电驱动装置电机。电驱动装置电机与功率控制电子装置是通过三根短的高压电缆连接的。这几根导线是单极的并带有屏蔽功能，与其他导线一样也都有颜色标识和机械标识，以免彼此弄混。

八、12V 车载供电网

(1) 12V 车载供电网的特点　奥迪 Q5 混合动力车 12V 车载供电网在车上的安装位置如图 4-50 所示，与奥迪 Q5 车相比，Q5 混合动力的 12V 车载供电网的特点有：

图 4-49　接头 P4、P5、P6 的位置

图 4-50　12V 供电网在车上的安装位置

① 取消了交流发电机 C，其功能由电驱动装置电机（交流驱动的）来接管。

② 12V 车载供电网中无能量回收功能。

③ 12V 车载供电网由功率控制电子装置中的 DC/DC 变压器来供电。

④ 还有一个备用蓄电池 A1（12A·h）安装在左后侧围板内。蓄电池监控控制单元 2（J934）连接在数据总线诊断接口 J533 的 LIN 总线上。

⑤ 这个备用蓄电池在"15 号线接通"时由蓄电池分离继电器 J7 来接通。

⑥ 取消了稳压器 J532，其动能由备用蓄电池来承担。在"15 号线关闭"时，备用蓄电池不消耗电流。

(2) 12V 辅助起动机　这个辅助起动机只在特定情况下用于启动发动机。这时蓄电池 A（68A·h）就由发动机控制单元通过启动蓄电池转换继电器 J580 来与车载供电网断开了，以便将全部能量都用于起动机。断开后的车载电网由备用蓄电池 A1 和和 DC/DC 变压器来供电。要想使用这个 12V 辅助起动机，备用蓄电池的温度不能低于 0℃。如果高压系统无法使用了的话，那么也就无法使用 12V 启动了。应该注意的是，在检修 12V 车载供电网时，必须将这两个 12V 蓄电池的接线都断开。

跨接启动螺栓可在诊断时提供帮助。通过外接启动螺栓可以给 12V 蓄电池充电，备用蓄电池只有在接通点火开关时才能充上电。在 12V 蓄电池没电了时，可借助于跨接启动螺栓来启动。通过外接启动螺栓可以给高压蓄电池充电。

(3) 电子点火开关　通过"点火钥匙已插入"这个信息，点火开关告知高压装置：现在准备要行车了。对于蓄电池管理控制单元来说，"点火钥匙已插入"这个信息是个必须要满足的条件，满足后该控制单元才能将高压蓄电池触点接到高压供电网上。如果拔出了点火钥匙，那么控制单元就自动将高压蓄电池与高压供电网断开了。

接线柱状态如下：

① 点火开关接通，未踩下制动器，"15 号线接通"。

② 点火开关接通，已踩下制动器，"15 号线接通""50 号线接通""Hybrid Ready"（混合动力已准备完毕），现在可以靠电动来驱动车辆行驶，或者在高压蓄电池充电太少时启动发动机。

(4) 安全气囊控制单元 J234　为了避免高压装置在碰撞后对乘员和救援人员造成危害，安全气囊控制单元识别出碰撞识别信号后，蓄电池调节控制单元 J840 也要使用这个碰撞识别信号。如果识别出碰撞了，那么蓄电池调节控制单元就会通过高压触点来将高压蓄电池与高压供电网分离开。

在第一个碰撞级时，只有安全带张紧器触发了，高压触点就脱开了。这个过程是可逆的。也就是说：当再次关闭并接通点火开关后，高压触点可以再次合上。在第二个碰撞级时，安全带张紧器和安全气囊就都触发了，高压蓄电池与高压供电网的分离就是不可逆的了，只能使用诊断仪来重置此过程了。

救援人员根据触发了的安全气囊就可知道：接触器已断开了，高压供电网与高压蓄电池已经分离了（断开了）。

第六节　奥迪 Q5 混合动力车系统管理

一、奥迪 Q5 混合动力车的系统功能和状态识别

1. 奥迪 Q5 混合动力车的拓扑结构

奥迪 Q5 混合动力车的拓扑结构如图 4-51 所示。

2. 系统功能图

奥迪 Q5 混合动力车的系统功能图如图 4-52 所示，这个系统功能图展示了使用电驱动装置电机来驱动行驶时所用到的部件。实际上就像我们说过的那样，所有参与行驶的车辆系统之间要交换大量的输入和输出信号，比如用于驱动暖风和空调、助力转向和制动器等。最重要的是在从电驱动切换到发动机驱动或反之时，系统的配合问题，以便使得驱动力矩的变化不影响行驶舒适性。

因此，发动机管理系统、变速器管管理系统和混合动力调节系统之间的彼此配合就需要非常的精确了。对于发动机驱动和电动驱动来说，发动机控制单元是上级控制单元（就是主控制单元）。

3. 状态识别

（1）驾驶人下车识别　如果满足驾驶人侧车门已关闭，行驶准备状态为"Hybrid Ready"或者发动机正在运行，车速低于 7km/h，已挂入挡位 D、R、S 或 Tip，未踩下脚制动踏板等条件的话，会监控驾驶人侧车门状态的改变和制动信号：

如果驾驶人侧车门打开了，那么就识别为驾驶人下车了，这时电动机械式驻车制动器就自动接合（拉紧）。要想再次激活驾驶人下车识别功能，车速必须要高于 7km/h。变速器在挡位 N（车辆在洗车机中）或 P（自动变速器内的机械锁锁止）时，电动机械式驻车制动器就不会自动接合（拉紧）了。

（2）驾驶人缺席识别　如果满足行驶准备状态为"Hybrid Ready"，驾驶人侧车门已关闭且驾驶人安全带已系好或驾驶人侧车门已关闭且已挂入某个行驶挡位等条件的话，就判定为驾驶人在场（在车上）。

如果在挂入挡位 P 时打开了驾驶人侧车门或者摘下了安全带，就判定为驾驶人缺席。如果是在发动机工作时识别出这种情况的，那么发动机会继续工作；如果是在发动机不工作时识别出这种情况的，那么混合动力管理器就进入待命状态了。高压蓄电池不会有电流输出，且发动机也不能再启动了。没有 12V 充电器的话，现在 12V 蓄电池就在放电了。

（3）行驶程序　奥迪 Q5 混合动力车有三种行驶程序可供用户来选择，如表 4-8 所示：

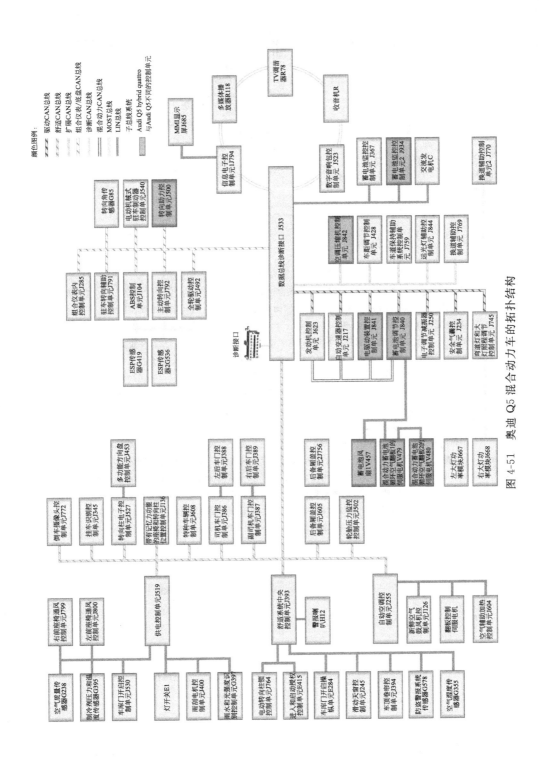

图4-51 奥迪Q5混合动力车的拓扑结构

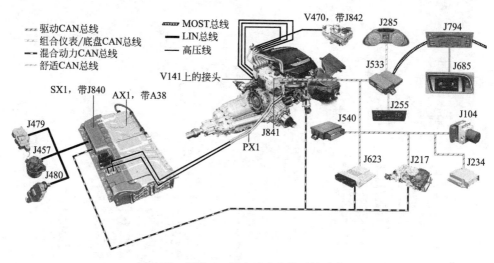

图 4-52 奥迪 Q5 混合动力车的系统功能图

AX1—混合动力蓄电池单元；PX1—混合动力蓄电池高压线束；SX1—插头和配电盒 1（高压线监控）；A38—高压蓄电池；J104—ABS 控制单元（制动装置液压压力、制动压力控制、车轮转速侦测）；J217—自动变速器控制单元（变速器转速控制；挡位识别；变速器液压系统温度监测；电动液压泵、变速器液压压力控制；挡位切换；发动机/电驱动电机的离合器操纵）；J234—安全气囊控制单元（碰撞信号识别）；J255—自动空调控制单元（激活空调压缩机）；J285—组合仪表内控制单元（组合仪表显示屏上的文字信息和行驶状态说明）；J457—蓄电池风扇 1；J479—混合动力蓄电池循环空气翻板 1 的伺服电机；J480—混合动力蓄电池循环空气翻板 2 的伺服电机；J533—数据总线诊断接口（不同总线系统之间的数据传递）；J540—电动机械式驻车制动器（驾驶人下车识别）；J623—发动机控制单元（电动驱动模式接通/关闭；制动操作信号识别；电子油门 E-Gas 信号识别；发动机转速控制；发动机温度监测；驾驶人缺席识别；电驱动电机的冷却液温度监测）；J685—MMI 显示器（显示行驶状态说明）；J794—信息电子控制单元 1（传送显示信息）；J840—蓄电池调节控制单元（蓄电池温度监测；操控高压触点）；J841—电驱动控制单元（电驱动电机的转速控制；电驱动电机的温度监测；功率电子控制装置的温度监测；电压监控）；J842—空调压缩机控制单元（压缩机转速控制）；V141—电驱动电机；V470—电动空调压缩机

表 4-8 奥迪 Q5 混合动力车的三种行驶程序

行驶挡位	程序	可能的影响
EV	扩展了的电驱动模式	电动行驶，只能使用到高压蓄电池的充电状态不低于 30% 纯电动行驶的最大车速为 100km/h 滑行（发动机和电机都不产生驱动力） 启动-停止 无 Boost 功能 制动能量回收

续表

行驶挡位	程序	可能的影响
D	燃油消耗情况最佳,Boost 功能适中	电动行驶,只能使用到高压蓄电池的充电状态不低于 30% 滑行(发动机和电机都不产生驱动力) 启动-停止 Boost 功能适中 制动能量回收
S 和 Tip 通道	电驱动的 Boost 功能较强	启动-停止 出色的 Boost 功能 制动能量回收 无电动行驶功能

二、混合动力模式时的显示和操纵单元

奥迪 Q5 混合动力车装备了下述装置和功能,用于操纵和显示电动驱动系统:
① 功率表(取代了转速表);
② 组合仪表上的显示;
③ MMI 显示屏上的显示;
④ 高压蓄电池充电状态显示(取代了冷却液温度显示);
⑤ 电驱动优先切换按钮 E709。

(1) 功率表上的显示 如图 4-53 所示,在行车过程中,功率表上会显示各种车辆状态、混合动力系统的动力输出情况或者充电功率情况。

(2) 组合仪表上的显示

① 故障信息。如果高压系统有故障,那么组合仪表显示屏上的警报灯会加以提示。该警报灯可能以黄色亮起,也可能以红色亮起。根据高压系统的故障类型,会显示相应的颜色和提示文字,对应的含义如表 4-9 所示。

表 4-9 故障信息显示

显示	文字提示	含义
 HYBRID	混合动力驱动装置系统故障 请寻求服务站帮助	车辆仍能行驶 可以使用发动机来驱动车辆继续行驶
 HYBRID	混合动力驱动装置系统故障! 转向助力和制动助力可能失灵	车辆无法再行驶了

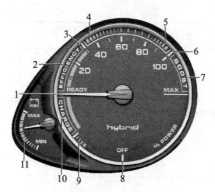

图 4-53 功率表上的显示及功能

1—车辆准备就绪了("Hybrid Ready","15 号线接通"且"50 号线接通");2—电动行驶(可以启动发动机)或混合动力形式;3—在 EV 模式发动机起动的极限;4—经济行车(部分负荷范围);5—全负荷范围;6—发动机 100%;7—电驱动电机在发动机达到最大扭矩时另提供助力(Boost);8—"15 号线关闭"或"15 号线接通"和"50 号线关闭";9—液压制动器通过能量回收另增的回收能量;10—通过能量回收而回收的能量(制动和滑行);11—高压蓄电池的充电状态

② 高压蓄电池充电。如果识别出有充电电流的话,组合仪表显示屏上会出现一个绿色的充电插头形象,如图 4-54 所示。

③ Hybrid Ready。这个显示内容表示混合动力系统已经准备就绪,可以工作了,如图 4-55 所示。

图 4-54 蓄电池的充电显示

图 4-55 组合仪表显示已经准备就绪信息

④ 使用电机(E-Machine)来驱动车辆行驶。高压蓄电池符号和远离车轮的绿色箭头表示:正在用高压蓄电池来驱动且驱动电机正在工作。如图 4-56 所示。

⑤ 仅用发动机来行车。发动机符号、高压蓄电池符号和远离车轮的黄色箭头表示:现在是以发动机来驱动车辆行驶的。如图 4-57 所示。

图 4-56 组合仪表显示的高压蓄电池
符号和远离车轮的绿色箭头信息

图 4-57 组合仪表显示的发动机符号、
高压蓄电池符号和远离车轮的黄色箭头信息

⑥ 同时使用电驱动和发动机来行车（Boost）。发动机符号、高压蓄电池符号和远离车轮的黄色-绿色箭头表示：正在用发动机、高压蓄电池和驱动电机来驱动车辆行驶。如图 4-58 所示。

⑦ 车辆滑行时（<160km/h）的能量回收。高压蓄电池符号和指向车轮的绿色箭头表示：正在回收能量且正在给高压蓄电池充电。如图 4-59 所示。

图 4-58 组合仪表显示的发动机符号、高压蓄电池符号和远离车轮的黄色-绿色箭头信息

图 4-59 组合仪表显示的高压蓄电池符号和指向车轮的绿色箭头信息

⑧ 停车和发动机继续运转。发动机符号和高压蓄电池符号表示：发动机正在运转且正在给高压蓄电池充电。如图 4-60 所示。

（3）MMI 显示屏上的显示 奥迪 Q5 混合动力车上装备有 MMI 增强版导航系统。因此，就可以在 MMI 显示屏上显示使用发动机或者驱动电机驱动车辆行驶的信息，以及高压蓄电池的充电状态信息。MMI 显示屏上的显示与组合仪表上的显示有所不同。

① Hybrid Ready。这个显示内容表示混合动力系统已经准备就绪，可以工作

了，如图 4-61 所示。

图 4-60　组合仪表显示的发动机符号和高压蓄电池符号信息

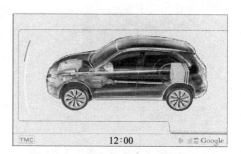

图 4-61　MMI 显示屏显示就绪信息

② 仅用电机（E-Machine）来驱动车辆行驶。高压蓄电池符号和远离车轮的绿色箭头表示：正在用高压蓄电池来驱动且驱动电机正在工作。如图 4-62 所示。

③ 仅用发动机来行车。发动机符号、高压蓄电池符号和远离车轮的黄色箭头表示：现在是以发动机来驱动车辆行驶的。如图 4-63 所示。

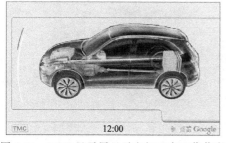

图 4-62　MMI 显示屏显示电机正在工作信息

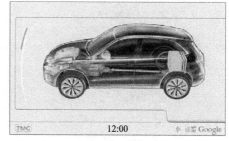

图 4-63　MMI 显示屏显示发动机正在工作信息

④ 同时使用驱动电机和发动机来行车（Boost）。发动机符号、高压蓄电池符号和远离车轮的黄色-绿色箭头表示：正在用发动机、高压蓄电池和驱动电机来驱动车辆行驶。如图 4-64 所示。

⑤ 车辆滑行时（<160km/h）的能量回收。高压蓄电池符号和指向车轮的绿色箭头表示：正在回收能量且正在给高压蓄电池充电。如图 4-65 所示。

⑥ 停车和发动机继续运转。发动机符号和高压蓄电池符号表示：发动机正在运转且正在给高压蓄电池充电。如图 4-66 所示。

⑦ 消耗统计。每 5min 就会显示一次车辆行驶时的能量消耗和能量回收情况。这些数据表示的是刚刚过去的 60min 内的情况，以柱形图的形式给出。实心的柱形图表示的是当前的行车状况，空心的柱形图表示的是以前的行车状

况，如图4-67所示。

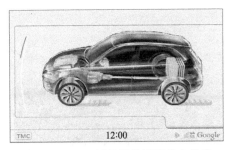

图4-64　MMI显示屏显示驱动电机和发动机同时工作信息

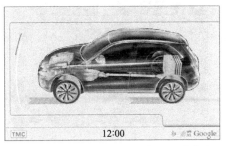

图4-65　MMI显示屏显示能量回收信息

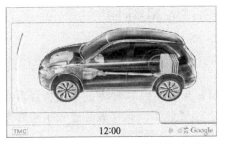

图4-66　MMI显示屏显示停车和发动机继续运转信息

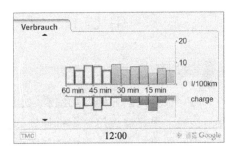

图4-67　MMI显示屏显示能量消耗统计信息

（4）操纵面板　使用电驱动优先切换按钮E709（EV模式），如图4-68所示，驾驶人可以扩展电动行驶的极限，电机的全部功率都用于车辆的电动行驶中。只要车速不高于100km/h或者蓄电池的充电状态不低于34%，那么就可以使用纯电动方式来驱动车辆行驶。

使用EV模式行车的先决条件：

① 蓄电池充电状态＞42.0%；

② 高压蓄电池温度＞＋10℃；

③ 内燃就了冷却液温度在＋5℃～＋50℃；

④ 车外温度≥＋10℃（用于EV冷起步）；

⑤ 12V起动机已释放；

⑥ 海拔高度＜4000m；

⑦ 非Tiptronic模式；

⑧ 系统有效电功率≥15kW；

⑨ 停止使能在起作用。

组合仪表上出现一个绿色符号且EV模式按钮下出现一个绿色的方块，就表示EV模式已经激活了，如图4-69所示。

图 4-68　EV 模式的切换

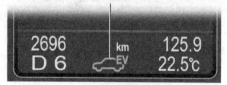

图 4-69　EV 模式的激活

第七节　混合动力系统的维修

一、专用工具

（1）保养用断开锁 T40262　如图 4-70 所示，为了在保养时防止高压装置再次合闸接通，保养插头用这个带挂锁的塑料盖给上锁锁住了。这样做是遵守了检修电气装置时的第二点安全规程"严防设备重新合闸"。

（2）适配头 T40259　如图 4-71 所示，这组工具有三套钩环组成，用于拆装高压蓄电池。

图 4-70　保养用断开锁 T40262

图 4-71　适配头 T40259

（3）松开工具 T40258　如图 4-72 所示，该工具用于拆卸高压插头。

二、车间设备

（1）检测适配器 VAS 6606/10　如图 4-73 所示，高压蓄电池和功率控制电子装置使用分离盒 VAS 6606 中的这些检测适配器来检查。

（2）混合动力警告牌 VAS 6649　如图 4-74 所示，在开始检修混合动力车前，必须要保证工作地点的安全。因此必须把这个安全警示牌放在车内容易看到的地方,以提醒人们注意高电压的危险性。必须这样做!

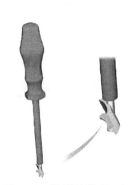
图 4-72　松开工具 T40258

图 4-73　检测适配器 VAS 6606/10

(3) 混合动力警告牌 VAS 6650　如图 4-75 所示,在开始检修混合动力车前,必须要保证工作地点的安全。因此必须把这个安全警示牌放在车内容易看到的地方,以提醒人们"切勿接通,正在检修"。必须这样做!

图 4-74　混合动力警告牌 VAS 6649

图 4-75　混合动力警告牌 VAS 6650

(4) VAS 6558　如图 4-76 所示,这个测量模块用于通过一个非常小的电流产生一个 500V (最高可达 1000V) 的测量电压。供电是通过 USB 2.0 接头获得的。用测量盒借助于某个测量适配器来测量停电(无电压)状态。另外,还可用它来确定绝缘电阻。该测量盒可以与诊断仪 VAS 5051B、VAS 5052A 和 VAS 6150 兼容。

三、混合动力检测适配接头 VAS 6558/1A

该接头是组件 VAS 6558/1 的一部分,用于配合 VAS 6558 来测量高压装置内的停电(无电压)状态和绝缘电阻。适配接头的所有高压连接线在外观上都有机械编码,只能用于与其相配的插口上。适配接头的高压连接线插、拔都要小心,否则可能会损坏插口。若插口损坏就会产生接触安全方面的问题。

(1) 停电(无电压)测量适配接头 VAS 6558/1-1　如图 4-77 所示,该接头直接连在电源、高压蓄电池和功率控制电子装置上,用于测量无电压状态。该接头内装的是高欧姆电阻，以保证在出现故障时，测量插口上只有很小的电流。在每次测量无电压状况前，应检查一下测量适配接头！

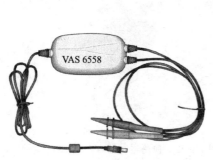

图 4-76　VAS 6558

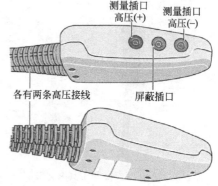

图 4-77　停电（无电压）测量适配接头 VAS 6558/1-1

（2）VAS 6558/1-2　如图 4-78 所示，这两条高压接线是与混合动力蓄电池单元和功率控制电子装置上的接口相配的。该测量接头上的高压插口与混合动力蓄电池单元、功率控制电子装置以及电机（E-Machine）的高压线是相配的。使用这个测量接头，可以测得高压供电网的绝缘电阻。

（3）空调压缩机和安全线的绝缘电阻测量接头 VAS 6558/1-3A　如图 4-79 所示，该测量接头上的一条高压接线只与功率控制电子装置上的空调压缩机插口和空调压缩机上的插口相配。通过这些高压接口可以测得空调压缩机的高压线的绝缘电阻。由于安全线整合在空调压缩机的高压接线内，所以使用这个测量插头还可以检查安全线。

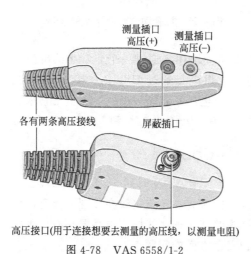

图 4-78　VAS 6558/1-2

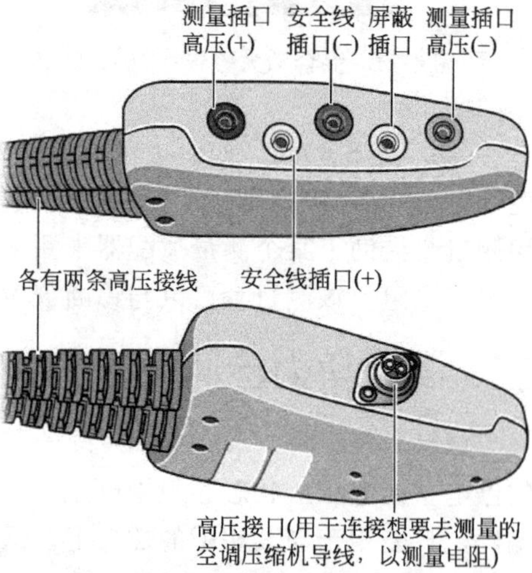

图 4-79　空调压缩机和安全线的绝缘电阻测量接头 VAS 6558/1-3A

第五章 宝马X6混合动力系统结构与检修

第一节 宝马 X6 混合动力系统概述

一、概述

2009 年底,宝马推出其第一款采用混合动力技术的量产车型宝马 Active Hybrid X6(研发代码 E72)。与目前市场上所有其他混合动力车辆不同的是,这款全世界最先采用混合动力驱动装置的全能轿跑车(SAC)不仅效率很高,其功率和敏捷性也同样出色,在动力性能方面堪为众多竞争对手的绝对标杆。除动力性外,宝马 Active Hybrid X6 还能在几乎同样出色的动力性能下将宝马 X6 xDrive50i 的法定标准油耗降低 20%。BMW Active Hybrid 在外观上有自己独特的标识,与其他 X6 车型有诸多不同之处,如图 5-1 所示。

BMW Active Hybrid 在内部设计上与其他 X6 车型也存在一些不同之处,如图 5-2 所示。宝马 Active Hybrid X6 作为全混合动力驱动的全能轿跑车结合使用 V8 汽油发动机和电动驱动装置。宝马 Active Hybrid 技术能够通过纯电动方式、内燃机动力或结合使用两种驱动方式实现行驶。采用纯电动、无 CO_2 排放的驱动方式时,最高车速可达 60km/h。内燃机会根据负荷要求启动并在低于 65km/h 的滑行阶段自动关闭。

宝马 Active Hybrid X6 的驱动系统由采用宝马 Twin Power 涡轮增压技术的 300kW/407bhp 大功率 V8 发动机和 67kW/91bhp 或 63kW/86bhp 两个电动机组成。最大可用系统功率为 357kW/485bhp,最大扭矩可达 780N·m。因此,宝马 Active Hybrid X6 堪称全世界最高效的混合动力车辆。其 0~100km/h 加速时间为 5.6s,在符合 EU5 要求的循环工况试验中耗油量为 9.9L。这相当于 CO_2 排放量为 231g/km。

二、双模式主动变速器

双模式主动变速器结构如图 5-3 所示。两个大功率电动机(67kW/91bhp 和 63kW/86bhp)和"双模式主动变速器"集成在一个与传统自动变速器大小相仿的壳体内。

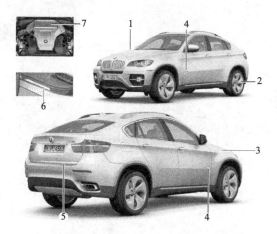

图 5-1 BMW Active Hybrid 车辆外部识别标志

1—发动机室盖隆起；2—"Streamline297"轮辋造型；3—车漆颜色"Blue water 金属漆"；4—带有"Active Hybrid"字样的铝合金徽标；5—后备厢盖铝合金装饰条上的"Active Hybrid"字样；6—带有"BMW Active Hybrid"字样的登车护条；7—发动机室内供电电子装置上的"Active Hybrid"字样

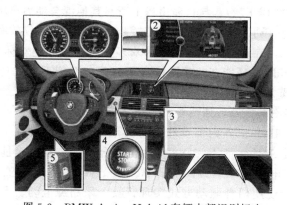

图 5-2 BMW Active Hybrid 车辆内部识别标志

1—组合仪表上的混合动力特有显示；2—CID 内的混合动力特有显示；3—带有蓝色对比缝线的"象牙白"色真皮配置；4—带有"HYBRID"字样的 START-STOP 按钮；5—加油按钮

图 5-3 双模式主动变速器

通过将两个电动机集成在宝马 Active Hybrid X6 双模式主动变速器内，可实现两种驱动方式。双模式主动变速器以无级 ECVT 变速器（电动连续可变变速器）为基础，该变速器可在两种功率分支式运行状态下工作。顾名思义，双模式主动变速器可以明显改变电动和机械传输功率的比例。根据行驶情况，可通过电动机、内燃机或以可变比例使用两种驱动装置驱动。

① 处于模式 1 时，主要在低速行驶状态下通过使用电动机显著降低耗油量，同时产生附加驱动力。

② 处于模式 2 时，则在高速行驶状态下降低电动传输功率，同时提高内燃机效率（通过负荷点调节）和燃油效率。处于这种模式时，两个电动机也以不同方式工作，除提供电动驱动助力和发电机功能外，还特别负责以最高效率划分挡位。

两种电动机运行模式都采用固定传动比。因此实际上有 7 个挡位可供使用，通过这些挡位可在确保宝马特有动力性能的同时，在车辆整个运行范围内实现完全、高效的混合动力功能。

三、镍-氢蓄电池

镍-氢蓄电池结构如图 5-4 所示。镍-氢蓄电池是全混合动力驱动装置最重要的组件之一，因为它决定了功率和可达里程。由于这种类型的蓄电池存储容量较大且比较成熟，因此目前所有全混合动力车型均采用这种蓄电池。

宝马 Active Hybrid X6 采用的 288V 蓄电池重 83kg，容量为 2.4kW·h。高电压蓄电池

图 5-4　镍-氢蓄电池

通过冷却液散热，必要时还通过空调系统冷却。因此高电压蓄电池的冷却效率比雷克萨斯 RX450h 等车辆采用的传统风冷系统高得多。因此，宝马 Active Hybrid X6 的蓄电池可以更加高强度地使用并实现更长久的功率输出，特别是在极端车外温度情况下。

四、行驶情况

1. 发动机节能启停功能

宝马 Active Hybrid X6 是第一款配备发动机节能启停功能的自动变速器车辆。发动机节能启停功能在怠速情况下关闭内燃机，例如遇到红灯或堵车时。这样可以减少 CO_2 排放量并降低耗油量。高电压蓄电池在车辆静止状态下也能为空调和车辆照明等提供所需能量。如果高电压蓄电池电量不足，就会启动内燃机，从而通过电动机为高电压蓄电池充电并为用电器提供充足的电能。如果车辆驶近交通信号灯，则制动过程中车辆静止前（达到规定速度时）会关闭内燃机。

2. 起步

在内燃机达到运行温度且高电压蓄电池电量充足的情况下踩下加速踏板，宝马

Active Hybrid X6 就会以电动方式起步。起步时在低转速范围内使用电动机提供的较高扭矩。从静止状态起步时仅由电动机驱动车辆,由高电压蓄电池提供所需能量。内燃机仍处于关闭状态(发动机处于运行温度)。

3. 行驶

在车速不超过 60km/h 的情况下,宝马 Active Hybrid X6 可以通过纯电动方式行驶最多 2.5km。车速更低时可以行驶更远。这样行驶不仅不会排放废气,而且几乎没有噪音。只有在仅依靠两个电动机的功率不足以驱动车辆时,才会启动内燃机。

在行驶过程中会根据车速和蓄电池充电状态以不同比例驱动内燃机和电动机。低速至中速行驶时,内燃机不在最佳范围内运行。而电动机在较低转速时便可输出最大扭矩。高电压蓄电池电量充足时,从高电压蓄电池获取车辆电动驱动所需的电能。只有高电压蓄电池电量不足时,才会频繁启动内燃机为高电压蓄电池充电。以恒定高速行驶期间,内燃机以最佳效率运行。在该功率范围内电动机则需要从高电压蓄电池获取过多的能量。因此通过内燃机提供绝大部分驱动力。高电压蓄电池电量不足时,内燃机的部分功率还将通过电动机用于蓄电池充电。只有高电压蓄电池温度高于 10℃ 时,才允许以纯电动方式行驶。

4. 加速

电动机的突出优势在于起步时可以提供非常直接而强大的功率输出。在加速和超车过程中,这种感觉会尤为突出。在交通信号灯处、斜坡上或超车过程中急加速时,如果高电压蓄电池电量充足便可以额外提供能量并通过电动机作为驱动功率使用,此功能称为助推功能。通过结合使用内燃机和电动机的功率,可以实现与使用更大功率发动机车辆一样的行驶动力和加速度。在此电动机相当于一种"电动涡轮",在加速过程中为内燃机提供助力且不会带来额外的燃油消耗。

5. 制动能量回收利用

驾驶员松开加速踏板后,电动机的作用相当于发电机,可以免费产生电流。因此它就像自行车发电机一样将滑行车辆的动能转化为电能。高电压蓄电池较大的存储容量有助于充分发挥回收利用潜能。在宝马 Active Hybrid X6 和宝马 Active Hybrid 7 上,电动机可以回收行驶车辆的部分动能并将其以电能形式存储在高电压蓄电池内。

混合动力驱动装置的主要优点是可以利用下坡行驶或制动时释放出的动能。多余动能不再转化为车轮制动器上的热能,而是通过作为发电机工作的电动机转化为电能并存储在高电压蓄电池内。这些可以之后重复使用的能量不必通过内燃机产生。稍稍踩下制动踏板时,电动机会产生更多电流,起到发动机制动器的作用。这种功能被称为能量回收利用或再生制动。只有在需要紧急制动的情况下才必须操作机械车轮制动器。

第二节 发动机和主动变速器

一、改进型 N63 发动机

1. 冷却系统

E72 的 N63 发动机也采用两个彼此独立的冷却循环回路。其中一个用于发动机冷却,另一个用于增压空气冷却。车辆还有第三个用于高电压蓄电池的冷却循环回路,但它并不属于发动机部分。

(1) 发动机冷却系统 如图 5-5 所示,用于发动机冷却的冷却循环回路也为废气涡轮增压器轴承座提供冷却液。功率 20W 的电动辅助冷却液泵为机械主冷却泵提供支持并确保在发动机关闭后仍对废气涡轮增压器进行冷却。

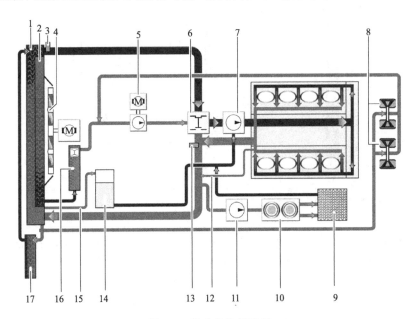

图 5-5 发动机冷却系统

1—冷却液散热器;2—用于变速箱冷却的冷却液散热器;3—散热器出口处的冷却液温度传感器;4—电风扇;5—用于涡轮增压器冷却的电动辅助冷却液泵;6—特性曲线式节温器;7—冷却液泵;8—废气涡轮增压器;9—暖风热交换器;10—双阀门;11—用于车辆暖风系统的电动辅助冷却液泵;12—气缸盖通风管路;13—发动机出口处的冷却液温度传感器;14—补液罐;15—冷却液散热器通风管路;16—变速箱油冷却液热交换器;17—独立安装的辅助冷却液散热器

相对于人们所熟悉的 N63 发动机(应用于 E71 和 F01/F02)而言,发动机冷却循环回路的设计有所不同。电动辅助冷却液泵在发动机冷却循环回路中的安装位置确保在内燃机静止的情况下冷却液可以经过变速器油冷却液热交换器。这样可以确保在纯电动行驶期间对变速器和两个电动机进行冷却。与使用 N63 发动机的其他车型一样,该泵在内燃机关闭后仍会继续运行,以便排出废气涡轮增压器的余热。根据具体情况这一过程可能需要15～20min。

（2）增压空气冷却系统　E71 的 N63 发动机首次实现了间接增压空气冷却（如图5-6所示）,即通过一个独立低温冷却循环回路内的冷却液将增压空气的热量释放到环境中去。该冷却循环回路在 E71 上仅负责执行该项任务,而在 F01/F02 上它还要对发动机控制单元进行冷却。

在 E72 上,冷却液不对发动机控制单元进行冷却,而是对两个附加控制单元、供电电控箱（PEB）和辅助电源模块（APM）进行冷却。因此对低温冷却循环回路进行了相应改进。

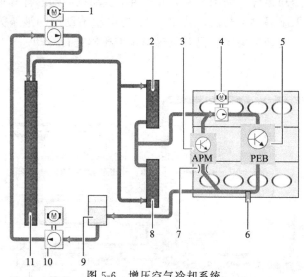

图 5-6　增压空气冷却系统

1—电动冷却液泵50W；2—增压空气冷却器；3—辅助电源模块（APM）；4—电动冷却液泵20W；5—供电电控箱（PEB）；6—冷却液温度传感器；7—节流阀；8—增压空气冷却器；9—补液罐；10—电动冷却液泵50W；11—冷却液散热器

（3）电动冷却液泵　由于必须对额外组件进行冷却且因此会造成压力损失,安装了第二个50W的电动冷却液泵。仅靠一个50W泵是无法保持所需体积流量的。第二个泵与第一个泵串联连接。

① 附加20W冷却液泵。另一个功率20W的电动冷却液泵用于补偿APM与PEB间的压力损失。冷却液平行经过APM和PEB。PEB控制的电功率远远高于APM。因此PEB的冷却需求也明显较高。因此PEB内必须拥有更多冷却面积,而这样又会导致流动阻力和压力损失较高。如果不采取特殊措施,冷却液将主要经过流动阻力较低的APM。APM内的一个节流阀起到部分但不是完全的补偿作用。其余部分由附加20W冷却液泵负责。

② 短路回路。20W冷却液泵的另一项任务是形成一个较小的"短路回路"。车外温度较低时可关闭两个50W泵,因为不需要冷却功率。PEB后有一个温度传感

器，用于进行这项调节。当然也会读取 PEB 内温度传感器的数据。

③ 电器连接。两个 50W 电动冷却液泵通过 LIN 总线连接在数字式发动机电子系统上，而车内所有的 20W 泵则通过一个脉冲宽度调制信号控制。

④ 继续运行。为了在关闭发动机后仍能够排放出 PEB 和 APM 的热量，现在针对低温冷却循环回路也提供继续运行功能。为此所有三个冷却液泵都继续运行。

⑤ 温度情况。PEB 后温度传感器上的低温冷却循环回路调节温度为 65℃。自 70℃ 起开始降低 PEB 内和 APM 上的控制功率，从而减少发热量。

2. 皮带传动机构

E72 最突出的特点之一是纯电动行驶方式。此时也应该提供助力转向和空调等功能。由于在此运行模式下内燃机处于静止状态，无法驱动转向助力泵和空调压缩机。因此这两个系统以电动方式驱动并脱离于皮带传动机构。由于 E72 发动机上没有传统的发电机，因此皮带传动机构（如图 5-7 所示）也取消了传统的发电机的驱动。

由此可见，皮带传动机构设计非常简单，仅驱动发动机所需的冷却液泵。由于使用的是弹性皮带并用 N63 所用的"滚筒式张紧系统"安装，因此不需要张紧轮。弹性皮带依旧使用 4 肋多楔带。

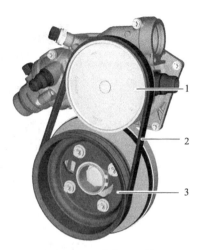

图 5-7　皮带传动机构
1—冷却液泵；2—多楔带；
3—扭转减振器上的皮带轮

二、主动变速器

1. 概览

E72 的主动变速器由 General Motors、Daimler Chrysler（即现在的 Daimler）和 BMW 合作研发。与传统自动变速器一样，变速器输入端和变速器输出端之间传动比不同。

从驾驶员的角度来说共有 7 个前进挡位。在变速器内部，这 7 个前进挡位通过 4 个固定的基本挡位和具有可变传动比的两个模式实现。在 4 个固定的基本挡位中，内燃机和变速器输出轴的转速比固定不变。而具有可变传动比的模式则不同：内燃机与变速器输出轴的转速比能够进行连续可变调节，因此这种模式称为 CVT（Continuously Variable Transmission，无级变速）。

由于 E72 主动变速器具有两个 CVT 模式，因此资料中通常也称其为"双模式主动变速器"。通过集成在主动变速器内的两个电动机对传动比进行电动调节。因此这两种模式也称为"ECVT"，其中"E"代表"电动"。电动机作为混合动力驱动装置的主要组成部分还用于为内燃机提供支持（助力）以及回收利用制动能量。4 个固定的基本挡位和两个 ECVT 模式通过 3 个行星齿轮箱和 4 个片式离合器实现或连接。因此从狭义角度来说，主动变速器包括 2 个电动机、3 个行星齿轮组、4

个片式离合器等部件。E72 主动变速器剖面图如图 5-8 所示。

  从广义角度来说，扭转减振器，包含电动泵/机械泵和冷却循环回路在内的供油系统，电液控制模块、混合动力驻车锁等附加组件也属于整个主动变速器系统。

  主动变速器组件如图 5-9 所示，其结构与手动变速器车辆所用的部件相似。在此使用一个双质量飞轮作为扭转减振器。飞轮位于内燃机与主动变速器之间。E72 的发动机不通过独立的起动机启动，但是仍然装有通常情况下与起动机嵌接在一起的齿轮。该齿轮在 E72 上仅用于获取曲轴转速。

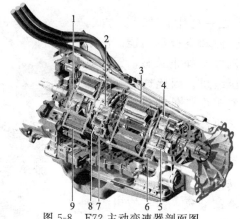

图 5-8　E72 主动变速器剖面图

1—行星齿轮组 1；2—行星齿轮组 2；3—电动机 B；4—行星齿轮组 3；5—片式离合器 2；6—片式离合器 1；7—片式离合器 3；8—片式离合器 4；9—电动机 A

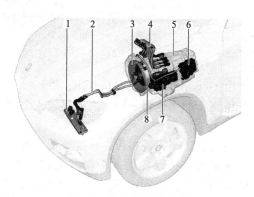

图 5-9　主动变速器组件

1—变速箱油冷却液热交换器；2—变速箱油管路；3—双质量飞轮；4—高电压导线；5—主动变速箱壳体；6—混合动力驻车锁（直接换挡模块）；7—电液控制模块；8—电动/机械驱动式变速箱油泵

  虽然主动变速器没有液力变矩器，但变速器组件仍需要润滑。因此，同时也是为了操控片式离合器，在变速器输入端上装有一个机油泵，该机油泵既可通过发动机也可通过专门为此安装的电动机驱动。同时，机油回路还用于对变速器组件进行冷却。

与当前其他自动变速器一样,混合动力电子变速器控制系统是电液控制模块的组成部分,安装在变速器油底壳内。E72 上的混合动力电子变速器控制系统"Transmission Control Module"简称为"TCM"。

与其他自动变速器不同,主动变速器的混合动力驻车锁并非液压操控式,而是通过一个电动机操控。该电动机以及相关电子控制单元集成在一个壳体内,称为"直接换挡模块"(DSM),该模块位于变速器壳体外侧。与传统自动变速器不同,主动变速器没有液力变矩器。而且,主动变速器也没有顺序手动变速器内自动操控的离合器。

起步过程中,要求发动机转速与输出转速差异巨大,通过电动机可以补偿这一转速差异。在利用发动机起步的过程中,发动机开始时仅驱动两个电动机中的一个,该电动机产生电能从而驱动第二个电动机,同时产生变速器输出轴上的转矩,从而最终使车辆运动起来。

进行换挡时也需要电动机进行工作,它可以为发动机转矩提供支持并确保在片式离合器分离和接合时换挡过程舒适顺畅。仅仅依靠电动机还不足以降低发动机的运转不平稳性,因此在发动机与变速器之间安装了双质量飞轮。

(1) 电动机 如图 5-10 所示,两个电动机均为永励式同步电动机,既可以作为电动机又可以作为发电机使用,其参数见表 5-1。电动机是高电压组件,因此通过橙色高电压导线供应能量。由于三相横截面较大,因此没有组合而是单独连接。

图 5-10 突出显示电动机的主动变速箱剖面图

1—电动机 A;2—电动机 B;3—电动机 B 的转子;4—主动变速箱的主轴;5—电动机 B 的电机位置传感器接口;6—电动机 B 定子上的绕组;7—电动机 A 三相高压接口;8—电动机 A 定子上的绕组

表 5-1 电动机参数

参数	电动机 A 数值	电动机 B 数值
最大功率	3000r/min 时,67kW	2500r/min 时,63kW
最大扭矩	0~2500r/min 时,260N·m	0~2000r/min 时,280N·m

续表

参数	电动机 A 数值	电动机 B 数值
最高转速	10500r/min	13500r/min
额定电压	300V	300V
额定电流强度	300A	300A

电动机的定子和转子均有变速箱油经过,主要是为了进行冷却。在每个电动机定子的绕组中都装有一个温度传感器(NTC 电阻)。温度传感器的信号分析用于在绕组温度过高时降低相应电动机的转矩从而防止其过热。这种根据温度降低转矩的功能从约 160℃时起开始执行。此外,每个电动机还有一个电动机位置传感器。电动机位置传感器的信号用于实现准确的转速调节以及电动机的最佳效率控制。电动机位置传感器按照所谓的"旋转变压器"原理工作。在转子的一个线圈上存储规定的交流电压。定子上的线圈错开 90°。此处的感应电压可说明转子位置。

需注意的是,电动机位置传感器的偏置情况必须借助一项服务功能确定和存储。更换过主动变速器或供电电控箱后必须进行这一过程。

两个电动机各有一个带有供电电子装置的执行机构控制单元——混合动力电动机控制装置 A 和 B(电动机控制器套件 A/B,MCPA/B)。它们都安装在供电电控箱内。混合动力主控控制单元规定两个电动机的额定转矩和额定转速。混合动力电动机控制装置执行这些规定值并产生为此所需的相电压。此外它们还负责分析电动机内温度传感器和电动机位置传感器的信号。也就是说,上述在高温情况下降低转矩、调节转速以及确定电动机位置传感器偏置情况均由混合动力电动机控制装置执行。

(2) 行星齿轮组 如图 5-11 所示,主动变速器包含三个行星齿轮组,这些行星齿轮组也在变速器油中运动。行星齿轮组用于产生不同的基本挡位以及主动变速器内的各种状态。

(3) 片式离合器 片式离合器的结构如图 5-12 所示,片式离合器的连接部件见表 5-2。通过这四个片式离合器可使主动变速器实现以下所需状态:

① 两个 ECVT 模式中的一个。

② 四个固定的基本挡位中的一个。

③ "没有动力传输"的状态。

表 5-2 片式离合器的连接部件

片式离合器编号	连接部件	
	部件 1	部件 2
1	行星齿轮组Ⅲ的齿圈	变速箱壳体
2	变速箱主轴(和行星齿轮组Ⅲ的行星齿轮架)	变速箱输出轴
3	行星齿轮组Ⅱ和Ⅲ的太阳轮	变速箱壳体
4	行星齿轮组Ⅱ的齿圈	行星齿轮组Ⅱ的太阳轮

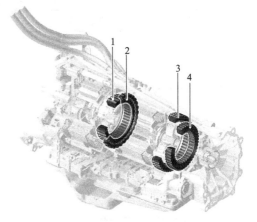

图 5-11　突出显示行星齿轮组的主动变速箱剖面图
1—行星齿轮组Ⅰ；2—行星齿轮组Ⅱ；3—行星齿轮组Ⅲ

图 5-12　突出显示片式离合器的主动变速箱剖面图
1—片式离合器Ⅳ；2—片式离合器Ⅲ；3—片式离合器Ⅰ；4—片式离合器Ⅱ

片式离合器以液压方式操控。通过相应控制电动机可使片式离合器在几乎没有转速差的情况下接合。因此主动变速器状态切换和换挡时几乎不会出现牵引力中断。

没有液压压力时，所有片式离合器均处于断开状态，这与空挡/驻车时的变速器状态相符。在四个固定的基本挡位下，始终有两个片式离合器接合，其他两个断开。在两个 ECVT 模式下，始终有一个片式离合器接合，其他三个断开。

2. 分布式功能

在以前的宝马车辆上主要由变速器电子控制系统（EGS）控制大部分变速器功能，例如换挡、摘/挂驻车锁或选择换挡模式。重要的输入信号包括加速踏板操控、制动踏板操控、车辆移动信息（车速、加速度等）、发动机转速和选挡开关操控。在此基础上使用相应的换挡模式，确定并挂入与行驶情况相符的挡位。

（1）混合动力主控控制单元的功能　混合动力主控控制单元（混合动力控制器处理器 HCP）在控制混合动力驱动装置及主动变速器方面发挥主要作用。下面分别是对于主动变速器比较重要的混合动力主控控制单元功能：

① 分析驾驶员指令并确定挡位（P、R、N、D、S、M）。
② 选择换挡模式。
③ 确定正确挡位。
④ 自适应变速器控制系统。
⑤ 计算内部片式离合器上的所需力矩。
⑥ 计算变速器输出端上的额定转矩。为了执行这些功能，HCP（混合动力控制器处理器）需要利用以下输入信号，见表 5-3。

表 5-3　HCP 需要利用的输入信号

信号	发送装置	传输路径	备注
操作挡开关	GWS（选挡开关）	GWS—PT-CAN—HIM（混合动力接口模块）—H-CAN—HCP	确定挡位
驾驶员车门触点状态	FRM（脚部空间模块）	FRM—K-CAN—JBE（接线盒电子装置）—PT-CAN—HIM—H-CAN—HCP	识别出驾驶员是否在座位上
驾驶员安全带锁扣触点状态	ACSM（碰撞和安全模块）	ACSM—K-CAN—JBE—PT-CAN—HIM—H-CAN—HCP	识别出驾驶员是否在座位上
发动机数据，例如转速、当前和最大可能曲轴转矩、发动机温度	DME（数字式发动机电子系统）	DME—PT-CAN—HIM—H-CAN—HCP	确定正确挡位
车速	DSC（动态稳定控制系统）	DSC—PT-CAN—HIM—H-CAN—HCP	确定换挡模式和正确挡位
加速踏板角度	DME	DME—PT-CAN—HIM—H-CAN—HCP	确定额定扭矩、换挡模式和正确挡位
踩下制动踏板	SBA（电子感应制动作用）	SBA—H-CAN2—HCP	确定额定扭矩、换挡模式和正确挡位

（2）混合动力变速器控制系统的功能　混合动力变速器控制系统负责执行混合动力主控控制单元的规定值（离合器和变速器输出端上的额定转矩）。因此，与其他自动变速器的变速器电子控制系统不同，混合动力变速器控制系统不再是变速器功能的主控单元，而是一个智能型执行机构控制单元。同时，混合动力变速器控制系统仍然执行一系列重要功能，包括：

① 控制变速器油循环回路。
② 操控和监控片式离合器。
③ 确保对电动机进行冷却。
④ 读取并向控制单元网络提供有关主动变速器状态的传感器信号。
⑤ 监控变速器状态并根据需要启用应急模式。
⑥ 电子禁启动防盗锁。

根据冷却要求和变速器的转速，变速器油循环回路内必须设定特定压力。为了确保在发动机静止状态下也能对该压力进行调节，混合动力变速器控制系统要求混合动力机油泵控制系统提供特定电动机油泵传动装置转速。通过控制一共 4 个压力阀来调节所需压力。

为了挂入所需挡位，必须使一个或两个片式离合器接合。为此，混合动力变速器控制系统控制换挡电磁阀。通过液压压力和一个活塞在片式离合器上产生作用力，该作用力将摩擦片压在一起，从而实现动力传输。混合动力变速器控制系统通过读取换挡电磁阀输出端上接触液压压力的压力开关信号来监控片式离合器的操控情况是否符合要求。

混合动力变速器控制系统读取输出转速、变速器油温度、驻车锁位置等传感器信号。这些传感器信号在用于单个功能的同时也通过总线系统传输给控制单元网络。混合动力变速器控制系统可以根据自身产生的控制信号以及转速传感器和压力开关的信号识别出主动变速器是否出现不允许的状态。出现这种状态时，混合动力变速器控制系统就会根据识别出的故障状态启用应急模式。这样，一方面可以延长车辆的行驶准备状态，另一方面也可以避免影响安全的情况。应急模式可能包括挂入某一固定挡位等。与其他自动变速器的变速器控制系统一样，混合动力变速器控制系统是电子禁启动防盗锁的组成部分。混合动力变速器控制系统从便捷登车及启动系统获取是否识别出有效识别发射器的信息。如果没有识别出有效识别发射器，混合动力变速器控制系统就不会建立任何动力传输。

3. 自适应变速器控制系统

E72 的混合动力驱动装置也带有自适应变速器控制功能，该功能在混合动力主控控制单元内进行计算。该功能根据诸如加速踏板角度等传感器信号识别出驾驶员指令并相应调节换挡策略，从而确保尽可能舒适的驾驶过程。与使用传统宝马自动变速器时一样，共有驾驶模式、运动模式、手动模式三种模式可供选择。

处于运动模式时会充分利用混合动力驱动装置的全部动力潜能并选择所提供牵引力储备明显高于驾驶模式的挡位。处于运动模式时也像手动模式下一样，无法以纯电动方式行驶。传统宝马自动变速器的制动换低挡功能用于在长时间下坡行驶时减少行车制动器热负荷。变速器根据制动压力、减速度和车速换入低挡从而提高发动机转速。这样还可以提高发动机制动效果，从而减少行车制动器内必须转化的能量。而在带有混合动力驱动装置的车辆上这种制动换低挡功能却会产生相反效果，因为车辆要以电动方式回收利用尽可能多的制动能量并将其存储在高电压蓄电池内。因此要尽可能地通过电动机而较少通过发动机或行车制动器来产生制动效果。

现在使用一种与制动换低挡功能作用相反的"虚拟八挡位"功能，它可以在滑行或减速阶段降低发动机的转速和制动效果。

4. 主动变速器的状态

主动变速器的内部状态包括"没有动力传输"的状态、两个 ECVT 模式和 4 个固定的基本挡位。之后将这些内部状态分配给从驾驶员角度出发的相应挡位。图 5-13 是 E72 主动变速器的剖面图和结构示意图。

（1）ECVT1 模式　具有可变传动比的第一种模式（ECVT1 模式）设计用于较低车速和最大牵引力。处于该模式时可以仅通过电动机 B 驱动车辆，或者仅通过发动机驱动车辆，也可以通过电动机 B 和发动机共同驱动车辆。

使用发动机驱动时的传动比可通过公式"$i=$ 发动机转速/变速器输出轴转速"来计算。该传动比可从无穷大至 1.800。"无穷大"表示发动机可以运转，而变速器输出轴保持静止状态。因此可以像带有液力变矩器时一样起步。可以通过控制两个电动机的转速来调节该传动比，电动机 A 转速越高，该传动比越大。

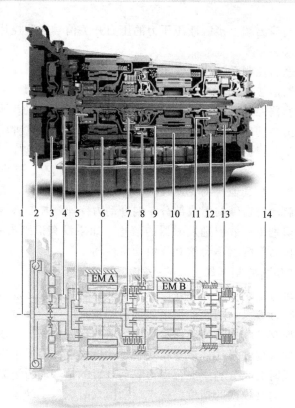

图 5-13　E72 主动变速箱的剖面图和结构对比示意图
1—变速箱输入轴；2—双质量飞轮；3—用于驱动变速箱油泵的电机；4—变速箱油泵；5—行星齿轮组 1；
6—电动机 A；7—行星齿轮组 2；8—片式离合器 3；9—片式离合器 4；10—电动机 B；
11—行星齿轮组 3；12—片式离合器 1；13—片式离合器 2；14—变速箱输出轴

为了实现 ECVT1 模式，在主动变速器内只有片式离合器 1 接合，所有其他片式离合器均断开。以纯电动方式行驶时（图 5-14），电动机 A 运转时不会产生任何负荷，而电动机 B 则正相反。这样可使变速器输入轴及发动机保持静止状态。

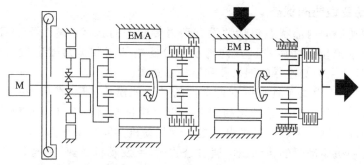

图 5-14　在 ECVT1 模式下以纯电动方式行驶时的动力传输

采用发动机和电动机 B 混合驱动方式时（图 5-15），发动机功率分为两个部

分,也可以说发动机的功率"分支"。这就是"功率分支式混合动力"术语的来源,两个部分包括:

① 机械部分,直接用于驱动车辆。

② 电气部分,因为电动机 A 作为发电机使用而产生电能。

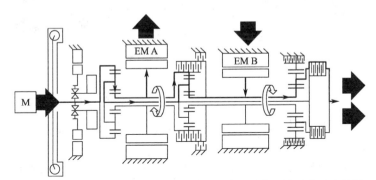

图 5-15 在 ECVT1 模式下以内燃机和电动机混合驱动时的动力传输

发电机产生的电能可以部分或完全存储在高电压蓄电池内。电动机 B 以电动机形式吸收电能。电能完全或部分来自电动机 A 或高电压蓄电池。各能量的大小取决于很多因素,这些能量由混合动力主控控制单元随时重新计算和调节。

两个 ECVT 模式的特点在于,除发动机机械驱动路径外还有电动驱动路径。使用电动驱动路径时,发动机借助一个发电机产生电能,这些电能完全或部分通过一个电动机用于驱动车辆。这种电动驱动路径的布置方式与串联混合动力驱动装置相同。

(2) ECVT2 模式 与第一种模式相反,第二种 ECVT 模式设计用于较高车速。在 ECVT2 模式下既可以纯电动方式行驶也可以启动发动机行驶。发动机的传动比可以在 0.723~1.800 的范围内调节。与 ECVT1 模式下相同,电动机转速在此也用作控制参数。根据具体数值可以看出传动比较之 ECVT1 模式更小,因此适于较高车速。但电动机的传动比也更小。就是说,它的有效转速范围向更高速度推移。

电动机可以为发动机提供支持或用于为高电压蓄电池充电。与第一种 ECVT 模式相似,通常一个电动机作为电动机运行(在此为电动机 A),另一个作为发电机运行(在此为电动机 B)。

在 ECVT2 模式下片式离合器 2 接合,所有其他片式离合器均断开(图 5-16)。

在第二种 ECVT 模式下也可以通过控制能量流(考虑到总量)使高电压蓄电池充电(发动机负荷点提高)或放电(为发动机提供支持)。运行策略会在考虑最佳总效率的同时调节相应能量流。

(3) 固定的基本挡位 与两个 ECVT 模式不同,对于主动变速器固定的基本挡位而言,变速器输入轴与变速器输出轴间的传动比固定不变。因此发动机转速变化时,车速也会发生相应程度的改变。

只有当发动机不在最佳效率范围内时,该固定传动比才会体现出不利的一面。但在需要发动机高转矩的情况下,运行策略仍会选择这些范围。此时发动机效率已经处于非常好的状态。相对于 ECVT 模式而言,固定挡位的优势在于取消了电动

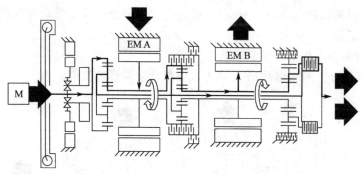

图 5-16　在 ECVT2 模式下的动力传输

驱动装置内的双重能量转换。因为通过一个电动机产生电能并通过另一个电动机使用电能也会造成相应损失。

处于所有固定的基本挡位时（除基本挡位 4 外），电动机均可以无负荷旋转；作为电动机驱动，从而为发动机提供支持；作为发电机驱动，从而为高电压蓄电池充电。处于固定的基本挡位 4 时，电动机 B 静止不动，因此只有电动机 A 可以灵活使用。

以发电机方式运行特别适用于滑行阶段或车辆减速时，从而将动能转化为电能并存储到高电压蓄电池内。如果忽略固定基本挡位的不同传动比，那么主动变速器的工作状态就好像电动机和发动机安装在同一根轴上一样。这种布置方式与并联混合动力驱动装置的完全一样。

在主动变速器内通过接合两个片式离合器可以实现所有固定基本挡位（图 5-17~图 5-20）。

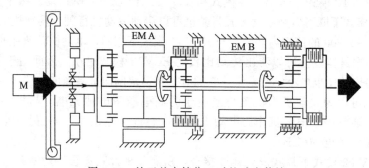

图 5-17　处于基本挡位 1 时的动力传输

（4）没有动力传输　由于在内燃机与主动变速箱之间没有中央离合器，主动变速箱必须提供一种在变速箱输入轴与变速箱输出轴之间没有动力传输的状态。这样可确保在内燃机自由转动的同时车辆不会移动。相反也可以确保在车轮自由滚动的同时内燃机不会输出或吸收扭矩。

"没有动力传输"的状态通过断开所有四个片式离合器来实现。内燃机运转时电动机也随之运转，此时电动机不产生任何负荷，既不作为发电机也不作为驱动电机。内燃机转速超过 4000r/min 时，电动机就会达到超过自身设计要求的过高转速。因此在这种变速箱状态下会通过电子限速使内燃机转速低于 4000r/min。

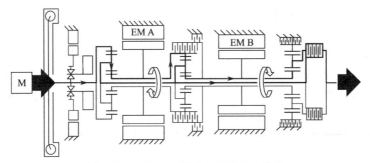

图 5-18　处于基本挡位 2 时的动力传输

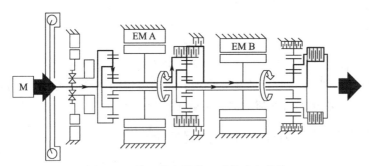

图 5-19　处于基本挡位 3 时的动力传输

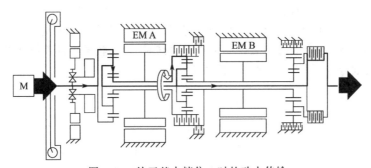

图 5-20　处于基本挡位 4 时的动力传输

第三节　混合动力制动系统

一、概述

E72 的制动系统不仅仅用于使车辆可靠、稳定地减速，它还能使车辆的制动能量不转化为热量，而是回收利用制动能量并通过主动变速器内的电动机将其转化为电能。为了配合 E72 全混合动力驱动方式获得最大燃油经济性，制动系统必须回收利用尽可能多的制动能量。同时，客户有权要求在所有车速范围和行驶情况下获得宝马独特的制动踏板感觉、准确的制动力定量控制以及出色的减速特性。E72 的混合动力制动系统自然满足所有这些要求，而且在该方面彰显了宝马集团的技术能力。

为了满足这些要求宝马研发出了一种制动系统，制动踏板与制动系统其他部分（制动助力器）之间不再永久保持机械联系。这是一种电子伺服制动控制系统，通过电子方式探测驾驶员的制动要求，随后将制动要求划分为电气部分和液压部分。电气部分通过主动变速器的电动机转化为电能并存储在高电压蓄电池内。液压部分通过传统行车制动器产生减速度。划分制动要求时会考虑到制动强度、行驶情况和混合动力组件状态。通过这种方式，混合动力制动系统可以纯电动方式实现最高 $3m/s^2$ 的减速度。

但更为重要的一个参数是在所有行驶情况下可以回收利用的制动能量百分比。就这一数值而言，E72 制动系统可以达到 80%～90%，反过来说，在所有制动能量中只有 10%～20% 通过行车制动器转化为无用热量。

E72 的混合动力制动系统又称为"混合动力制动作用转换"或"电子感应制动作用 SBA"。严格来说，它指的是混合动力制动系统的一个重要组件，该组件将驾驶员的制动要求划分成回收利用部分和液压部分。

二、混合动力制动系统的主要组成

如图 5-21 所示，混合动力制动系统组件主要包括带有传感器系统和关闭单元的制动踏板、主动式制动助力器、真空供给装置、混合动力制动作用转换、动态稳定控制系统、车轮制动器等。混合动力制动系统电路图如图 5-22 所示。E72 的混合动力制动系统又称为"混合动力制动作用转换"系统或"电子感应制动作用系统 SBA"，严格来说，它指的是混合动力制动系统的一个重要组件，该组件将驾驶员的制动要求划分成回收利用部分和液压部分。

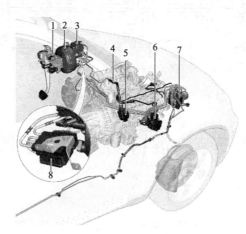

图 5-21 混合动力制动系统主要组件

1—制动踏板；2—主动式制动助力器；3—制动液储液罐；4—真空管路；5—机械真空泵；6—电动真空泵；7—动态稳定控制系统；8—混合动力制动作用转换（电子感应制动作用 SBA）

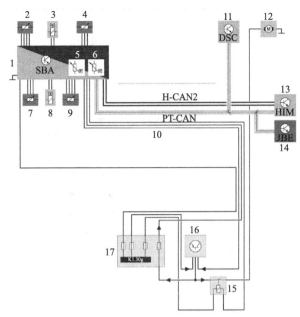

图 5-22　混合动力制动系统电路图

1—混合动力制动作用转换（电子感应制动作用 SBA）；2—制动真空压力传感器；3—用于控制主动式制动助力器的电磁阀；4—隔膜行程传感器；5—压杆回路制动压力传感器；6—浮子回路制动压力传感器；7—关闭单元压力传感器；8—关闭单元内的阀门；9—制动踏板角度传感器；10—用于控制和监控电动真空泵的管路；11—动态稳定控制系统 DSC；12—电动真空泵；13—混合动力接口模块 HIM；14—接线盒电子装置；15—用于控制电动真空泵的电动机械式继电器；16—用于控制电动真空泵的半导体继电器；17—混合动力熔丝支架

三、混合动力制动系统功能

1. 分布式功能

如图 5-23 所示，SBA 控制单元是混合动力制动系统的主控控制单元，它控制从探测制动要求直至控制制动系统执行机构的所有过程。能量回收式制动的执行机构是传动系统，通过供电电控箱控制电动机使其以发电机方式工作。为了使其能够产生电能，必须以机械方式对其进行驱动，因此电动机吸收作用在传动系统上的制动力矩。在减速度最高 $3m/s^2$ 的情况下，如果制动力矩仅作用在后桥上就会导致不稳定的行驶情况出现，因此进行能量回收式制动时，分动器内的片式离合器也会接合，随后，前桥和后桥达到相同转速从而为制动力矩在两个车桥上的平均分配创造前提条件。

在这种"电子伺服模式"下会尽可能地回收利用制动能量，即通过第一个电动途径输送。只有在减速度高于 $3m/s^2$ 或混合动力驱动装置无法转化所有制动能量时，才会针对剩余能量使用传统行车制动器。为此，SBA 控制单元控制主动式制动助力器。后者产生用于两个制动回路的制动压力，制动压力通过动态稳定控制系

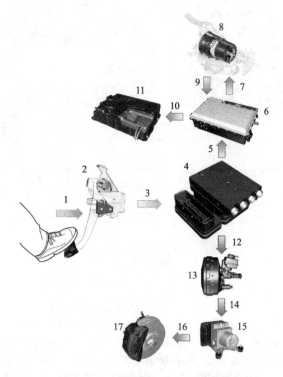

图 5-23 混合动力制动系统实现制动要求

1—踩下制动踏板（作用力，行程）；2—制动踏板单元；3—以电动方式传输制动要求；4—混合动力制动作用转换（电子感应制动作用 SBA）；5—能量回收部分的规定值；6—供电电控箱；7—使电动机以发电机形式受控；8—主动变速箱内的电动机；9—由电动机产生的电能；10—有待存储的电能；11—高电压蓄电池；12—对制动助力器内的电磁阀进行电气控制；13—主动式制动助力器；14—两个制动回路内的液压压力；15—动态稳定控制系统；16—传输至车轮制动器的制动管路内的液压压力；17—四个车轮制动器

统传递到四个车轮制动器上。

只有在故障情况或特殊情况下才会提供应急功能，此时 SBA 控制单元不再执行主控功能。例如在不稳定的行驶情况下，动态稳定控制系统就会执行主控功能，从而以高优先级使车辆稳定下来。此时无法继续进行能量回收式制动。

能量回收式制动所需的某一组件失灵或供电失灵时，混合动力制动系统就会由"电子伺服模式"切换为传统模式。在传统模式下会使制动踏板与行车制动器重新建立起机械连接。这样可使车辆通过传统液压方式制动。

2. 电子伺服模式

如图 5-24 所示，混合动力制动系统在接通供电后对电子伺服模式正常工作所需的所有系统组件进行自检，顺利结束自检后就会启用电子伺服模式，否则，混合动力制动系统就会保持传统模式。

在电子伺服模式下，制动踏板与制动助力器的机械连接断开。SBA 控制单元

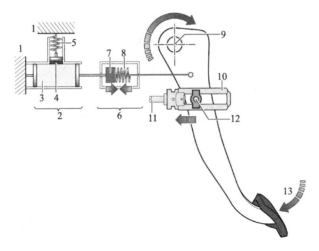

图 5-24 在电子伺服模式下的制动操纵（示意图）

1—支撑在车身部件上；2—关闭单元；3—制动液；4—关闭单元内的关断阀关闭；5—弹簧；6—踏板力模拟器；7—用于在制动踏板上产生反作用力的弹性塑料块；8—用于在制动踏板上产生反作用力的弹簧；9—制动踏板旋转轴；10—叉形压杆端部；11—压杆（连接制动助力器）；12—销子处于可滑动位置；13—驾驶员操作制动踏板

通过制动踏板角度传感器分析出驾驶员的制动要求，根据行驶情况和混合动力组件状态将制动要求划分为能量回收部分和液压部分。SBA 控制单元为此向混合动力主控控制单元发送一个规定值用于实现能量回收部分，混合动力主控控制单元随即通过混合动力电动机控制装置控制单元 A 和 B 执行该规定值。

由电动机通过这种方式产生的电能存储在高电压蓄电池内，在此也需要供电电控箱控制单元的参与（改变电压和电流强度）。为了实现液压部分，SBA 控制单元为主动式制动助力器内的电磁阀供电，这样可使空气流入工作室内并通过真空压力在制动主缸内的活塞上产生作用力，从而将压杆拉入制动助力器内。这样，插入叉形压杆端部的制动踏板销也不会碰到机械限位位置，因此不会在操作制动踏板时产生反作用力。但是踏板力模拟器会产生反作用力，所实现的作用力传递与传统制动系统基本相同。在电子伺服模式下，关闭单元的作用就像一个刚性元件，密闭其中的制动液无法被压缩。在这种状态下，制动液也无法溢出到带有弹簧的膨胀室内，因为膨胀室被一个电磁阀封住。

3. 传统模式

如图 5-25 所示，传统模式是混合动力制动系统的基本机械模式，在该模式下会使制动踏板与制动助力器重新建立起机械连接，因此驾驶员可以像在带有制动助力装置的传统车辆上一样在液压制动系统内产生一个制动压力并使车辆可靠减速。在传统模式下无法进行能量回收式制动，全部制动力均由液压制动系统提供。

驾驶员在传统模式下操作制动踏板时，主动式制动助力器内的电磁阀不会受控工作，此时压杆不会移动。因此在操作制动踏板期间，销子与压杆端部限位位置间

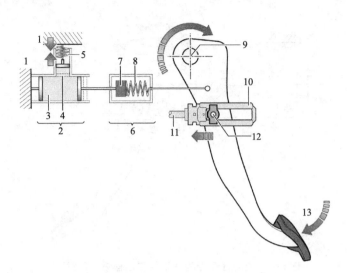

图 5-25 在传统模式下的制动操纵（示意图）
1—支撑在车身部件上；2—关闭单元；3—制动液；4—关闭单元内的关断阀打开；5—弹簧；6—踏板力模拟器；7—用于在制动踏板上产生反作用力的弹性塑料块；8—用于在制动踏板上产生反作用力的弹簧；9—制动踏板旋转轴；10—叉形压杆端部；11—压杆（连接制动助力器）；12—销子处于限位位置；13—驾驶员操作制动踏板

的间隙闭合且建立起上述机械连接。从驾驶员的角度来说，这表明空行程增大，驾驶员几乎不会感觉到任何反作用力，直至销子到达限位位置。可以这样来解释，在传统模式下，关闭单元内的电磁阀打开，因此关闭单元内的制动液可以向上方空间流动，那里有一个移动活塞可以克服弹簧力向上移动。关闭单元内弹簧产生的反作用力明显低于踏板力模拟器内的弹簧的作用力，因此在这种情况下，踏板力模拟器内的弹簧根本不会被压缩，也可以说踏板力模拟器在此不起任何作用，仅有的反作用力来源于关闭单元内的弹簧，而且该作用力非常小。

如果内部监控功能发现可导致无法继续在电子伺服模式下可靠运行的故障，就会自动启用传统模式。识别出以下故障时就会启用传统模式：

① 踏板角度传感器失灵。
② 关闭单元内的压力传感器失灵。
③ 关闭单元内的电磁阀不再正常工作。
④ 隔膜行程传感器失灵。
⑤ 主动式制动助力器内的电磁阀失灵。
⑥ 真空供给装置失灵。
⑦ 真空压力传感器失灵。
⑧ SBA 控制单元或供电失灵。
⑨ SBA 单元内的压力传感器失灵。
⑩ SBA、DME 和 HCP 间的通信受到干扰。

通过亮起警告灯和发出检查控制信息告知驾驶员进入传统模式。

4. 特殊情况

（1）液压制动助力　E72 的混合动力制动系统可在特殊情况下通过液压制动助力为驾驶员提供支持。

① 电子伺服模式，达到制动助力器的控制点。处于制动助力器控制点时，制动助力器达到最大制动助力，无需任何附加措施驾驶员即可进一步提高制动压力，而且只有在明显提高制动踏板上作用力的情况下才会实现减速。

达到控制点时，SBA 控制单元确定额外所需液压制动助力并向 DSC 控制单元发送规定值。后者通过液压方式建立起附加制动压力，从而在高于控制点的范围内也能够为驾驶员提供最佳支持。

② 传统模式，达到制动助力器的控制点。在此同样通过液压方式建立起附加制动压力。但在传统模式下是通过 DSC 控制单元进行独立控制，而不是像电子伺服模式那样通过 SBA 控制单元进行控制。

③ 传统模式，制动助力器失灵。制动助力器失灵时，驾驶员必须在没有制动助力支持的情况下在制动系统内产生液压压力，此时制动踏板上的所需作用力虽然仍在规定要求范围内，但对于驾驶员而言该作用力却高得异常。出现这种故障情况时，混合动力制动系统也会为驾驶员提供支持。DSC 控制单元根据制动主缸内的压力测量值计算出驾驶员的制动要求，将该数值乘以一个增益系数后计算出一个附加制动压力。DSC 通过液压单元建立起该附加制动压力。与前两种助力方式不同，在此注重的不是制动舒适性而是车辆的稳定减速性。

（2）制动辅助　在所有当前 BMW 车辆上都可以通过动态稳定控制系统的一项功能为驾驶员在紧急制动情况下提供支持，此功能即动态制动控制系统（DBC）。"动态制动支持（DBS）"子功能根据制动压力建立速度和制动压力大小识别出是否出现紧急制动情况，超过规定限值时，DSC 液压单元就会建立起附加制动压力直至达到最大减速度。

在 E72 上以不同方式为紧急制动情况提供支持。SBA 控制单元对制动踏板操控速度和制动要求强度进行分析，如果超过控制单元内的存储限值，SBA 控制单元就会在该紧急制动情况下开始提供支持。它计算出一个增益系数，用其乘以驾驶员要求的制动力值，根据计算得出的规定压力控制主动式制动助力器内的电磁阀。也就是说，E72 的制动辅助系统并非通过液压方式而是通过气动方式进行工作。

如果 SBA 控制单元计算得出的规定压力高于制动助力器的控制点，还会提供额外液压支持。

5. 系统组件

（1）制动操纵机构　如图 5-26 所示，除制动踏板及其轴承外，制动操纵机构还包括专门用于 E72 混合动力制动系统的制动踏板角度传感器、制动踏板力模拟器、关闭单元等组件。

进行维修时不能对单个部件进行单独更换，只能将包括上述组件在内的整个单元作为新部件使用。

① 制动踏板角度传感器。制动踏板角度传感器固定在踏板支撑座上，位于制

图 5-26 制动操纵机构系统组件
1—关断阀电气接口；2—制动踏板力模拟器；3—踏板支撑座；4—制动踏板角度传感器；5—活塞杆和关闭单元回位弹簧；6—关闭单元；7—关闭单元压力传感器电气接口

动踏板旋转轴延长线上。操作制动踏板时产生的转角通过制动踏板角度传感器转化为电信号。为此，该传感器内部带有两个霍尔传感器。这些传感器以冗余方式探测制动踏板角度。SBA 控制单元读取两个传感器的模拟信号，通过将两个信号以及与制动压力传感器信号进行对比检查信号可信度。如果 SBA 控制单元识别出无法继续可靠探测制动踏板角度，就会启用传统模式并授权发出检查控制信息。

② 制动踏板力模拟器。由于在电子伺服模式下制动踏板与液压制动系统间不存在任何机械连接，在没有制动踏板力模拟器的情况下，驾驶员在操作制动踏板时就不会得到任何反馈。因此制动踏板力模拟器产生这样一种作用力为驾驶员提供反馈：由制动踏板力模拟器产生的反作用力取决于操作制动踏板时的制动踏板行程，根据设计要求，作用力与行程的相互关系可确保制动踏板感觉与使用传统制动系统的车辆相同，制动踏板力模拟器通过一个弹簧组合（钢板弹簧）和一个塑料块（弹性体）产生反作用力。因此它是一个以纯机械方式工作的组件。

③ 关闭单元。满足相关条件时便可通过关闭单元结束电子伺服模式并启用传统模式。关闭单元内部由一个充满制动液的封闭液压系统构成。关闭单元的活塞通过一根杆与制动踏板力模拟器相连（结构如图 5-27 所示）。操作制动踏板时就会在该活塞杆上产生一个作用力。

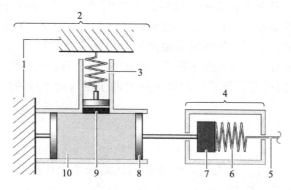

图 5-27 关闭单元和制动踏板力模拟器结构示意图
1—支撑在车身部件上；2—关闭单元；3—关闭单元内的弹簧；4—踏板力模拟器；5—与制动踏板的机械连接；6—用于在制动踏板上产生反作用力的弹簧；7—用于在制动踏板上产生反作用力的弹性塑料块；8—关闭单元内的输入活塞；9—关闭单元内的关断阀；10—制动液

在电子伺服模式下接通液压系统时，制动液无法移动。为此使关闭单元内的关断阀通电并关闭（如图 5-28 所示）。由于制动液也无法压缩，在关闭单元活塞上会产生一个非常大的反作用力。因此关闭单元的作用就像一个刚性物体，驾驶员只能感觉到制动踏板力模拟器产生的反作用力。在传统模式下，关断阀（未通电）处于打开状态。如果进行制动操作期间在关闭单元输入活塞上产生了一个作用力，制动液就会膨胀进入一个空间，在该空间内使另一个活塞在一个弹簧上产生作用力。该弹簧的反作用力远远低于制动踏板力模拟器，因此制动踏板力模拟器实际上不起任何作用。这会使驾驶员在操作制动踏板时感觉好像空行程增大，直至制动踏板达到压力杆上的限位位置。

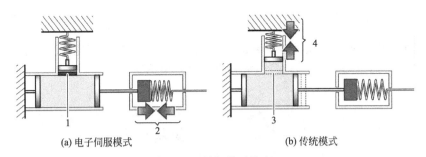

图 5-28 关闭单元状态

1—关断阀关闭；2—进行制动操作时，弹簧和弹性塑料块压在一起；3—关断阀打开；4—进行制动操作时，关闭单元内的弹簧压在一起

除关断阀外，关闭单元还包括一个压力传感器。该传感器信号用于检查关闭单元或关断阀是否处于要求状态。关断阀打开时，进行制动操作时不允许关闭单元内产生压力。而关断阀关闭时则必须在进行制动操作时建立起压力。每次接通总线端 15 时都会自动进行这项检查。混合动力制动系统开始时会保持传统模式。只有驾驶员建立起约 3000kPa 制动压力且传感器信号相互可信时才会启用电子伺服模式。对于驾驶员而言，这样不会存在任何功能影响，因为启动车辆后总是要通过操作制动踏板挂入行驶挡位的。多数驾驶员操作制动踏板的力度都足以达到上述制动压力限值。

SBA 控制单元分析压力传感器信号并控制关断阀。为此，压力传感器和关断阀分别通过一根三芯导线和一根两芯导线与 SBA 控制单元相连。

（2）主动式制动助力器 如图 5-29 所示，E72 的制动助力器尺寸为 24.1cm

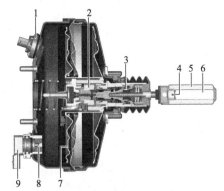

图 5-29 主动式制动助力器剖面图

1—电磁阀电气接口；2—电磁阀（用于电动操作）；3—传统阀（用于机械操作）；4—限位位置；5—叉形压杆端部；6—长孔；7—隔膜（未显示隔膜行程传感器）；8—制动真空压力传感器；9—制动真空压力传感器电气接口

(9.5in)。通过一个长孔固定制动踏板销子的叉形压杆端部是其外部显著特征。通过销子在长孔内移动解除制动踏板与液压制动系统的联系，这点应用于电子伺服模式。同时通过限位位置实现制动踏板与液压制动系统间的机械连接，从而满足传统模式的要求。

进行维修时可对主动式制动助力器及压力杆和叉形部分、制动真空压力传感器及密封件、隔膜行程传感器等组件进行单独更换。

第四节　供电

一、车载网络的组成

如图 5-30 所示，车载网络主要由电动机驱动装置（交流高电压）、直流高电压车载网络、14V 车载网络三部分组成。供电系统电路图如图 5-31 所示。

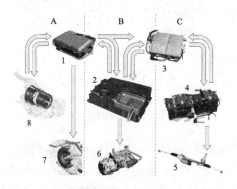

图 5-30　E72 车载网络

A—交流高电压车载网络（AC）；B—直流高电压车载网络（DC）；C—14V 车载网络（DC）；
1—供电电控箱 PEB；2—高电压蓄电池；3—辅助电源模块 APM；4—两个 12V 蓄电池；
5—电子助力转向系统 EPS；6—电子空调压缩机 EKK；
7—混合动力机油泵电机；8—电动机 A 和 B

电动驱动装置由两个电动机和供电电子装置（PEB）组成，电动机既可通过发电机方式（能量发生器）又可通过电动机方式驱动。AC/DC 转换器（连接电动驱动装置和高电压车载网络）和 DC/DC 转换器（连接高电压车载网络和 14V 车载网络）作为连接元件使用。两个转换器都可进行双向驱动。

高电压车载网络的主要元件是高电压蓄电池。在 E72 上使用镍-氢蓄电池。该高电压蓄电池可在车辆静止状态下或"以电动方式行驶"时确保能量供应等。高电压车载网络内的其他车载网络设备还包括电动空调压缩机 EKK 和变速箱油泵 EMPI。

14V 车载网络与以前车辆的能量车载网络相同，但由 DC/DC 转换器为其提供能量。DC/DC 转换器取代了以前起此作用的发电机。因此在行驶状态下 14V 车载网络的电能供应不再取决于内燃机的转速。E72 的内燃机通过一个电动机启动，因

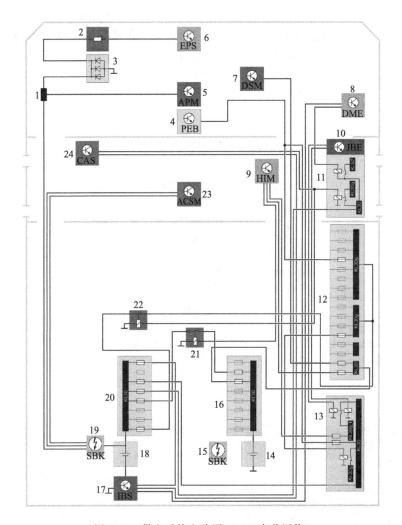

图 5-31 供电系统电路图（14V 车载网络）

1—跨接启动接线柱；2—发动机室内的配电盒；3—极性接错保护；4—供电电控箱；5—辅助电源模块；6—电子助力转向系统（电动机械式助力转向系统）；7—直接换挡模块；8—数字式发动机电子系统；9—混合动力接口模块；10—接线盒电子装置；11—前部熔丝支架；12—混合动力熔丝支架；13—后部熔丝支架；14—附加蓄电池（12V）；15—安全型蓄电池接线柱（未连接）；16—附加蓄电池上的配电盒；17—智能型蓄电池传感器；18—12V 蓄电池；19—安全型蓄电池接线柱；20—12V 蓄电池上的配电盒；21—断路继电器；22—混合动力负荷继电器；23—碰撞和安全模块；24—便捷登车及启动系统

此 E72 取消了传统起动机。

二、12V 蓄电池

如图 5-32 所示，为了确保车载网络电压稳定性和混合动力驻车锁（DSM）冗余供电，在 E72 上装有一个附加蓄电池，该蓄电池与 E70 和 E71 所使用 12V 蓄电池并联连接。除确保车载网络稳定性外,附加蓄电池还负责为 DSM 控制单元冗余供电。两个 12V 蓄电池均为 70A·h AGM 蓄电池。使用附加蓄电池可使"标准蓄电池"内阻减小,从而实现短时较高输出电流。为了避免车辆驻车期间产生平衡电流,行驶准备状态结束后通过一个断路继电器断开两个 12V 蓄电池。在车辆静止状态下,14V 车载网络仅通过"标准蓄电池"供电。混合动力接口模块(HIM)通过在附加蓄电池正极上进行电压测量控制断路继电器并监控蓄电池状态。

图 5-32 标准蓄电池和附加蓄电池(12V)
1—带有安全型蓄电池接线柱的标准蓄电池正极;2—标准蓄电池;3—带有 IBS(智能型蓄电池传感器)的标准蓄电池负极;4—断路继电器;5—没有安全型蓄电池接线柱的附加蓄电池正极;6—附加蓄电池;7—没有 IBS 的标准蓄电池负极;8—附加蓄电池上的配电盒;9—标准蓄电池上的配电盒

三、电路断路器

图 5-33 断路继电器的安装位置
1—断路继电器

电路断路器的安装位置如图 5-33 所示,驻车和关闭高电压系统 5s 后断路继电器断开。满足以下条件时断路继电器接合:

① 车辆进入行驶准备状态(混合动力主控控制单元 HCP 的 CAN 信号)。

② 混合动力 DC/DC 转换器使 14V 车载网络电压接近于附加蓄电池电压。

③ 车载网络蓄电池与附加蓄电池间的电压差小于限值 1.2V(避免出现高电流从而保护断路继电器)。

注意:
在附加蓄电池充电方面,只有将充电器连接在跨接启动接线柱上,断路继电器才会接合。为附加蓄电池充电时首先将充电器连接在跨接启动接线柱上,然后通过相应服务功能接合断路继电器。

通过 BMW 诊断系统可实现对附加蓄电池(第二个 12V 蓄电池)的充电服务

功能。路径是：服务功能→车身→供电→混合动力车辆→12V 蓄电池。

> **注意：**
> 必须通过启用服务功能为附加蓄电池充电，以免短时关闭总线端。

四、附加熔丝支架

附加熔丝支架的安装位置如图 5-34 所示。带有 16 个熔丝插槽的后部附加熔丝支架为混合动力制动作用转换系统 SBA、供电电控箱、混合动力压力燃油箱电子系统 TFE、混合动力接口模块 HIM、电动空调压缩机的电气系统 EKK、直接换挡模块 DSM、变速器控制模块 TCM、高电压蓄电池的冷却液泵、电动真空泵、PEB/APM 的电动冷却液泵等控制单元和组件提供 14V 车载网络电压。

用于附加熔丝支架的总线端 30g 通过混合动力负荷继电器接通，混合动力负荷继电器由便捷登车及启动系统 CAS 进行控制。

五、极性接错保护

发动机室内的 12V 组件如图 5-35 所示。极性接错保护功能用于防止客户跨接启动接反极性时对车载网络以及所连接的电气组件造成损坏。通常情况下，这项工作由发电机内的二极管来完成。由于 E72 取消了传统发电机（变速器内的电动机），因此必须通过一个新组件（极性接错保护模块，如图 5-35 所示）来提供极性接错保护。

图 5-34 附加熔丝支架的安装位置
1—后部熔丝支架；2—附加熔丝支架

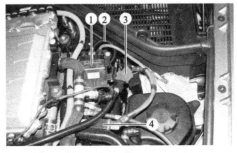

图 5-35 发动机室内的 12V 组件
1—发动机室配电盒；2—连接 EPS 的 12V 导线；
3—跨接启动接线柱；4—极性接错保护模块

极性接错保护模块安装在发动机室内跨接启动接线柱附近，该模块一侧与蓄电池正极导线连接，另一侧与车辆接地连接。在极性接错保护模块内部有三个齐纳二极管，可将极性接反电压限制在 −3.2V 以下至少 6s。极性接反时间较长时可能会损坏模块，但不会造成相邻组件损坏。

六、能量管理系统（14V 车载网络）

能量管理系统用于避免在行驶期间 12V 蓄电池放电，从而保持车辆功能正常并在较长时间内确保蓄电池质量。

E72 采用低成本电源管理系统。只要识别出 12V 蓄电池充电平衡不佳的运行状态，电源管理系统就会通过相应措施进行调节干预。在 E72 上通过一个 DC/DC 转换器为 14V 车载网络供电，DC/DC 转换器以 14.5V 的固定电压运行。

DME 内的电源管理系统读取发动机管理系统的一些参数，同时还与提供实际测量数据（电压、电流、温度和 SOC）的智能型蓄电池传感器（IBS）进行通信。所有配置的 E72 都装有 IBS。E72 处于"行驶准备"运行模式时，通过一个 DC/DC 转换器为 14V 车载网络供电，从唤醒车辆和第一次总线端切换起直至车辆休眠均通过 DC/DC 转换器确保 14V 供电，从行驶准备状态结束时起通过 12V 蓄电池为 14V 车载网络供电。如果 14V 车载网络电压降至 12V，就会重新通过 APM（DC/DC 转换器）为 14V 车载网络提供支持，这种情况使 E72 低成本电源管理系统的功能减少为以前的功能。因此在车辆蓄电池电量较低时取消了发电机调节功能和提高怠速转速功能。

E72 最重要的电源管理系统功能是 12V 蓄电池诊断和识别出危险的蓄电池充电状态时关闭/减少用电器。此外，电源管理模块还能识别出车载网络故障（休眠电流过高）或在有限条件下使用老化的蓄电池并针对售后服务存储有助于解决问题的相关信息，基本上在休眠电流监控期间不允许电流超过 80mA。电源管理系统确定蓄电池的充电状态。电源管理系统通过智能型蓄电池传感器（IBS）持续测定蓄电池充电或放电电流并计算出当前充电状态，与所有 E7x 车辆一样根据相同标准关闭/减少用电器。

1. 车辆启动能力

与 E71 不同，E72 的内燃机（VM）不再通过 12V 蓄电池而是通过高电压蓄电池启动。12V 蓄电池在 E72 上只需确保高电压系统开始运行。对 12V 蓄电池的要求不再是确保发动机启动的最低 SOC，而是在零下温度时防止 12V 蓄电池结冰以及确保高电压网络开始运行的最低 SOC。

现在通过高电压运行策略确保发动机启动能力。驻车期间，高电压蓄电池 SOC 必须足以确保驻车六周后能够重新启动发动机。如果长期驻车后由于高电压蓄电池 SOC 值较低而无法重新启动发动机，必须首先通过外部 14V 充电器和 APM 为高电压蓄电池充电，通过这种方式为高电压蓄电池充电时持续约 30min。电量充足时（用于启动发动机），中央信息显示屏 CID 内就会出现一个黄色检查控制信息及相应文字。

2. 启动辅助

"启动辅助"功能在高电压蓄电池 SOC 较低的情况下也能确保发动机启动。为此将 14V 车载网络的能量传输至高电压车载网络，从而使高电压蓄电池 SOC 足以启动发动机。为了防止 14V 车载网络的车辆蓄电池电量过低，必须通过一个外部电源来提供能量（充电器或通过跨接启动功能）。

外部电源的电压必须与 14V 车载网络的电压相符，因为通过 DC/DC 转换器 12V 输入端上的另一个电压可防止 DC/DC 转换器将 12V 转换为高电压。例如，不允许通过一个使用 24V 车载网络的车辆进行跨接启动。外部电源必须保持连接状态一定时间，从而为高电压蓄电池充电。即接通外部电源后不能直接启动发动机。

3. 故障代码存储器

如果没有可靠的车辆蓄电池充电状态提供给电源管理系统，电源管理系统就会进入应急运行模式。在应急运行模式下无法继续执行以下功能：

① 不会在行驶模式下降低舒适用电器功率。

② 没有驻车用电器管理功能。

出现应急运行情况时，驻车期间仍会对 12V 蓄电池进行休眠电流监控。

低成本电源管理系统可将 12V 蓄电池和电源管理系统的故障状态存储在故障代码存储器内并在需要时供维修使用。可以识别的故障有电压过高、电压过低、无蓄电池运行、休眠电流较高、电量过低等。

第五节　高电压蓄电池单元

一、概述

1. 组成

高电压蓄电池单元是一个完整系统，不仅包含高电压蓄电池本身，还包括蓄电池控制模块（BCM）、电子控制单元、电动机械式接触器、高电压导线接口、高电压安全插头、冷却系统、通风装置等。

2. 主要作用

高电压蓄电池单元的主要任务是从高电压车载网络吸收、存储电能并在需要时提供使用。它还执行有助于确保高电压系统安全的重要任务，例如高电压接触监控。此外，高电压蓄电池单元还能"关闭供电"和"防止重新接通"，从而确保相关系统可以安全地在高电压系统上进行工作。

3. 安装位置

高电压蓄电池单元安装在后座椅后的后备厢地板上，通过四个固定螺栓与后备厢地板连接在一起（图 5-36）。

> **注意：**
> 通过这些固定螺栓还能在高电压蓄电池单元壳体与接地之间建立起导电连接。导电连接用于补偿电位，而且是实现绝缘监控功能的前提条件。固定螺栓、高电压蓄电池单元壳体上的开孔和螺纹套不允许喷漆或涂覆其他绝缘层。

图 5-36　高电压蓄电池单元的安装位置

1—高电压蓄电池单元壳体；2—冷却液补液罐密封盖；3—低电压导线接口；4—高电压安全插头；5—高压导线；6—通风软管；7—固定螺栓；8—冷却液供给管路接口；9—冷却液回流管路接口

4. 高电压蓄电池

高电压蓄电池是高电压系统的实际蓄能器，通过串联总共 260 个电解槽（额定电压 1.2V）得到 312V 额定电压。每 10 个电解槽组成一个模块，13 个模块并排布置，构成一列；两列叠加布置，构成整个高电压蓄电池套件。

电解槽采用镍-氢蓄电池技术，该技术具有能量密度、充电电流和放电电流较高的特点。这是在全混合动力驱动模式下实现较高电功率的主要前提条件。

采用镍-氢蓄电池技术的电解槽将用水稀释的氢氧化钾溶液作为电解液。虽然这种液态电解液具有危险特性，但是蓄电池模块严密密封，因此无论在行驶过程中还是进行维修时电解液都不会溢出。如果由于发生事故致使高电压蓄电池壳体或模块损坏，电解液可能溢出。

对这些组件进行所有工作时都必须遵守高电压蓄电池的安全数据表，必须使用规定的人员保护装备。高电压蓄电池单元的电气结构如图 5-37 所示。

每列蓄电池电解槽都装有两个温度传感器，用于监控电解槽温度并根据需要调节冷却功率。每个模块的电压也同样受到监控，从而避免各电解槽电量过低或过高。流入和流出高电压蓄电池的电流强度通过一个电流传感器进行测量和电子监控。

在串联的蓄电池电解槽正中间接入了高电压安全插头，该插头还包括一个高电流熔丝。拉动高电压安全插头或触发熔丝熔断时都会使串联连接中断。之后，高电压蓄电池外部接口处不再存在任何电压。电动机械式接触器的触点断开时也会达到相同效果。在将高电压蓄电池接口向外连接之前，这些触点在正极和负极上。电动机械式接触器由蓄电池控制模块进行控制，通过安全型蓄电池接线柱为接触器供电。

针对高电压蓄电池使用寿命的要求比较严格（车辆使用寿命），必须在严格规定的范围内使用高电压蓄电池，从而确保其使用寿命最大化。相关边界条件是：

① 将电解槽温度保持在 25～55℃ 的最佳范围内（通过"加热"或冷却）。

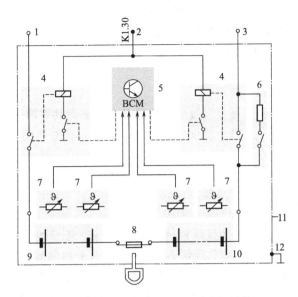

图 5-37 高电压蓄电池单元的电气结构

1—高电压蓄电池单元负极接口；2—连自安全型蓄电池接线柱的总线端 30；3—高电压蓄电池单元正极接口；4—电动机械式接触器；5—蓄电池控制模块；6—切换为电压缓慢升高；7—蓄电池电解槽上的温度传感器；8—带有熔丝的高电压安全插头；9—第一列蓄电池电解槽；10—第二列蓄电池电解槽；11—高电压蓄电池单元壳体；12—通过接地连接补偿电位

② 不允许充电电流和放电电流超过热敏规定限值。

③ 不能完全用完可存储的蓄电池能量。

5. 蓄电池控制模块

（1）作用 蓄电池控制模块（BCM）安装在高电压蓄电池单元内部，从外部无法接触到。BCM 负责执行以下功能。

① 控制冷却循环回路。

② 确定高电压蓄电池的充电状态（SOC）和老化状态（SOH）。

③ 确定（以及根据需要限制）高电压蓄电池的可用功率。

④ 由混合动力主控控制单元根据要求控制高电压系统的启动和关闭。

⑤ 安全功能（例如高电压接触监控）。

⑥ 监控蓄电池电解槽的电压和温度以及电流强度。

⑦ 向混合动力主控控制单元传输故障状态。

蓄电池控制模块自身没有故障代码存储器，蓄电池控制模块发现故障后通过混合动力 CAN 传输到混合动力主控控制单元。在混合动力主控控制单元内还存储高电压蓄电池相关故障以便进行诊断。

（2）BCM 连接导线 高电压蓄电池单元内部的 BCM 电气接口分为两个插头，一个用于低电压导线，另一个用于高电压导线。对于 BCM 而言的重要信号和导线具体如下：

① 自身12V供电（总线端30g和总线端31分别用于电子控制装置和冷却液泵，连自安全型蓄电池接线柱的总线端30用于接触器供电）。

② 混合动力CAN和唤醒导线。

③ 高电压导线。

④ 接触器（控制和读取）。

⑤ 蓄电池电解槽温度信号（每个传感器各有两芯，共有四个温度传感器）。

⑥ 冷却液温度信号（每个温度传感器各有两芯，针对供给和回流各有一个温度传感器）。

⑦ 冷却液泵的供电/控制。

⑧ 高电压电路的电流传感器。

⑨ 高电压接触监控（信号源和回流导线）。

外部除高电压导线的连接接线柱外还有一个低电压导线插头。此插头用于连接：12V供电（总线端30g和总线端31分别用于电子控制装置和冷却液泵，连自安全型蓄电池接线柱的总线端30用于接触器供电）；混合动力CAN；两个唤醒导线（连自混合动力接口模块）。用于接合/断开接触器触点的控制信号（来自供电电控箱的PWM信号）；用于高电压接触监控的输送和回流导线。

6. 高电压接口

高电压车载网络上高电压蓄电池单元的接口位于一个独立盖板下，需要对高电压接口进行操作时必须取下该盖板。

取下盖板时，盖板内的跨接线断开并使高电压接触监控电路断路。只要盖板处于未安装状态就不会导致误启用高电压系统。高电压蓄电池单元上的高电压安全盖板和高电压接口如图5-38所示。

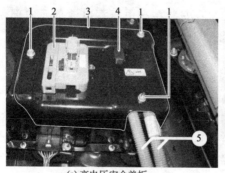 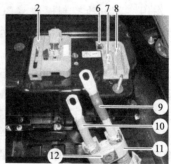

(a) 高电压安全盖板　　(b) 高电压接口

图5-38　高电压蓄电池单元上的高电压安全盖板和高电压接口

1—用于固定高电压安全盖板的螺栓和螺母；2—高电压安全插头（反向插入）；3—高电压安全盖板；4—高电压安全盖板上高电压接触监控电路跨接线；5—高电压导线；6—高电压接触监控接口；7—高电压蓄电池正极螺栓接口；8—高电压蓄电池负极螺栓接口；9—高电压负极导线；10—高电压正极导线；11—用于两个高电压导线的接线柱；12—用于连接屏蔽层与高电压蓄电池单元壳体的接触部位

在高电压蓄电池单元的高电压接口上进行工作前必须使高电压系统断电并检查断电状态，在工作期间无法防止重新接通。因此取下高电压接口上方的盖板时必须短时拔出反向插入的高电压安全插头。

高电压导线与高电压蓄电池单元间的电气连接通过一个正极和一个负极螺纹端子实现，此外还必须使高电压导线的屏蔽层与高电压蓄电池单元壳体形成电气连接。这一点通过一个固定安装在蓄电池壳体内的带螺母螺栓实现，该螺栓将一个金属夹压在两个高电压导线的屏蔽层上。同时，该螺栓连接还用作高电压导线的拉力卸载装置。

注意：
必须严格遵守高电压接口螺母的拧紧力矩规定。

7. 高电压安全插头

E72 的高电压安全插头安装在高电压蓄电池单元壳体上侧（图 5-39）。

高电压安全插头内的熔丝直接插在串联连接的蓄电池电解槽之间，因此是一个高电压部件，为此以橙色进行标记（图 5-40）。

高电压安全插头执行多项任务：①关闭高电压系统供电；②防止重新接通；③作为高电压蓄电池高电流熔丝的支架。

8. 冷却系统

为了尽可能延长高电压蓄电池的使用寿命并获得最大功率，需在规定温度范围内使用蓄电池。高电压蓄电池单元的冷却系统由高电压蓄电池单元内部和外部组件构成。

高电压蓄电池单元内部的组件属于冷却系统的有电动冷却液泵（功率可控，最大功

图 5-39　E72 高电压安全插头
1—高电压蓄电池单元壳体；2—高电压安全插头（处于插入状态）

率 50W，源自 N63 发动机冷却系统）、带有液位测量装置的冷却液补液罐、冷却液管路接口、高电压蓄电池单元内的冷却液管路和通道、冷却液温度传感器（在冷却液供给管路和回流管路内各有一个）、电解槽温度传感器（共四个）、蓄电池控制模块（温度监控和冷却液泵控制）等。

高电压蓄电池单元内的冷却系统通过两个接口与冷却液管路（供给管路和回流管路）相连，进而与高电压蓄电池单元外部的冷却系统相连（图 5-41）。高电压蓄电池单元外部的冷却系统拥有与制冷剂循环回路相连的独立冷却循环回路。该回路的组件构成有带有连接高电压蓄电池单元的快速接头的冷却液管路、冷却循环回路内的双阀门、"冷却总成"（一个冷却液/制冷剂热交换器）、冷却液/空气热交换器等。

图 5-40　E72 高电压安全插头
1—高电压安全插头内的熔丝；2—高电压
接触监控跨接线；3—从高电压安全插
头内取出的熔丝（小熔丝 HEV135A）

图 5-41　高电压蓄电池单元的冷却系统接口
1—冷却液管路；2—将冷却液管路连接在高电
压蓄电池单元上的快速接头；3—回流标记；
4—供给标记；5—冷却液补液罐密封盖

9. 排气

镍-氢蓄电池充电和放电时可能会产生气体，其中包含少量氢气。运行策略可将该气体量降至最小。但是如果产生大量气体，就会打开高电压蓄电池单元内的通风阀从而使气体通过通风软管（图 5-42）向外排出。拆卸高电压蓄电池单元时必须将通风软管与其断开。

> **注意：**
> 安装高电压蓄电池时必须按规定将通风软管重新安装在高电压蓄电池单元上。否则，溢出气体可能会进入车内空间。

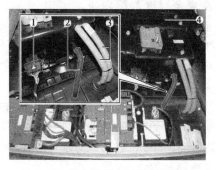

图 5-42　高电压蓄电池的通风装置
1—低电压导线接口；2—通风软管；3—高电压导线；4—通风装置总成

二、功能

1. 启动高电压系统

（1）混合动力主控控制单元通过混合动力 CAN 上的电码以及另一个独立的信

号导线（PWM 设码）要求启动高电压系统，随后由蓄电池控制模块控制启动。启动过程分为以下几个步骤：

①测试高电压车载网络；②提高电压；③闭合接触器触点。

（2）只有成功完成当前步骤才会继续进行下一步骤。

测试高电压系统时（第一步）检测内容有：①高电压管路是否连接在高电压蓄电池单元上，是否建立起与供电电控箱的连接；②高电压接触监控电路是否闭合；③高电流熔丝功能是否正常；④高电压蓄电池是否处于准备状态。

即使已成功完成测试，接触器触点仍可能没有闭合。由于高电压电路电容的缘故（中间电路电容器），会有很高的接通电流经过，长期下去不仅会对电容器还会对接触器造成损坏。

因此要事先让电压缓慢升高。为此首先闭合用于负极导线的接触器触点，通过一个脉冲控制式继电器和正极导线内的一个降压电阻器使高电压系统内的电压缓慢升高。每次继电器触点闭合时都会有受到降压电阻器限制的电流经过并为高电压车载网络内的电容器充电。大约 300ms 后，高电压车载网络内的电压仅稍稍低于蓄电池电压，之后闭合用于启动正极导线的接触器触点。

如果启动成功，蓄电池控制模块就会通过混合动力 CAN 与其他混合动力组件，特别是混合动力主控控制单元进行通信；如果启动失败，也会通过同样方式发出故障状态信号。

2. 关闭高电压系统

关闭高电压系统分为正常关闭和快速关闭两种情况。此处所述的正常关闭可以保护电气部件，此外还会执行监控功能，对与安全有关的组件和高电压系统特性进行检测。正常关闭的步骤如下。

① 总线端 15 断开。

② 高电压车载网络内的电流降为零（通过供电电控箱内的控制单元）。

③ 混合动力主控控制单元通过混合动力 CAN 上的一个总线信号和一个独立导线（PWM 信号）要求断开高电压蓄电池单元内的接触器。

④ 蓄电池控制模块断开高电压蓄电池单元内的接触器触点。

⑤ 通过蓄电池控制模块进行控制，对高电压导线的绝缘电阻进行测量并监控是否超出允许范围。如识别出绝缘电阻低于限值，就会在故障代码存储器内存储一条记录，通过一条检查控制信息提示驾驶员出现故障。但是通常情况下仍可以重新启动高电压系统，因为对人没有任何直接危害。

⑥ 蓄电池控制模块检查接触器触点是否真正断开。由此确保高电压蓄电池单元的高电压接口不再存在危险电压。如果识别出触点未正常断开，就会防止重新启动高电压系统。否则无法继续确保对高电压系统进行安全操作。

⑦ 检查确认接触器触点成功断开后，蓄电池控制模块就会发出该接触器状态信号。

⑧ 使高电压电路主动放电并使电机绕组短路，该任务由供电电控箱控制单元进行控制。

正常关闭过程最长持续 2min。特别是测量绝缘电阻和检查断开触点需要一定时间，因此持续时间较长。如果期间重新开始启动（例如由于驾驶员重新接通总线端 15），就会中断关闭过程；如果出现需要快速关闭高电压系统的情况，也会中断正常关闭过程。

3. 快速关闭高电压系统

如果出现基于安全考虑必须尽快使高电压系统内的电压降至安全范围的情况，就会快速关闭高电压系统。

（1）高电压接触监控　如果识别出高电压接触监控电路断路且存在人员接触高电压系统带电部件的可能，就会断开接触器触点。车辆静止或发动机室盖/后备厢盖打开时，就会认为存在这种可能。在没有事先将电流降至 0A 的情况下会立即断开接触器触点。这样会使接触器触点承受很大负荷，因此不允许随意重复这一过程，同时会使高电压电路主动放电并使电机绕组短路。

（2）事故　如果碰撞和安全模块识别出相应严重程度的事故就会断开安全型蓄电池接线柱与 12V 蓄电池正极的连接。在 E72 上，由安全型蓄电池接线柱的总线端 30 为电动机械式接触器供电，因此在断开接触器触点的同时断开安全型蓄电池接线柱。蓄电池控制模块和混合动力主控控制单元还会对安全型蓄电池接线柱的总线端 30 状态进行分析，如果这两个控制单元都识别出安全型蓄电池接线柱已断开，就会采取进一步措施关闭高电压系统（主动放电，使绕组断路）。

（3）短路监控　如果通过电流传感器识别出高电压导线内的电流强度过高，蓄电池控制模块也会触发快速关闭从而保护组件。在极端情况下还会触发高电压安全插头内的熔丝熔断从而强制断开高电压电路。蓄电池控制模块监控熔丝状态。如果由于短路造成关闭，蓄电池控制模块就会发出该状态信号，以便能够重新实现主动放电和绕组断路。

（4）高电压蓄电池单元 12V 供电失灵时　与在所有其他高电压组件内一样，也会为电子控制装置（蓄电池控制模块）供电。为了确保最大安全，会在 12V 供电失灵时快速关闭高电压系统，因为在此情况下蓄电池控制模块也不再工作。因此此时也通过硬件关闭功能而非软件功能实现快速关闭。

4. 充电策略和运行策略

高电压蓄电池充电策略的目的在于，尽可能延长高电压蓄电池的使用寿命并针对额外能量吸收（制动能量回收利用）和能量消耗（例如助推功能）保存储备。混合动力驱动装置运行策略的主要目的在于在尽可能多的情况下利用混合动力驱动装置提高效率和动力。无论是助推功能、电动行驶、发动机节能启停功能还是制动能量回收利用功能，所有这些功能都应在尽可能大的高电压蓄电池充电状态范围内提供使用，如图 5-43 所示。只有在超过充电状态限值影响高电压蓄电池使用寿命的情况下，才需限制各项功能。

发动机处于运转状态时（例如车速高于 60km/h 时）会使高电压蓄电池充电至标记的最佳位置。处于这种充电状态时，留出的蓄电池储备量足以在诸如离开高速公路制动时将额外能量存储在高电压蓄电池内。而这种最佳充电状态最主要的特点

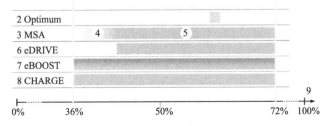

图 5-43 高电压蓄电池的充电状态

1—向驾驶员显示充电状态；2—最佳充电状态；3—发动机节能启停功能 MSA；4—MSA 功能滞后时的充电状态范围；5—MSA 功能完全可用时的充电状态范围；6—可以实现电动行驶（eDRIVE）时的充电状态范围；7—可以使用助推功能（eBOOST）时的充电状态范围；8—可以回收利用制动能量时的充电状态范围；9—实际充电状态

在于其能含量很大，足以通过电动驱动装置提供支持或实现纯电动行驶。

发动机节能启停功能无法一直使用至充电状态下限。车辆减速至静止状态时，通常发动机在行驶期间便已关闭而高电压蓄电池在减速期间开始充电。车辆静止期间从高电压蓄电池获取能量来驱动电动空调压缩机并为 14V 车载网络供电。几乎在达到充电状态下限前，发动机一直保持关闭状态，达到该限值时必须启动发动机以便通过电动机重新提供电能，之后通过电动机为用电器供电并为高电压蓄电池充电。为了避免经常启动和关闭发动机，在发动机能够重新关闭前必须首先重新达到较高的高电压蓄电池充电状态。因此通过滞后作用可确保发动机静止期间拥有足够大的能量储备。

5. 监控功能

在很多监控功能中都有高电压蓄电池单元或蓄电池控制模块的重要参与。其中包括：用于确保高电压系统安全的监控功能；用于确保高电压蓄电池最佳运行条件的监控功能。

高电压接触监控系统的电路图如图 5-44 所示。用于控制和产生高电压接触监控检测信号的电子系统集成在 E72 的蓄电池控制模块内。高电压系统启动时开始产生检测信号，高电压系统关闭时停止产生检测信号。蓄电池控制模块产生一个矩形交流电信号作为检测信号，并将其输送到检测导线上。检测导线采用环形拓扑结构（与 MOST 总线相似），在环形上的两个位置对检测导线信号进行分析：在供电电控箱内以及环形最终端的蓄电池控制模块内，该信号的电流强度必须在 12～35mA 之间；如果电流强度超出该范围，就会识别为电路断路或检测导线短路；如果同时出现人员接触带电部件的情况，就会立即关闭高电压系统。供电电控箱和蓄电池控制模块都可以开始执行关闭过程。

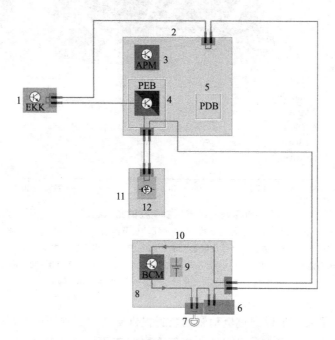

图 5-44 高电压接触监控系统的系统电路图

1—电动空调压缩机 EKK；2—发动机室内的安全盖板，同时也是内燃机的隔音盖板；3—辅助电源模块 APM；4—供电电控箱 PEB；5—供电配电盒 PDB；6—高电压蓄电池单元上的安全盖板；7—高电压安全插头；8—蓄电池控制模块 BCM；9—高电压蓄电池；10—高电压蓄电池单元；11—主动变速箱；12—变速箱油泵的电动驱动装置

绝缘监控功能可确定带电高电压部件（例如高电压导线）与车辆接地间的绝缘电阻是否高于或低于所需最低限值。如果绝缘电阻低于最低限值，就会存在车辆部件带有危险电压的可能。如果人员接触第二个带电高电压部件，就会存在电击危险。因此针对 E72 高电压系统提供全自动绝缘监控功能，该功能发布在两个高电压组件上。

（1）蓄电池控制模块　在两个高电压导线与高电压蓄电池单元壳体之间存在测量电阻，这些电阻可针对绝缘监控功能单独启用。测量电阻上的电压以电子方式探测，根据电压值可计算出高电压导线与壳体之间的绝缘电阻，由此可分辨出是一个还是两个高电压导线的绝缘电阻过小。只有在高电压系统未启用的情况下才能进行该过程。

（2）供电电控箱　根据高电压系统启用期间的连续电压测量值，供电电控箱也能确定高电压导线与壳体间的绝缘电阻。更准确地说是可以确定绝缘电阻之间的相互关系。供电电控箱内的绝缘监控系统只能确定一个高电压导线的绝缘故障，通过这种方式无法识别出两根导线的绝缘故障。

通过电压测量进行绝缘监控时以一个高电压组件的壳体电位作为参考基准，在不采取其他措施的情况下，通过这种方式在蓄电池控制模块和供电电控箱内只能确定局部绝缘故障，但是确定分布在车辆上的高电压导线与车辆接地间的绝缘故障也同等重要。因此所有高电压组件导电壳体都与车辆接地导电连接，这样可以通过在两个中央位置执行绝缘监控功能确定整个高电压车载网络内的绝缘故障。

> **注意：**
> 高电压组件壳体与车辆接地的正确电气连接是正常执行绝缘监控功能的一个重要前提，因此在维修期间中断该连接的情况下，维修后必须重新小心建立起电气连接。

高电压蓄电池内的其他监控功能负责确保蓄电池电解槽的电压、充电状态和温度保持在可实现高电压蓄电池最佳功率利用率和最大使用寿命的范围内。

三、维修及其注意事项

1. 拆卸和安装

进行维修时需要更换的单个部件有整个高电压蓄电池单元、高电压安全插头、高电流熔丝（高电压安全插头内的）、冷却液补液罐密封盖等。

如果诊断系统的检测计划允许的话，可以更换高电压蓄电池单元；进行拆卸和安装时也可以看出高电压蓄电池单元所用的接口数量。

> **注意：**
> 拆卸和安装高电压蓄电池单元时必须在开始工作前落实电气安全规定。

松开和重新安装高电压导线时必须取下高电压安全盖板，事先防止重新接通并锁死的高电压安全插头此时也必须短时取下，之后重新安装并锁死。

冷却液循环回路必须排空，为此需断开冷却液管路与高电压蓄电池的连接并在回流管路接口处安装一个用于将冷却液排至一个容器内的独立软管，随后必须通过一项服务功能控制冷却液泵直至补液罐几乎完全排空仅留有少量剩余冷却液。

将高电压导线、冷却液管路、通风软管和高电压插头与高电压蓄电池断开后，可取下四个固定螺栓。取出高电压蓄电池时需要的专用工具如图 5-45 所示，它以 E93 折叠式硬顶专用工具为基础。

安装新的高电压蓄电池单元后必须执行的工作步骤如下。

① 必须重新正确建立所有之前断开的连接，特别要严格遵守拧紧力矩。

② 蓄电池控制模块必须进行编程和设码。

③ 蓄电池控制模块必须通过服务功能进入运行状态。

④ 冷却系统必须重新加注和通风。

(a) 从车内取出高电压蓄电池　　　　(b) 放下高电压蓄电池

图 5-45　用于拆卸和安装高电压蓄电池的专用工具

2. 充电和启动辅助

如果 E72 的 12V 蓄电池电量过低,可像传统车辆一样进行充电。

运行策略通过控制高电压蓄电池的充电状态确保车辆长期停驶后仍能重新启动,但是如果由于高电压蓄电池电量过低导致无法重新启动,就会显示出相应的检查控制信息。

在此情况下可通过 14V 车载网络对高电压蓄电池充电,将允许的蓄电池充电器连接在蓄电池正极接线柱和车辆接地上时,首先只能为 14V 车载网络供电并为 12V 蓄电池充电。需要为高电压蓄电池充电时还必须接通总线端 15,只有这样才会启动高电压车载网络并闭合高电压蓄电池内的接触器触点。混合动力主控控制单元使辅助电源模块内的 DC/DC 转换器作为增压变压器工作,随后电能由 14V 车载网络流至高电压车载网络并为高电压蓄电池充电。

> **注意:**
> 在此过程中必须关闭车上所有不需要的用电器。根据所用蓄电池充电器,充电过程最长可持续 30min。只有出现相应的检查控制信息时才允许结束高电压蓄电池充电过程。

通过这种方式只能为高电压蓄电池充电到重新恢复启动能力的程度,此时会通过另一个检查控制信息进行显示,如图 5-46 所示;然后按照使用说明继续进行并将车辆处于"行驶准备"总线端状态;之后启动发动机并使电动机作为发电机工作从而为高电压蓄电池充电。组合仪表内显示的检查控制符号对于所有与高电压蓄电池充电状态相关的检查控制来说都是一样的。必须对高电压蓄电池电量过低的 E72 进行启动辅助时,具体过程与借助蓄电池充电器为高电压蓄电池充电时相似。必须注意,将跨接启动车辆连接到 E72 上后无法立即建立起行驶准备状态,而是必须等到 E72 上显示出高电压蓄电池已电量充足的检查控制信息,之后才允许断开跨接启动车

图 5-46　高电压蓄电池检查控制符号

辆与 E72 的连接。

3. 安全进行高电压系统方面的工作

> **注意：**
> 对 E72 的高电压组件进行工作前，必须遵守并落实电气安全规定，即高电压系统必须断电，必须防止高电压系统重新接通，必须确定高电压系统断电。

（1）准备工作　开始工作前必须采取防止溜车的措施（挂入自动变速器的驻车挡并启用驻车制动器），必须断开总线端 15 和总线端 R，必须关闭可能连接的充电器并断开接线。

（2）使高电压系统断电　借助高电压蓄电池上的高电压安全插头使 E72 的高电压系统断电。

① 将高电压安全插头的把手垂直向上翻折，如图 5-47 所示。这样可使高电压安全插头上部相对于下部的熔丝移动。

② 将整个高电压安全插头向后推，如图 5-48 所示。进行这步工作时，高电压接触监控电路已断开。

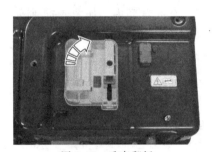
图 5-47　垂直翻折

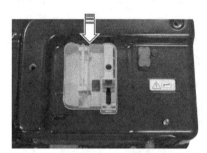
图 5-48　后推高电压插头

③ 推动高电压安全插头时可看到开口内有一个十字槽螺栓（序号 1），如图 5-49 所示。

④ 必须松开该十字槽螺栓（图 5-50），但将其留在高电压安全插头内。

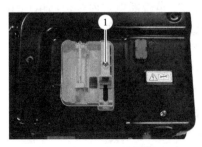
图 5-49　十字槽螺栓

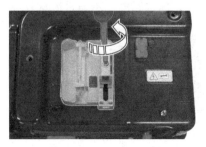
图 5-50　松开十字槽螺栓

⑤ 通过拉动高电压安全插头上的把手（图 5-51）将其从蓄电池内整个取出，包括熔丝，这样可以中断蓄电池电解槽的串联连接。E72 的高电压系统通过两种作用机制断电：高电压接触监控电路断路，串联连接的蓄电池电解槽相互断开。

（3）防止高电压系统重新接通　防止重新接通功能也由高电压安全插头来实现，为此需要一个普通弓形锁（例如 ABUS45/40）。

① 将高电压安全插头旋转 180°后，按相反方式（使把手向下）重新安装，如图 5-52 所示。

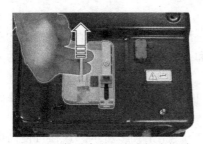

图 5-51　拉动高电压安全插头把手

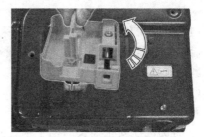

图 5-52　将高电压安全插头旋转 180°

这时拉手占用了熔丝的位置，如图 5-53 所示。拉手采用塑料材质，具有绝缘特性，这样还可防止导电物体进入熔丝支座内。

② 将锁弓穿入高电压安全插头上的开口和一个固定环内，如图 5-54 所示。锁好弓形锁（序号 1），拔出钥匙并在工作期间小心保管。不允许其他任何人接触钥匙，因为可能会使高电压系统重新进入运行状态。

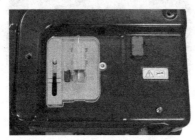

图 5-53　拉手的位置

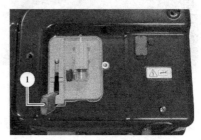

图 5-54　锁好弓形锁

（4）确定断电　不通过测试仪或诊断系统确定是否断电，而是由高电压组件测量自身电压并通过总线信号向组合仪表发送测量结果。只有当组合仪表从所有相关高电压组件处均接收到断电信号时，才会发出检查控制信息显示断电状态，如图 5-55 所示。

图 5-55　表示高电压系统断电的检查控制信息

需要确定是否断电时，售后服务人员必须接通总线端 15 并等到组合仪表内出现检查控制信息和上面所示的符号，之后才能确保高电压系统断电。确定断电后必须重新断开总线端 15 和总线端 R，然后再开始进行实际工作。如果没有显示检查控制信息，则不允许对高电压组件进行操作。

4. 绝缘故障

供电电控箱和蓄电池控制模块内的控制单元测量高电压导线与接地间的绝缘电阻，这项绝缘监控功能用于识别整个高电压电路内（不仅是在供电电控箱和高电压蓄电池内）的绝缘故障，为此需使所有高电压组件壳体与接地导电连接。

绝缘监控功能仅能识别出是否存在绝缘故障，绝缘监控功能无法确定具体故障原因，查明并最终确定具体故障位置必须借助诊断系统来进行。系统内存储的检测计划对故障代码存储器记录进行分析并逐步执行定位过程。在此可能需要暂时将各高电压组件与高电压导线断开，通过系统化排除各高电压组件可使故障原因范围越来越小。

第六节　供电电子装置

一、概述

E72 与混合动力有关的供电电子装置分布在辅助电源模块 APM 和供电电控箱 PEB 两个控制单元上，如图 5-56 所示。

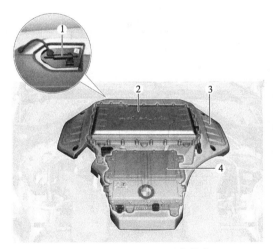

图 5-56　APM 和 PEB 的安装位置
1—高电压接触监控跨接线；2—供电电控箱 PEB；3—安全盖板；4—辅助电源模块 APM

两个控制单元均为高电压组件，都安装在发动机室内发动机上方。安全盖板可防止直接接触高电压接口。

进行高电压组件方面的操作前，必须通过执行安全规定关闭高电压系统，然后将所有高电压组件断电，从而确保安全地进行工作。如果维修人员忘记按规定关闭系统，则通过一个附加安全措施自动关闭高电压系统。

在安全盖板上装有一个用于关闭高电压接触监控电路的跨接线，拆卸安全盖板时必须首先松开四个容易接近的螺栓。此时,安全盖板仍被第五个暂时看不到的螺栓固定住。为了能够松开这个螺栓,必须使跨接线开锁并拉出跨接线,这样会使高电压接触监控电路断路并使高电压车载网络断电,之后才能松开第五个螺栓并取下安全盖板。

二、APM

APM 是一个 DC/DC 转换器,负责实现混合动力车辆两个电压层面间的能量转换。一个电压层面是约 300V 的高电压车载网络,另一个是大家熟悉的 14V 车载网络。在此,DC/DC 转换器取代了以前为 14V 车载网络供应能量的发电机。因此在行驶状态下 14V 车载网络的电能供应不再取决于发动机的转速。

APM 控制单元仅用在 E72 上,它采用双向转换器设计,即 APM 在高电压车载网络和 14V 车载网络间对电能进行双向传输。

1. 系统概览(图 5-57)

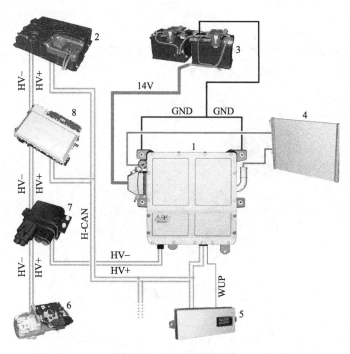

图 5-57 APM 系统概览

1—辅助电源模块 APM;2—高电压蓄电池;3—两个 12V 蓄电池(14V 车载网络);4—低温循环回路散热器;5—混合动力接口模块 HIM;6—电动空调压缩机 EKK;7—供电配电盒 PDB;8—供电电控箱 PEB;GND—接地;WUP—唤醒导线;H-CAN—混合动力 CAN;HV+—高电压正极导线;HV-—高电压负极导线

2. 功能说明

APM 由 HCP 进行控制,HCP 是 PEB 的一个组成部分,APM 无法独立接通电压转换功能。

HCP 向 APM 发出以下指令：

(1) 接通或关闭转换功能。

(2) 转换方向（高电压至 14V 或 14V 至高电压）。

(3) 额定电压。

然后 APM 根据自诊断数据和自己测定的测量参数决定是否能够接通转换功能。运行期间，APM 会尝试通过将电流增大至技术上允许的最大限值来调节各电压层面的额定电压。APM 无法降低车载网络内的电压，例如将 14V 车载网络内的电压降至 11V。但当相关电压层面的实际电压高于 APM 额定电压时，APM 可将电流降至 0A。这样不会发生任何能量转换。APM 有一个被动放电电路，它可在关闭高电压供电后 5s 内使 APM 内的电容器放电直至电压值低于 60V。如果识别出故障，APM 就会自动关闭转换功能。

APM 通过二次冷却循环回路（低温循环回路，如图 5-58 所示）进行冷却。在该循环回路内也有增压空气冷却装置和 PEB。APM 和 PEB 的冷却循环回路并联连接，APM 和 PEB 内的最高冷却液温度为 75℃。

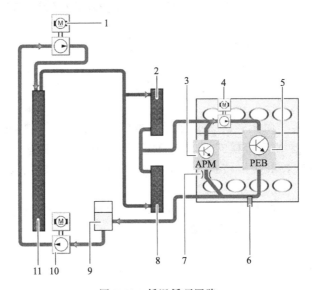

图 5-58　低温循环回路

1—电动冷却液泵 50W；2—增压空气冷却器；3—辅助电源模块 APM；4—电动冷却液泵 20W；5—供电电控箱 PEB；6—冷却液温度传感器；7—节流阀；8—增压空气冷却器；9—补液罐；10—电动冷却液泵 50W；11—冷却液散热器

3. APM 的运行模式

根据 APM 的电压转换方向产生两种运行模式，即向下转换和向上转换，如图 5-59 所示。

(1) 向下转换　向下转换（又称为下降模式）指的是由高电压层面向 14V 层

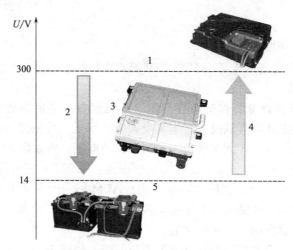

图 5-59 APM 的运行模式

1—300V 电压层面；2—向下转换；3—APM；4—向上转换；5—14V 电压层面

面转换。处于这种运行模式时，APM 最大功率为 2.2kW（或 175A），这取决于最先达到哪个限值。

额定电压可通过 HCP 规定在 11.0~15.5V 范围内。APM 以 14.5V 的规定值驱动，只要车辆处于运行状态就会始终选择该运行模式，这样可以在车辆运行期间通过 APM 为 14V 车载网络提供电能。APM 取代了以前为此所用的电动机。

（2）向上转换 向上转换（又称为助推模式）指的是由 14V 层面向高电压层面转换。处于这种运行模式时，APM 可传输 0.7kW 功率，只能由 HCP 通过一个 CAN 信息要求向上转换。额定电压可通过 HCP 规定在 194~390V 范围内。

当高电压蓄电池的 SOC 值低于启动能力限值而必须为高电压蓄电池充电时，就会选择这种运行模式。必须满足的条件有：

① 未识别出 APM 内有故障。

② HV 电压高于 194V。

③ 必须连接和接通外部充电器（通过 HCP 进行测试）。

④ 必须接通总线端 15。

如果在向上转换期间，APM 发现超出限值，APM 就会自动结束向上转换，之后由 HCP 重新明确提出向上转换要求。

如果 APM 根据自诊断结果执行关闭过程，就会在组合仪表内通过一条检查控制信息显示故障情况。在此使用传统车辆的充电控制灯，因为 E72 未安装发电机，如图 5-60 所示。

图 5-60 针对 APM 的故障显示

注意事项：

① APM 用四个合适的螺栓固定在中控台上，通过后部螺栓与车辆建立起接地连接。必须使用正确的螺栓和准确的拧紧力矩。后部螺栓连接还用于使 APM 壳体接地。

② 只有高电压组件的所有可导电壳体都与车身接地连接（有电流）时，才能实现绝缘监控。例如，只有借助这种导电连接，才能由供电电子装置可靠识别出高电压导线与壳体之间的短路。如果壳体与接地之间无导电连接，则无法识别故障，因此对人有潜在危险。

③ APM 自身无需保养，但在进行保养时需检查二次冷却循环回路的液位。

④ 出于高电压安全考虑，不允许打开或分解 APM。

⑤ 出现故障时始终更换整个控制单元。

⑥ 出现较大损坏时（例如壳体破裂，设备上的插头损坏）也必须更换 APM。

三、供电电控箱 PEB

PEB 是供电电控箱的缩写，指的是在 E72 上用于控制和调节混合动力专用组件的控制单元（图 5-61）。PEB 控制所有运行状态下的高电压车载网、电动机双向能量流动、两个电动机的转速和转矩以及电动混合动力机油泵控制系统（电动机油泵换流器）。

1. 系统概览

如图 5-62 所示，PEB 是由四个微控制器（控制单元）构成的中央双向高电压混合动力控制单元，这四个控制单元分别是 HCP、MCPA、MCPB 和 EMPI。

各控制单元在诊断期间单独注册，EMPI 和 MCP 的故障代码存储记录存储在 HCP 故障代码存储器内。PEB 内的控制单元与车辆其他控制单元之间通过 H-CAN 和 H-CAN2 独立通信。

图 5-61　E72 上的 PEB

2. 功能

（1）PEB 内的四个控制单元执行功能

① HCP。协调混合动力系统的所有中央功能，选择挡位，计算发动机、电动机和底盘间的力矩分配，监控整个系统。

② MCPA。根据 HCP 要求计算电动机 A 调节方式。

③ MCPB。根据 HCP 要求计算电动机 B 调节方式。

④ EMPI。控制混合动力机油泵电机。

除这四个控制单元外，PEB 还包括用于控制两个电动机的两个脉冲变流器（AC/DC 转换器）的供电电子装置、用于电动控制混合动力机油泵的一个脉冲变流器（AC/DC 转换器）、作为中间电压电路的一个电容器（1mF）和用于所有四个控制单元的外部硬件。

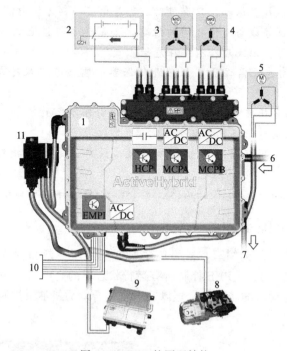

图 5-62 PEB 的原理结构

1—供电电控箱 PEB；2—高电压蓄电池；3—电动机 B；4—电动机 A；5—电动变速箱油泵；6—冷却液循环回路接口；7—冷却液循环回路接口；8—电动空调压缩机 EKK；9—辅助电源模块 APM；10—12V 供电、H-CAN、H-CAN2 等接口；11—供电配电盒 PDB；HCP—混合动力控制器处理器（混合动力主控控制单元）；MCPA—电动机控制器套件 A（混合动力电动机控制装置）；MCPB—电动机控制器套件 B（混合动力电动机控制装置）；EMPI—电动机泵换流器（混合动力机油泵控制系统）

(2) 其他功能

① 调节高电压车载网络。

② 在传动系统电动机和高电压系统之间双向分配和传输能量。

③ 使车辆高电压受控放电。

④ 对高电压车载网络进行过滤。

⑤ 高电压与车辆接地的绝缘和绝缘监控。

⑥ 诊断功能和组件自保护。

⑦ 调节电动机的转矩、转速。

⑧ 控制和调节混合动力机油泵。

⑨ "预充电模式",用于启动高电压系统。

3. 运行策略

混合动力主控控制单元 HCP 的能量运行策略根据环境条件、车辆状态和驾驶员要求持续调节能量分配。运行策略最重要的输入和调节参数是高电压蓄电池的充电状态。图 5-63 展示了取决于蓄电池充电状态的最重要的混合动力功能优先顺序。

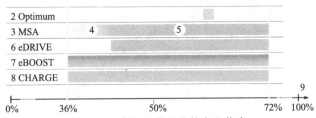

图 5-63 高电压蓄电池的充电状态

1—显示的充电状态;2—最佳充电状态;3—发动机节能启停功能;4—MSA 功能滞后时的充电状态范围;5—MSA 功能完全可用时的充电状态范围;6—可以实现电动行驶(eDRIVE)时的充电状态范围;7—可以使用助推功能(eBOOST)时的充电状态范围;8—可以回收利用制动能量时的充电状态范围;9—实际充电状态

4. 维修注意事项

(1) 维修技术人员必须具备相应的资格,遵守安全规定,严格按维修说明操作,也只有满足这些前提条件,才允许进行对带标记高电压组件的操作。

(2) 确保正确连接 PEB 壳体与车辆接地之间的接地导线。必须使用正确的螺栓和准确的拧紧力矩。

(3) 只有高电压组件的所有可导电壳体都与车身接地连接(有电流)时,才能实现绝缘监控。例如,只有借助这种导电连接,才能由供电电子装置可靠识别出高电压导线与壳体之间的短路。如果壳体与接地之间无导电连接,则无法识别故障,因此对人有潜在危险。

(4) PEB 自身无需保养,但在进行保养时需检查二次冷却循环回路的液位。

(5) 出于高电压安全考虑,不允许打开或分解 PEB。

(6) 出现故障时始终更换整个 PEB。

(7) 出现较大损坏时(例如壳体破裂,设备上的插头损坏)也必须更换 PEB。

PEB 与 APM 一样,可进行诊断和编程。更换 PEB 后必须根据当前状态对所有四个控制单元进行编程。

四、供电配电盒 PDB

如图 5-64 所示，供电配电盒 PDB 也是一个高电压组件，用于由 PEB 向 APM 以及电动空调压缩机 EKK 分配电压。在 PDB 内装有两个高电压熔丝，如图 5-65 所示。

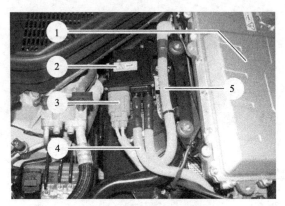

图 5-64　PDB 的安装位置
1—供电电控箱 PEB；2—供电配电盒 PDB；3—电动空调压缩机高电压导线与 PDB 的接口；4—APM 高电压导线接口；5—连接 PEB 至 PDB 的高电压导线

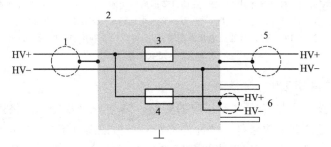

图 5-65　PDB 内高电压熔丝的电路图
1—导线屏蔽层；2—供电配电盒 PDB；3—APM 的高电压熔丝（20A）；
4—EKK 的高电压熔丝（40A）；5—导线屏蔽层；6—EKK 连接插口

20A 熔丝用于保护连接 APM 的高电压导线，40A 熔丝用于保护连接 EKK 的高电压导线。高电压熔丝均保护高电压正极导线。

维修注意事项：高电压熔丝损坏时始终更换整个 PDB；确保正确连接 PDB 壳体与车辆接地之间的接地导线；必须使用正确的螺栓和准确的拧紧力矩。

五、高电压导线

混合动力车辆制造商已在通过橙色警告色统一标记高电压导线方面达成一致，高电压导线使高电压组件相互连接并带有鲜明的橙色导线护套。E72 的高电压导线概览如图 5-66 所示。

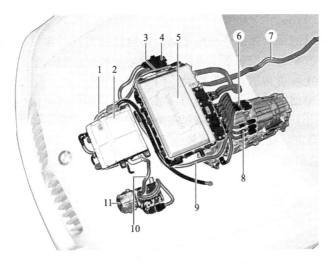

图 5-66 E72 的高电压导线概览

1—PEB 与 APM 间的高电压导线；2—辅助电源模块 APM；3—PEB 与 PDB 间的高电压导线；4—供电配电盒 PDB；5—供电电控箱 PEB；6—PEB 与电动机 B 间的高电压导线；7—PEB 与高电压蓄电池间的高电压导线；8—PEB 与电动机 A 间的高电压导线；9—PEB 与电动变速箱油泵间的高电压导线；10—供电配电盒 PDB 与电动空调压缩机 EKK 间的高电压导线；11—电动空调压缩机 EKK

不允许对高电压导线进行维修，出现损坏时原则上必须更换导线。PEB 上的高电压导线螺纹接头如图 5-67 所示。

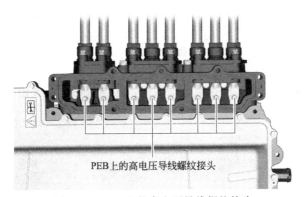

图 5-67 PEB 上的高电压导线螺纹接头

1. 拆装注意事项

（1）仔细地将高电压导线放入或卡入为此准备的固定夹内。

（2）使用现有的高电压导线拉力卸载装置。

（3）用规定拧紧力矩固定高电压导线的螺纹接头，将锁止件牢固地安装在高电压导线的插接连接件上。

（4）必须遵守各高电压导线之间以及高电压导线与信号导线间的设计规定

距离。

除高电压导线的螺纹接头外还使用圆形高电压插头。通常,这种圆形高电压插头主要用于军事方面。连接圆形高电压插头时必须确保正确锁止。通过一个锁止环确保锁止,该锁止环可向前和向后推动。

将锁止环 1 向前推时,圆形高电压插头锁止,如图 5-68(a) 所示。如图 5-68(b) 所示,将锁止环 1 向后推时,圆形高电压安全插头开锁,此时可以看到红色标记 2。插入圆形高电压插头前必须将锁止环向后推。

2. 正确连接和锁止的方法

(1) 如图 5-69 所示,将圆形高电压插头 2 上的锁止环向后推(开锁);将圆形高电压插头 2 上的标记(带有黄色标记的凹槽)与插口 1 上的标记对齐;将高电压插头 2 插入插口 1 内。

(a) 锁止环向前推

(b) 锁止环向后推

图 5-68 圆形高电压插头

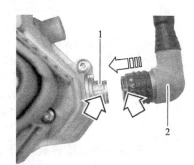
图 5-69 锁止环后推,对准标记
1—插口;2—高电压插头 2

(2) 如图 5-70 所示,将高电压插头插上时,锁止环向前推,之后无法再看到红色标记。

(3) 拉动高电压插头,检查是否正确锁止。错误锁止时拔出高电压插头,重新连接和锁止,如图 5-71 所示。

图 5-70 插上高电压插头

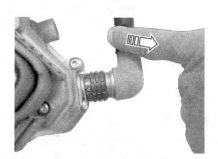
图 5-71 检查锁止情况

参 考 文 献

[1] 杨庆彪．混合动力汽车结构原理与维修［M］．北京：中国劳动社会保障出版社，2010．
[2] 李伟．新型直喷、混合动力发动机构造原理与故障排除［M］．第 2 版．北京：机械工业出版社，2014．
[3] 陈社会．混合动力汽车构造与维修［M］．北京：中国劳动社会保障出版社，2013．
[4] 张金柱．混合动力汽车结构、原理与维修［M］．第 2 版．北京：化学工业出版社，2011．
[5] 曹振华．混合动力汽车原理与维修技术从入门到精通［M］．北京：电子工业出版社，2014．
[6] 姚科业．看图学修汽车混合动力系统［M］．北京：机械工业出版社，2013．
[7] 赵振宁．混合动力汽车构造、原理与检修［M］．北京：北京理工大学出版社，2015．
[8] 仪垂杰．电动汽车与混合动力［M］．济南：山东大学出版社，2013．
[9] 纪石．2008 款上海通用君越混合动力（Hybrid）新技术剖析［J］．汽车维修技师，2008（08）：16-17；2008（09）：16-17；2008（10）：14-16；2008（11）：14-16；2008（12）：13-14．
[10] 谢平．奥迪 Q5 混合动力新技术剖析［J］．汽车维修技师，2012（05）：20-23；2012（06）：18-20；2012（07）：26-30；2012（08）：23-25；2012（09）：23-28．
[11] 张立新．宝马 X6（E72）混合动力新技术剖析［J］．汽车维修技师，2010（07）：20-22；2010（08）：18-19；2010（09）：20-22；2010（10）：18-20；2010（11）：20-23；2010（12）：20-23．
[12] 卞良勇，焦建刚，刘增会．丰田混合动力汽车 THS-Ⅱ系统结构原理［J］．汽车维护与修理，2006（04）：8-10；2006（05）：8-10；2006（06）：8-10．
[13] 谭克诚．混合动力汽车构造、原理与检修［M］．北京：化学工业出版社，2016．